全国技工教育规划教材

职业教育·道路运输类专业教材

Gonglu Gongcheng Shitu

公路工程识图

（第2版）

曲元梅　伏慎敏　主　编
杨万忠　仝淑娴　副主编
　　　　刘红霞　主　审

人民交通出版社股份有限公司

北京

内 容 提 要

本书为全国技工教育规划教材、职业教育道路运输类专业教材。其主要内容包括制图基础知识、画法几何、公路工程图三篇，共九章，主要介绍道路工程制图国家标准的有关规定，传统绘图工具的使用方法及制图的基本步骤与方法，用正投影法绘制空间几何体并用以解决空间几何问题，运用正投影原理表达公路路线、桥梁、涵洞等公路工程构造物的方法等。书中相关知识点旁增加了视频、动画、图纸、案例等内容丰富、形式多样的数字化资源，读者可扫二维码进行阅览。

本书适合交通运输类职业院校、技工院校道路与桥梁施工、公路养护与管理专业及公路工程相关专业学生使用。本书配套多媒体课件，教师可通过加入职教路桥教学研讨群（QQ561416324）获取。另外，本书可与《公路工程识图习题集》（曲元梅 杨庆振主编，书号 ISBN 978-7-114-15585-7）配套使用。

图书在版编目（CIP）数据

公路工程识图/曲元梅，伏慎敏主编. —2 版. —北京：人民交通出版社股份有限公司，2023.7
　ISBN 978-7-114-18915-9

Ⅰ.①公… Ⅱ.①曲… ②伏… Ⅲ.①道路工程—工程制图—识图—教材 Ⅳ.①U412.5

中国国家版本馆 CIP 数据核字（2023）第 139663 号

全国技工教育规划教材
职业教育·道路运输类专业教材

书　　名：	公路工程识图（第 2 版）
著 作 者：	曲元梅　伏慎敏
责任编辑：	刘　倩
责任校对：	赵媛媛　魏佳宁
责任印制：	张　凯
出版发行：	人民交通出版社股份有限公司
地　　址：	(100011)北京市朝阳区安定门外外馆斜街 3 号
网　　址：	http://www.ccpcl.com.cn
销售电话：	(010)59757973
总 经 销：	人民交通出版社股份有限公司发行部
经　　销：	各地新华书店
印　　刷：	中国电影出版社印刷厂
开　　本：	880×1230　1/16
印　　张：	15
字　　数：	340 千
版　　次：	2017 年 8 月　第 1 版 2023 年 7 月　第 2 版
印　　次：	2023 年 7 月　第 2 版　第 1 次印刷　总第 6 次印刷
书　　号：	ISBN 978-7-114-18915-9
定　　价：	45.00 元

（有印刷、装订质量问题的图书，由本公司负责调换）

第2版前言

公路工程识图是全国交通运输类职业院校、技工院校道路与桥梁工程施工、公路养护与管理专业的专业基础课程。

本教材主要内容包括制图基础知识、画法几何、公路工程图三篇。其中，制图基础知识部分主要介绍了道路工程制图国家标准的有关规定、常用传统绘图工具的使用方法及制图的基本步骤与方法。画法几何部分以投影理论为基础，主要介绍用正投影法图示空间几何体，并用以解决空间几何问题。公路工程图部分主要介绍绘制公路路线、桥梁、涵洞等公路工程构造物图样的方法，并通过一定数量的工程实例，介绍如何运用正投影原理识读工程图样。根据中职、技工院校学生特点，本书在知识内容选取上，以"必需、够用、适用"为原则，强调应用性和实用性，强化对学生专业实践能力的培养和训练。

本教材具有以下特色：

(1) 内容与职业院校、技工院校学生培养标准、考核标准相衔接，适应现代公路施工、养护与管理的要求。

(2) 内容符合最新的标准和规范要求，如本书第八章采用的《公路钢筋混凝土及预应力混凝土桥涵设计规范》(JTG 3362—2018)等，体现了教材的先进性、科学性和实用性。

(3) 以基本投影原理应用和专业识图技能培训为主，体现职业教育特色，重点培养学生认识及阅读专业工程图纸的技能。

(4) 通过"课程思政"落实立德树人根本任务，将严谨认真的工作态度、精益求精的工匠精神等"思政元素"以多种形式与书中相关知识点有机融合，使学生获得更好的价值引领和人格教育。

(5) 在书中相关知识点旁添加视频、动画、图纸、案例等内容丰富、形式多样的数字化资源，拓宽学生的眼界，使复杂的理论知识更加形象易懂，提高学生的空间想象思维能力。

(6) 每章配套相应的思考题，力求提高学生思考问题、解决问题的能力。

本书由山东公路技师学院曲元梅、广东省城市技师学院伏慎敏任主编，山东公路技师学院杨万忠、仝淑娴任副主编，山东职业学院刘红霞主审。山东公路技师学院李娟、仝淑娴、张桂霞、刘新翠、丁雪松、孟华、尹雨丝、李逸航，河南交通技师学院张玉，宁夏交通学校魏亚妮、辛妙妙参与了编写工作。具体分工如下：绪论和第一章由曲元梅、李逸航编写，第二章由仝淑娴编写，第三章由魏亚妮编写，第四章由张玉编写，第五章由尹雨丝、辛妙妙编写,第六章由李娟、孟华编写,第七章由张桂霞、曲元梅编写,第八章由伏慎敏、曲元梅、杨万忠编写,第九章由杨万忠、刘新翠、丁雪松编写。

本教材在编写过程中,得到了全国多所交通运输类职业院校教师以及公路一线施工、养护、管理单位领导及技术人员的大力支持和帮助,在此深表感谢。此外,编者参阅了大量文献,引用了同类书刊中的部分内容,在此一并对文献作者表示感谢。

由于编者的水平和教学经验有限,书中难免有错误之处,恳请读者批评指正,以便进一步修改和完善。

编　者
2023年3月

二维码数字资源索引表

序号	二维码名称	页码	序号	二维码名称	页码
1	幅面格式	9	32	根据立体图完成组合体的三面投影图	82
2	图线的线型、线宽、用途	13	33	涵洞洞口的读图过程	84
3	常用绘图工具	30	34	轴测图的形成	93
4	影子和投影	41	35	轴测轴、轴间角和轴向伸缩系数	94
5	投影的形成	41	36	长方体形成正等测投影	96
6	中心投影法	42	37	正等测图的轴间角、轴向伸缩系数	96
7	平行投影	42	38	点的轴测投影的画法	97
8	真实性	44	39	五棱柱正等测图的画法	97
9	积聚性	45	40	斜轴测投影形成	106
10	类似性	45	41	斜二测图的轴间角、轴向伸缩系数	106
11	从属性	46	42	挡土墙的斜二测投影图	106
12	定比性	46	43	剖面图的识图与绘制	114
13	平行性	46	44	全剖面图	116
14	三面投影体系	47	45	半剖面图	117
15	形体三面投影图的画法	49	46	局部剖面图	117
16	三面投影	49	47	阶梯剖面图	119
17	点的三面投影	50	48	旋转剖面图	119
18	重影点	52	49	福建土楼二宜楼	121
19	投影面平行线	55	50	断面图的识读与绘制	122
20	投影面垂直线	56	51	断面图的形成	123
21	两直线平行	58	52	点的标高投影	130
22	两直线相交	58	53	直线的实长与倾角	133
23	两直线交叉	59	54	平面上的等高线和平面坡度线表示	135
24	形体的投影	66	55	两平面交线的标高投影	138
25	棱柱体三面投影图作图过程-六棱柱	68	56	求坡面交线	139
26	棱锥体三面投影图作图过程-三棱锥	69	57	同坡曲面等高线作图	142
27	圆柱体三面投影图绘制过程	72	58	填挖分界线	143
28	圆柱表面上取点	73	59	无人机二维地图正射影像测绘详细教程	145
29	圆锥体三面投影图绘制过程	74	60	地形断面图	146
30	球体三面投影图绘制过程	76	61	中国桥	174
31	涵洞端墙的三面投影图绘制过程	81	62	BIM 到底是什么	204

资源使用说明:

1. 扫描封面二维码(注意每个码只可激活一次);
2. 关注"交通教育"微信公众号;
3. 公众号弹出"购买成功"通知,点击"查看详情",进入后即可查看资源;
4. 也可进入"交通教育"微信公众号,点击下方菜单"用户服务-开始学习",选择已绑定的教材进行观看。

目录

绪论 1

第一篇　制图基础知识

第一章　工程制图基础知识 6
第一节　道路工程基本制图标准 6
第二节　绘图工具及其使用方法 24
第三节　绘图的步骤与方法 32

第二篇　画法几何

第二章　点、直线和平面 40
第一节　投影的基本知识 41
第二节　点的投影 50
第三节　直线的投影 54
第四节　平面的投影 59
第五节　平面上点和直线 63

第三章　形体的投影 66
第一节　平面立体的投影 66
第二节　曲面立体的投影 71
第三节　组合体投影图的画法 79
第四节　组合体投影图的阅读 83
第五节　组合体的尺寸标注 87

第四章　轴测投影图 92
第一节　轴测投影的基本知识 92
第二节　正等测投影 96
第三节　斜轴测投影 105
第四节　轴测投影的选择 108

第五章　剖面图和断面图 …… 113
第一节　剖面图 …… 113
第二节　断面图 …… 121

第六章　标高投影 …… 128
第一节　概述 …… 128
第二节　点和直线的标高投影 …… 130
第三节　平面的标高投影 …… 134
第四节　曲面的标高投影 …… 140

第三篇　公路工程图

第七章　公路路线工程图 …… 148
第一节　概述 …… 148
第二节　公路路线平面图 …… 151
第三节　路线纵断面图 …… 158
第四节　路线横断面图 …… 163
第五节　公路路面结构图 …… 166

第八章　桥梁工程图 …… 171
第一节　桥梁的基本组成及作用 …… 171
第二节　钢筋混凝土结构图的基本知识 …… 177
第三节　桥梁总体图的识读 …… 187
第四节　桥梁构件图的识读 …… 195

第九章　涵洞与通道工程图 …… 211
第一节　涵洞的基本分类及组成 …… 211
第二节　涵洞结构图的识读 …… 217
第三节　通道工程图 …… 230

参考文献 …… 232

绪论

仅依靠普通的语言和文字描述,是无法准确清晰地表达土木工程构造物的形状、大小及其施工技术要求的。因此,无论是修路架桥、建造房屋,还是其他土木建筑工程构造施工,都需要一种特殊的技术语言来充分表达设计者的设计意图,从而指导生产实践和技术交流,这就是工程图样。

公路工程是一项综合性的工程,它的组成部分包括路基、路面、桥梁、涵洞、安全防护设施、绿化和交通监控设施,以及施工、养护和监控使用的房屋、车间和其他服务性设施。高速公路立交桥、高速公路边坡防护工程及隧道、斜拉桥、高速公路排水设施如图0-1～图0-4所示。对于这些复杂的公路工程构造物,就需要工程图样这种特殊的技术语言才能准确清晰地表达其形状、大小、相对位置和全部的设计要求。

图0-1 高速公路立交桥

图0-2 高速公路边坡防护工程及隧道

图0-3 斜拉桥

图0-4 高速公路排水设施

工程图样一般是按正投影原理和国家制图标准规定绘制的,是工程技术人员用以表达设计意图、组织生产施工和进行技术交流的重要技术文件。在公路工程建设中,规划、设计、施工、竣工验收及交付使用等阶段,都离不开工程图样。因此,工程图样被喻为"工程界的语言"。作为工程技术人员,必须掌握这种"语言",即具有识读工程图和绘图的基本能力。

图0-5为重力式U形桥台示意图。图0-6为重力式U形桥台构造图。我们研究如何在

平面上用图形来表示空间形体,采用了几何学中将空间形体概括为抽象的点、线、面等几何元素的方法,这种用图形来表示空间几何形体和解决它们的几何问题的研究是一门学科,称为画法几何。而工程构造物可视为由几何形体组合而成,根据画法几何理论,研究它们在平面上如何用图形来表示,就形成了工程视图。在工程视图中,除了有表达物体形状的线条外,还应用国家制图标准规定的一些表达方法和符号,标注尺寸和文字说明,使工程视图能更加准确、完整、清晰地表达工程构造物的形状、大小和相对位置等。

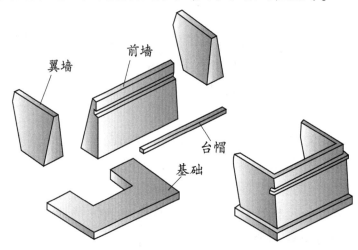

图 0-5　重力式 U 形桥台示意图

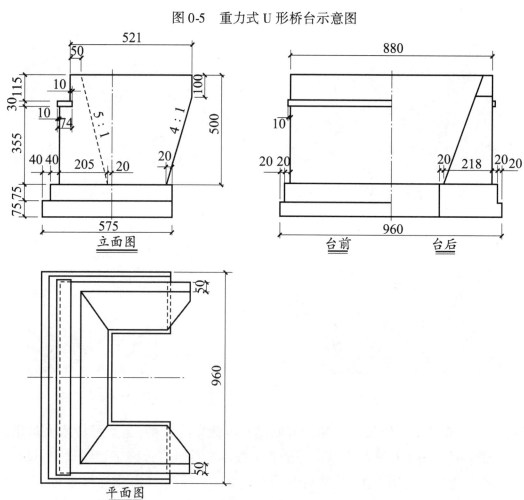

图 0-6　重力式 U 形桥台构造图(尺寸单位:cm)

一、本课程教学的目的与任务

公路工程识图是研究工程图样的一门学科。本课程的教学目的是通过讲述基本投影理论和方法、工程图样的图示原理、识图方法、画图技能及《道路工程制图标准》(GB 50162—1992)(简称《标准》)中有关规定,使学生能适当地掌握绘图的基本技能,为接下来学习公路施工与养护及相关专业的课程,读懂工程图,以及将来参加生产实践,识读公路路线工程和一般桥涵工程的施工图纸做好准备。

公路工程识图是职业院校、技工院校道路与桥梁工程施工、公路养护与管理等专业一门重要的专业基础课,其教学的主要任务就是培养学生识读和绘制公路工程图样的能力,以培养识图能力为主、以培养绘图能力为辅,并在对学生进行课程思政教育的过程中,引导学生养成一丝不苟、认真负责的工作态度和精益求精、严谨细致的工作作风。

二、本课程学习的内容和要求

本课程包括以下几部分内容:

(1)制图基础知识部分。本部分内容主要包括《标准》的有关规定,常用传统绘图工具的使用方法,制图的基本步骤与方法。

在本部分内容学习过程中,学生应自觉遵守《标准》及有关规定,能正确选择和使用绘图工具和仪器,熟悉尺规绘图和徒手绘图的一般方法和步骤。绘图时能做到尺寸标注准确、完整,字体工整,图面整洁,布局合理,符合国家标准规定。

(2)画法几何部分。本部分内容主要以投影理论为基础,学习用正投影法图示空间几何体,并用以解决空间几何问题。

投影理论是公路工程识图的理论基础,三面投影图则是投影理论的基础,是表达空间形体最基本的方法。学习本部分内容要求真正深入理解三面投影体系的建立和投影图形成的原理,通过一定数量的习题训练,逐渐形成空间想象和分析能力。同时,还应根据形体立体图和相应投影图的分析阅读,不断提高识图和基本绘图的能力。

(3)公路工程专业识图部分。本部分内容主要介绍运用正投影原理表达公路路线以及桥梁、涵洞等公路工程构造物的方法,并通过一定数量的工程实例,介绍运用正投影原理识读工程图样的方法。

三、本课程的学习方法

本课程是一门重要的理论与实践一体的专业基础课,它具有系统性、无公式和实践性强的特点,学习时可采用以下几种学习方法:

(1)应真正理解投影的基本概念和基本理论,掌握作图和读图的方法与步骤。

(2)画法几何是本课程的基本理论,必须学深、学透。由于投影理论比较抽象,初学时可以借助模型增强感性认识,弄清基本概念和作图方法,但不能长期依赖模型,而应多画、多读、多思考,逐步建立空间概念,提高空间想象力。

(3)制图的练习和作业是本课程的实践性环节。练习和作业的目的是为了巩固所学的知识。因此,必须认真做好每次练习和作业。做作业前,首先要了解题意,分析作图的方法和步骤;画图时要认真对待图中的每一条图线、每一个数字、每一个符号,做到作图准确、线型分明、字体工整、图面整洁。

(4)工程图样的内容还涉及许多专业知识,本课程只着重于研究形体的分析、视图的表达、读图的方法和技能,其余只作简要的介绍。因此,学完本课程后,还应结合专业课程的学习和以后的生产实践,不断地充实、完善和提高自身识读复杂工程图样的能力。

第一篇

制图基础知识

第一章

工程制图基础知识

知识目标

(1)了解《标准》的基本内容。
(2)掌握图幅、图框、图标、会签栏等格式规定;熟悉汉字、数字和字母书写规定。
(3)理解常用线型的画法、用途、规定及要求;理解比例的概念和规定。
(4)掌握坐标的表示形式;掌握尺寸标注的组成、有关规定和标注方法。
(5)了解图板、丁字尺、三角板、圆规和分规等常用传统绘图工具的性能。
(6)掌握常用传统绘图工具的使用方法。
(7)了解用尺规和徒手绘制工程图样的一般方法和步骤。

能力目标

(1)能正确运用国家制图标准的有关规定。
(2)能迅速准确地标注尺寸、识别字体并按规定绘制常用线型。
(3)能正确使用各种常用绘图工具,并能对绘图工具进行挑选和妥善保管。
(4)具备用尺规和徒手绘制工程图样的初步能力。

素质目标

(1)培养严谨、细致、认真的学习态度。
(2)树立自觉遵守国家标准的意识。

第一节 道路工程基本制图标准

工程图样是工程界的语言,是开展施工建设组织和管理所需的重要技术文件。它能准确地表达物体的形状、大小及其施工时所需要的全部技术要求,是表达设计者的设计意图和指导生产者进行施工的工具。因此,工程图样必须有统一的规定。

为统一我国道路工程的制图方法,保证图面质量,提高工作效率,便于技术交流,符合设计、施工、存档的要求,我国制定了《道路工程制图标准》(GB 50162—1992),于1993年5月1日起施行。该标准是我国道路工程图样方面唯一的国家标准。《标准》对图样的格式、内容和表达方法等做出了统一要求,是工程技术人员识图、绘图的"行为准则"。本节将主要介绍《标准》中关于图幅、字体、线型、比例、坐标、尺寸标注等的规定。

一、图幅

1. 图幅及图框

图幅是图纸的幅面大小，即图纸本身的大小规格。图框是图纸上表示绘图范围的边线，即图形在图纸内的范围。为合理使用图纸且便于装订、保存，《标准》对图幅进行了规定。

（1）图幅规格

图幅分为 A0、A1、A2、A3、A4 五种规格，大小均应按国家标准规定执行，如表 1-1 所示。表中尺寸含义如图 1-1 所示。

图幅及图框尺寸（单位：mm）　　　　　　　表 1-1

尺寸	图幅规格				
	A0	A1	A2	A3	A4
$b \times l$	841×1189	594×841	420×594	297×420	210×297
a	35	35	35	35	25
c	10	10	10	10	10

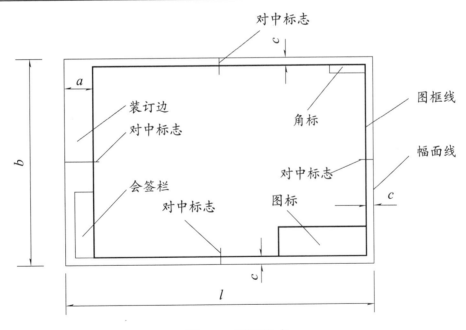

图 1-1　幅面格式

由表 1-1 中图幅尺寸可以看出，幅面边长关系如下：

①边长尺寸相当于 $\sqrt{2}$ 系列，即 $l = \sqrt{2}\,b$。

②A1 号图纸幅面是 A0 号幅面长边的对裁，A2 号图纸幅面是 A1 号幅面长边的对裁，其他幅面依此类推。

（2）一般规定

①在选用图幅时，应以一种规格为主，尽量避免大小幅面掺杂使用。

②根据需要,图纸幅面的长边可以加长,但短边不得加宽。长边加长时应符合规定:图幅 A0、A2、A4 应为 150mm 的整倍数,图幅 A1、A3 应为 210mm 的整倍数。

③对中标志应画在幅面线中点处,线宽应为 0.35mm,应伸入图框内 5mm。

2. 图标、会签栏及角标

(1) 图标

图纸标题栏应绘制在图框内右下角处,简称图标,如图 1-1 所示。图标的外框线线宽宜为 0.7 mm,图标内的分格线线宽宜为 0.25 mm。《标准》规定图标的格式有三种,如图 1-2 所示。设计单位根据自己的习惯或规定,可采用其中的一种。

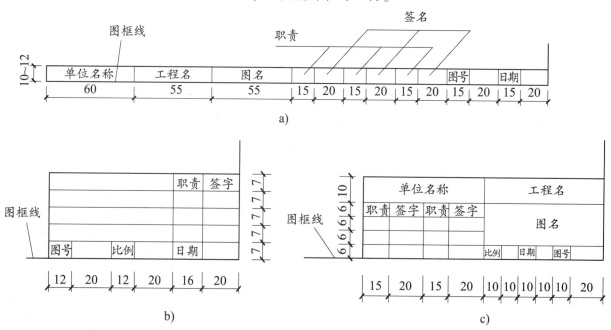

图 1-2 图标格式(尺寸单位:mm)

(2) 会签栏

会签栏宜绘制在图框外左下角处,如图 1-1 所示。会签栏外框线线宽宜为 0.5mm,内分格线线宽宜为 0.25mm。会签栏的格式如图 1-3 所示。

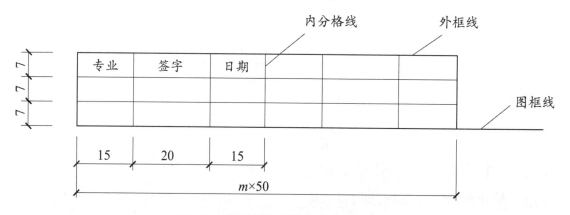

图 1-3 会签栏格式(尺寸单位:mm)

(3) 角标

当图纸需要绘制角标时,应将其布置在图框内的右上角处,如图 1-1 所示。角标线线宽宜为 0.25mm。角标格式如图 1-4 所示。

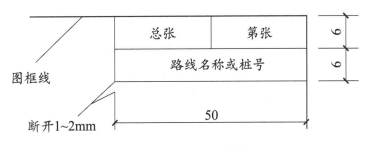

幅面格式

图 1-4　角标格式(尺寸单位:mm)

? 想一想

目前工程上常用 AutoCAD 软件绘制施工图,AutoCAD(Auto Computer Aided Design)是美国 Autodesk 公司首次于 1982 年生产的自动计算机辅助设计软件,用于二维绘图、详细绘制、设计文档和基本三维设计。现已经成为国际上广为流行的绘图工具。

道路工程图纸一般采用 A3 或 A3 加长的图纸幅面,并且横向装订成册。某道路工程图中的路线平面图如图 1-5 所示,请同学们尝试识读图中的图框、图标、角标、图线等。

二、字体

文字、数字、字母或符号是工程图的重要组成部分。若图中字体多样,会导致辨认困难或误看,从而容易造成工程事故,给国家和个人带来损失,同时也会影响图面的整洁美观。因此,要求图纸上的字体端正、笔画清晰、排列整齐、间隔均匀、标点符号清楚正确,并且必须采用规定的字体和按规定的字号书写。

1. 汉字

汉字应采用国家正式公布使用的简化字,除有特殊要求外,不得使用繁体字。汉字的书写要求采用从左向右、横向书写的格式。《标准》中规定图纸中汉字应采用长仿宋字(又称工程字)。大标题、图册封面、地形图等的汉字,也可书写成其他字体,但应易于辨认。

(1)字高与字宽

长仿宋字的字高与字宽之比为 3:2,如图 1-6 所示。长仿宋字的字高与字宽的关系如表 1-2 所示。为了保持字体大小一致,应在按字号大小画的格子内书写。字距宜为字高的 1/8~1/4,行距宜为字高的 1/4~1/3。汉字只能写成正体,其高度 h 不宜小于 3.5mm。字体的高度即为字号,如 10 号字,它的字高为 10mm。

(2)长仿宋字的特点

长仿宋字的特点是横平竖直、起落分明、笔画粗细均匀、刚劲有力、排列匀称、填满方格。同一张图纸中字体种类不应超过两种。

在书写长仿宋体时,要掌握基本笔画的特点,注意在运笔时,起笔和落笔要有棱角,使笔画形成尖端或三角形。字体的结构布局、笔画之间的间隔均匀相称,偏旁部首比例适当。要写好长仿宋字,正确的方法是:按字体大小,先用粗实线打好方格,多描摹和临摹,多看多写,持之以恒,自然熟能生巧。长仿宋字书写示例如图 1-7 所示。

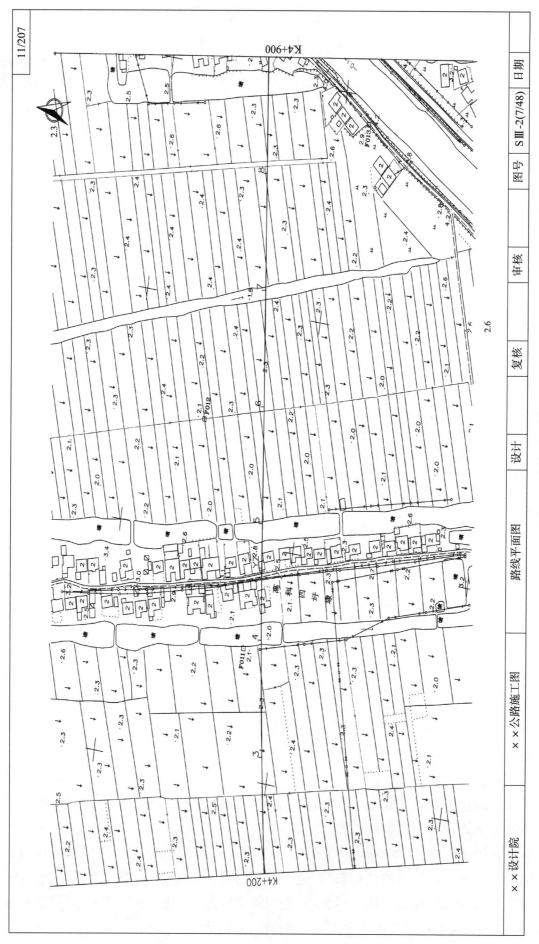

图1-5 路线平面图

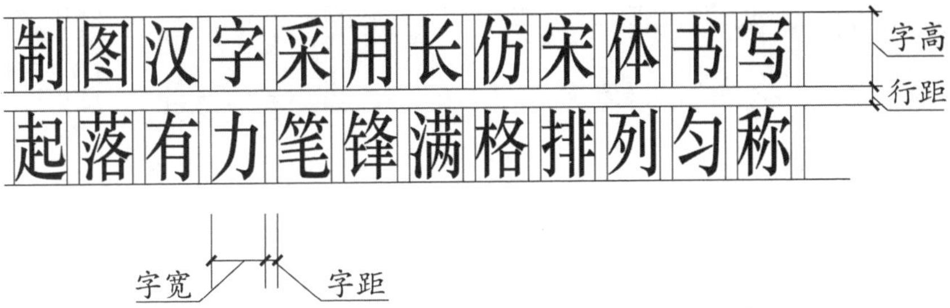

图 1-6 长仿宋字

长仿宋字的字高与字宽的关系（单位：mm）　　　　表 1-2

字高（即字号）	20	14	10	7	5	3.5
字宽	14	10	7	5	3.5	2.5

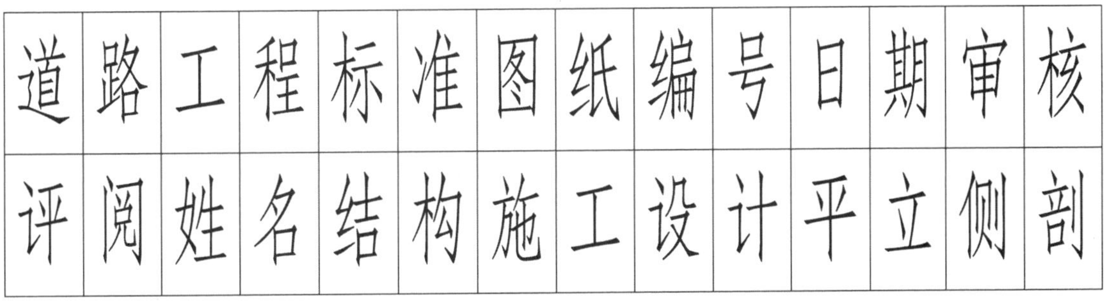

图 1-7 长仿宋字书写示例

在 AutoCAD 环境中，汉字字体通常采用 Windows 系统所带的 TrueType 字体"仿宋_GB 2312"。在有些图纸中，汉字字体也可采用符合国家标准的形编译字体。所谓形编译字体是指符合国家标准的类似手写仿宋体，常见的有 Hzdx. shx、Hztxt. shx、Khz. shx 等。

2. 数字与字母

工程图纸中的阿拉伯数字、拉丁字母、罗马数字、希腊字母各分 A 型和 B 型两种字体。A 型字体的笔画宽度为字高的 1/14，B 型字体的笔画宽度为字高的 1/10。大写字母的宽度为字高的 2/3，小写字母的高度应以 b、f、h、p、g 为准，字宽宜为字高的 1/2。a、m、n、o、e 的字宽宜为上述小写字母高度的 2/3。

数字和字母的书写要求如下：

(1) 数字与字母的字体可采用直体或斜体，但同一册图纸中应一致。直体笔画的横与竖应成 90°，斜体的倾斜度应从字的底线逆时针转 75°，如图 1-8、图 1-9 所示。斜体字的高度与宽度应与相应的直体字相同。

a) 斜体

b) 直体

图 1-8 拉丁字母示例

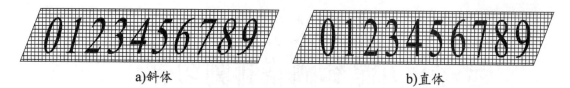

a) 斜体　　　　　　　　　　b) 直体

图 1-9　阿拉伯数字示例

(2) 阿拉伯数字、拉丁字母和罗马数字的高度应不小于 2.5mm，如图 1-10 所示。当数字或字母与汉字并列书写时，其高度应比汉字的字高小一号或两号。

图 1-10　罗马数字示例

(3) 分数、百分数和比例数的注写，应采用阿拉伯数字和数学符号，如 1/8、50%、1∶100。

(4) 当注写的数字小于 1 时，应写出个位的"0"，小数点应采用圆点，齐基准线书写，如 0.08。

三、线型

工程图样是由不同种类的线型、不同宽度的线条构成的，这些图线可表达图样的不同内容，并且能够表示其在图中的主次。

1. 图线的种类及用途

图线的种类有实线、虚线、点划线、折断线、波浪线等，使用时应符合国家标准有关规定。常见图线的线型、线宽及用途如表 1-3 所示。

常用图线的线型、线宽及用途　　　表 1-3

名称	线型	线宽	一般用途
粗实线	———	b	可见轮廓线、钢筋线
中实线	———	$0.5b$	较细的可见轮廓线、钢筋线
细实线	———	$0.25b$	尺寸线、剖面线、引出线、图例线等
加粗实线	———	$1.4b \sim 2.0b$	图框线、路线设计线、地平线等
粗虚线	- - - -	b	地下管线或建筑物
中虚线	- - - -	$0.5b$	不可见轮廓线
细点划线	— · — · —	$0.25b$	中心线、对称线、轴线等
细双点划线	— ·· — ·· —	$0.25b$	假想轮廓线
波浪线	～～～	$0.25b$	断开界线
折断线	—／—	$0.25b$	断开界线

(1)图线的宽度应符合《标准》中规定的线宽系列,即 0.18mm、0.25mm、0.35mm、0.5mm、0.7mm、1.0mm、1.4mm、2.0mm。使用时应根据图样的复杂程度及比例大小从中选取。

(2)工程图样一般使用三种线宽,且互成一定的比例,即粗线:中线:细线 = $b:0.5b:0.25b$。因此,绘图时确定了基本图线(即粗实线)的宽度 b,中线及细线宽度也就确定了,而基本线宽 b 则是根据图样比例和复杂程度来确定的。

(3)线宽组合选用如表1-4所示。在同一张图纸内,相同比例的图形应选用相同的线宽组合。绘制比较简单的或比例较小的图时,可只用两种线宽,其线宽比规定为 $b:0.25b$,即不用中线。

图线的线型、线宽、用途

线宽组合 表1-4

线宽类别	线宽系列(mm)				
b	1.4	1.0	0.7	0.5	0.35
$0.5b$	0.7	0.5	0.35	0.25	0.25
$0.25b$	0.35	0.25	0.18(0.2)	0.13(0.15)	0.13(0.15)

注:表中括号内的数字为代用线宽。

(4)图框和标题栏的线宽,将随图纸幅面的大小而不同,如表1-5所示,可参考选用。

图纸图框线和标题栏线的宽度(单位:mm) 表1-5

图纸幅面	图框线	标题栏外框线	标题栏分格线
A0、A1	1.4	0.7	0.35
A2、A3、A4	1	0.7	0.35

2.图线的画法及要求

(1)虚线、点划线、双点划线的线段长度和间隔,对于同类型图线应保持一致,起止两端应为线段。

(2)点划线或双点划线,当在较小的图形中绘制有困难时,可以用细实线代替;当作为对称线或中心线时,应适当超出图形的轮廓线,如图1-11所示。

(3)相互平行的图线,其间隔不得小于其中的粗线宽度,且不得小于0.70mm。

(4)相交图线的绘制应符合下列规定:

①当虚线与虚线或虚线与实线相交时,应不留空隙,如图1-12a)所示。

②当虚线为实线的延长线时,应留有空隙,如图1-12b)所示。

③虚线及点划线,当各自本身交接或与其他图形图线相交接时,均应为线段相交,如图1-12a)所示。

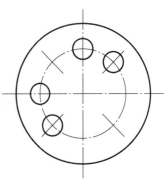

图1-11 点划线画法

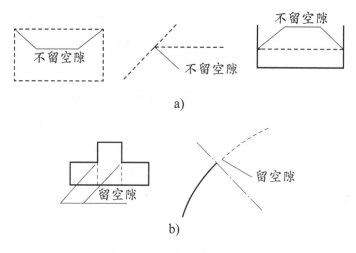

图1-12 图线相交的画法

> **想一想**

双柱式桥墩如图1-13所示,尝试识读桥墩构造图(图1-14)中各种线型及图线相交的画法。

图1-13 双柱式桥墩

四、比例

工程制图中,道路桥梁等工程结构物,必须要缩小后绘制在图纸上;而对于一个很小的零件,又往往要放大后绘制在图纸上。图样中图形与实物相对应线性尺寸之比,称为比例。比例应采用阿拉伯数字表示,如表1-6所示。比例大小即为比值的大小,如 1∶100 > 1∶200。

1. 比例选择

公路工程构造物属于带状三维空间实体,具有结构和线形组成复杂,长、宽、高尺寸相差悬殊的特点。比如路线平面图,实际上就是反映公路沿线周围区域的地形图,路线纵断面图则是通过公路中心线的纵剖面图,而路基横断面图则是垂直于路中心线剖切的断面图,三种图所表达内容不同,其采用的绘图比例也就各不相同。因此,绘图比例的选择,应遵循使图面布置合理、均匀、美观的原则,按图形大小及图面复杂程度确定,一般优先选用表1-6中的绘图常用比例。

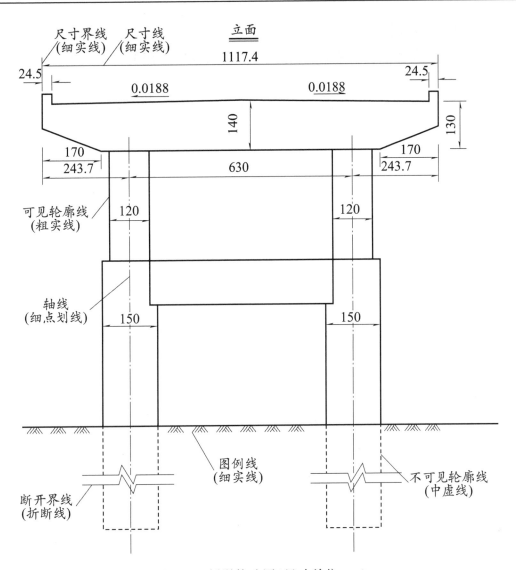

图1-14 桥墩构造图(尺寸单位:cm)

绘图常用比例 表1-6

常用比例	1∶1	1∶2	1∶5	1∶10	1∶20	1∶50
	1∶100	1∶200	1∶500	1∶1000	1∶2000	1∶5000
	1∶10000	1∶20000	1∶50000	1∶100000	1∶200000	…
可用比例	1∶3	1∶15	1∶25	1∶30	1∶40	1∶60
	1∶150	1∶250	1∶300	1∶400	1∶600	1∶1500
	1∶2500	1∶3000	1∶4000	1∶6000	1∶15000	1∶30000

2．比例的标注

(1)同一张图中,如各图比例不同,应将比例分别标注在各图图名的下方或右侧,字高可为图名字高的0.7倍,如图1-15a)、b)所示。

(2)整张图纸如果采用同一比例,则在标题栏中注明,也可在图纸中适当位置采用标尺标注。

(3)当竖直方向与水平方向的比例不同时,可用V表示竖直方向比例,用H表示水平方向比例,如图1-15c)所示。

(4)图样上标注的尺寸数字是结构物的实际尺寸,与所采用的比例无关。

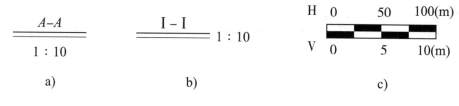

图1-15 比例的标注

五、坐标

为了表示地区的方位和路线的方向,地形图上需画出指北针或坐标网格。

1. 指北针

指北针标志的绘制,如图1-16所示。图1-16中圆的直径为24mm,指针尾部宽度为3mm;当需用较大直径绘制指北针时,指针尾部宽度为直径的1/8。

2. 坐标网格

坐标网格应采用细实线绘制。南北方向轴线代号为X轴,向北坐标值增大;东西方向轴线代号为Y轴,向东坐标值增大。坐标网络也可采用十字线代替,如图1-17所示。

标注规定:

图1-16 指北针的绘制
(尺寸单位:mm)

(1)坐标值的标注应靠近被标注点,书写方向应平行于相应的网格线或在网格延长线上,数值前应标注坐标轴代号(X或Y);当无坐标轴代号时,图上应绘制指北针。

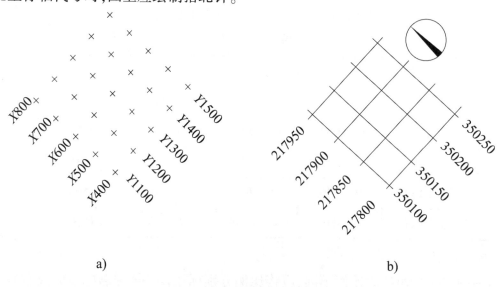

图1-17 坐标网格及标线

(2)当需要标注的控制坐标点不多时,宜采用引出线的形式标注,如图1-18所示。水平线上、下应分别标注X轴、Y轴的代号及数值。

(3)当需要标注的控制坐标点较多时,图纸上可仅标注点的代号,坐标数值可在适当位置以表格的形式表示。

(4) 坐标数值的计量单位应采用米(m),并精确至小数点后三位。

例如,图1-18中控制点$\frac{X470.575}{Y350.750}$,表示该点距坐标原点向北470.575m,向东350.750m。

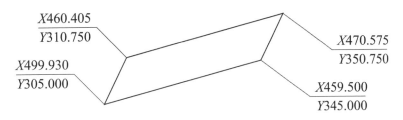

图1-18 控制坐标的标注

六、尺寸标注

工程图上除了要画出表示构造物形状的图形外,还必须准确、完整、清晰地标注出构造物的实际尺寸和各组成部分的相对位置。因此,尺寸标注是工程图样的重要组成部分。

1. 尺寸标注的组成

公路工程图样上标注的尺寸由尺寸线、尺寸界线、尺寸起止符和尺寸数字四部分组成,也称尺寸的四要素,如图1-19所示。

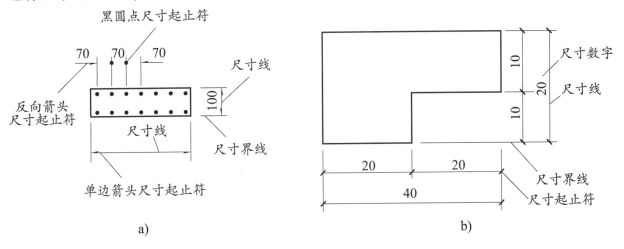

图1-19 尺寸要素的标注

(1) 尺寸线

尺寸线采用细实线绘制,应与被标注长度平行,且不应超出尺寸界线。任何其他图线均不得作为尺寸线。相互平行的尺寸线应从被标注的轮廓线由近向远排列,所有平行尺寸线间的间距为5~15mm。同一张图纸或同一图形上这种间距应保持一致。分尺寸线应离轮廓线近,总尺寸线应离轮廓线远,即大尺寸线包小尺寸线,如图1-20所示。

(2) 尺寸界线

尺寸界线采用细实线绘制,由一对垂直于被标注长度的平行线组成;当标注有困难时也可不垂直,但尺寸界线应相互平行。尺寸界限一端应靠近所标注的图样轮廓线,但不得相连,另一端宜超出尺寸线1~3mm,如图1-21所示。图形轮廓线、中心线也可作为尺寸界线。

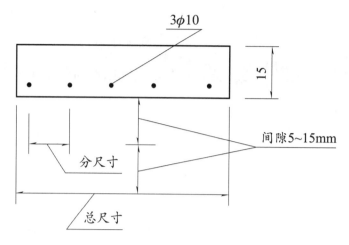

图 1-20 尺寸线的标注

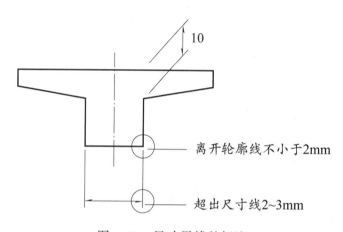

图 1-21 尺寸界线的标注

(3)尺寸起止符

尺寸线与尺寸界线的相接点为尺寸的起止点,在起止点上应画尺寸起止符。尺寸起止符表示方法如下:

①采用单边箭头表示。采用单边箭头表示时,箭头在尺寸界线的右边时,应标注在尺寸线之上;反之,则应标注在尺寸线之下。箭头大小可按绘图比例取值,如图 1-19a)所示。

②采用短斜线表示。尺寸起止符也可采用长度为 2~3mm 的中粗斜短线表示,斜短线的倾斜方向相当于把尺寸界线按顺时针方向转 45°,如图 1-19b)所示。

③采用黑圆点表示。在连续表示的小尺寸中,也可在尺寸界线同一水平的位置,用黑圆点表示中间部分的尺寸起止符,如图 1-19a)所示。

道路工程制图中宜采用单边箭头,同一张图样上宜采用同一种尺寸起止符。

(4)尺寸数字

尺寸数字应按规定的字体书写,字高一般是 3.5mm 或 2.5mm。尺寸数字一般标注在尺寸线中间的上方,离尺寸线应不大于 1mm。如没有足够的注写位置,可采用反向箭头,最外边的尺寸数字可注写在尺寸界线外侧上方,中间相邻的尺寸数字可错开注写,也可引出注写。尺寸均应标注在图样轮廓线以外,任何图线均不得穿过尺寸数字;当不可避免时,将尺寸数字处的图线断开。尺寸数字、文字的标注如图 1-14、图 1-19~图 1-22 所示。

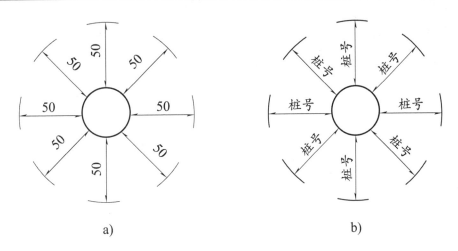

图 1-22 尺寸数字、文字的标注

结论:水平尺寸字头朝上,垂直尺寸字头朝左。同一张图样上,尺寸数字的大小应相同。

2. 尺寸标注的基本规定及要求

(1)工程图上所有的尺寸数字表示的都是物体实际大小的数值,与图形选用的比例无关。

(2)在道路工程图中,线路的里程桩号以千米(km)为单位;高程、坡长和曲线要素均以米(m)为单位;一般砖、石、混凝土等工程结构物及钢筋和钢材长度以厘米(cm)为单位;钢筋和钢材断面以毫米(mm)为单位。图上尺寸数字之后不必注写单位,但应在注解和技术要求中注明。

(3)尺寸标注的基本要求是正确、完整、清晰、合理。即尺寸注写要正确无误;尺寸必须齐全,能完整表示出工程结构物各部分的大小和位置;尺寸布局合理、整齐,便于看图;标注的尺寸符合设计、施工和检查验收要求。

3. 尺寸标注的方法

(1)引出线的标注

引出线的斜线与水平线应采用细实线绘制,其交角 α 可按 90°、120°、135°、150°绘制。当图形需要文字说明时,可将文字说明标注在引出线的水平线上。当斜线在一条以上时,各斜线宜平行或交于一点,如图 1-23 所示。

图 1-23 引出线的标注

(2)圆的标注

在圆的直径尺寸数字前面,加注符号"ϕ"或"$d(D)$",在半径尺寸数字前面,加注符号"r"或"R",如图 1-24 所示。

①当圆的直径较大时,半径尺寸的起点可不从圆心开始,如图 1-25 所示。

②当圆的直径较小时,直径和半径的标注如图 1-26、图 1-27 所示。

(3)圆弧弧长与弦长的标注

圆弧尺寸的标注,如图 1-28a)所示。当弧长分为数段标注时,尺寸界线可沿径向引出,如图1-28b)所示。弦长的尺寸界限应垂直该圆弧的弦,如图1-28c)所示。

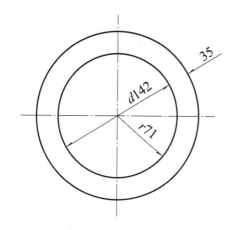
图1-24 半径与直径的标注

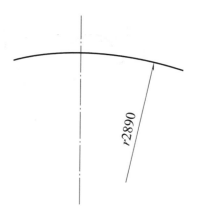
图1-25 大直径圆的标注

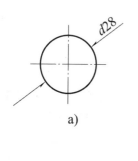
a)

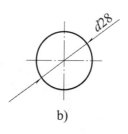
b)

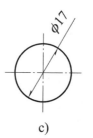
c)

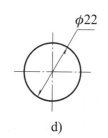
d)

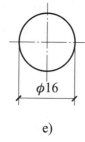
e)

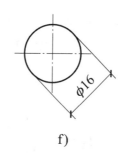
f)

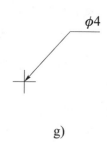
g)

图1-26 小直径圆的直径标注

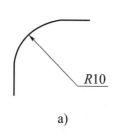
a)

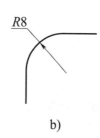
b)

c)

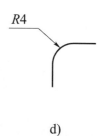
d)

图1-27 小直径圆的半径标注

(4)球的标注

球体的尺寸标注,应在直径和半径符号前加注S,如"Sφ""SR",如图1-29所示。

(5)角度的标注

角度的尺寸线以圆弧表示,以角的两边作为尺寸界限。尺寸起止符应画成箭头,当尺寸太小时,可用黑圆点代替。角度数值写在尺寸线中间的上方,如图1-30所示。

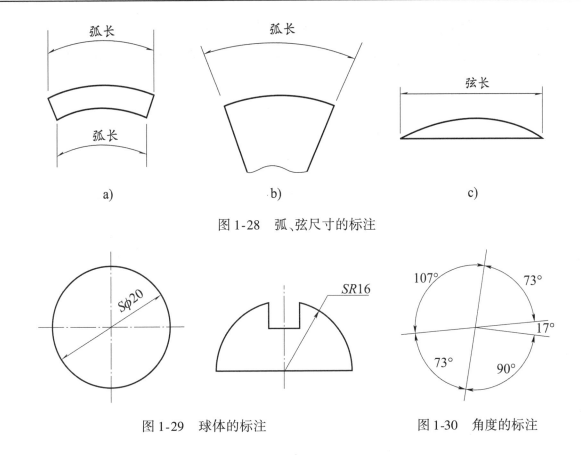

图 1-28 弧、弦尺寸的标注

图 1-29 球体的标注　　　　图 1-30 角度的标注

(6) 高程的标注

高程符号采用细实线绘制的等腰三角形表示,高为 2~3mm,底角为 45°,如图 1-31a) 所示。顶角指在需要标注的高度上,顶角向上、向下均可。高程数字宜标注在三角形的右侧,负高程数字前标注" - "号,正高程(包括零高程)数字前可不标注" + "号,如图 1-31b) 所示。图形复杂时,可以采用引出线形式标注,如图 1-31c) 所示。

(7) 水位的标注

水位标注符号应由数条上长下短的细实线及高程符号组成,细实线间的间距宜为 1mm,如图 1-32 所示。

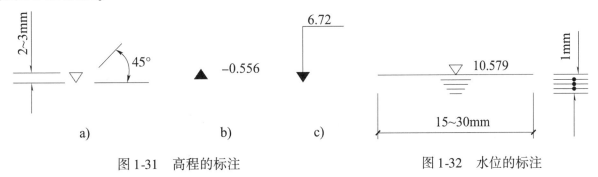

图 1-31 高程的标注　　　　图 1-32 水位的标注

(8) 坡度的标注

①百分比表示。当坡度值较小时,宜用百分比表示,如图 1-33 中的路拱横坡度 1.5%。坡度符号由细实线、单边箭头以及线上标注的百分数组成,箭头指向下坡。路面横坡、纵坡均用此种表示法。

②比例表示。当坡度值较大时,宜用比例表示,如图1-33中的路基边坡坡度1:n。1为竖直方向高度值,n为水平方向的距离。路基边坡、挡土墙和桥墩墩身的坡度都用这种方法表示。

③边坡和锥坡的标注。边坡和锥坡的长短线引出端应为边坡和锥坡的高端。坡度用比例标注,其标注应符合相关规定,如图1-34所示。

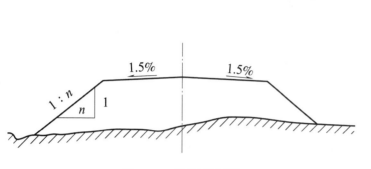 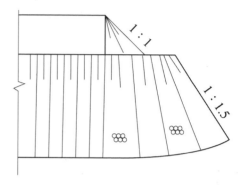

图1-33 坡度的标注　　　　　　　　图1-34 边坡和锥坡的标注

(9)尺寸的简化标注

①连续排列的等长尺寸可采用"间距数乘间距尺寸"的形式标注,如图1-35所示的4×30。

②两个相似图形可只画一个,未画出图形的尺寸数字用括号表示,如图1-35所示的20(30)、160(180)。

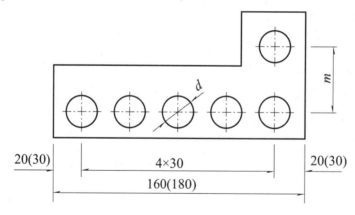

图1-35 相似图形的标注

◆ **知识拓展**

国 家 标 准

国家标准分为强制性国家标准和推荐性国家标准,代号分别为GB和GB/T。

国家标准的编号由国家标准的代号、国家标准发布的顺序号和国家标准发布的年号(发布年份)构成。GB代号国家标准含有强制性条文及推荐性条文,当全文强制时不含有推荐性条文;GB/T代号国家标准为全文推荐性。

对保障人身健康和生命财产安全、国家安全、生态环境安全以及满足经济社会管理基本需要的技术要求,应当制定强制性国家标准。对于满足基础通用、与强制性国家标准配套、对各有关行业起引领作用等需要的技术要求,可以制定推荐性国家标准。但推荐性国标一经接受并采用,或各方商定同意纳入经济合同中,就成为各方必须共同遵守的技术依据,具有法律上的约束性。

思考与练习

一、填空题

1. 国家标准规定的图幅规格有_____种。
2. 图样上一个完整的尺寸由_____、_____、_____、_____四部分组成,称为尺寸的四要素。
3. 尺寸起止符的表示方法有_____、_____、_____。
4. 图样中_____与_____相应线性尺寸之比称为图形的比例。
5. 采用百分比表示时,坡度符号由_____、_____以及在线上标注的百分数组成。
6. 标注圆的直径时,应在直径数字前加注符号_____或_____;标注球的尺寸时,则在直径和半径符号前加_____。
7. 图上所有的尺寸数字是物体_____大小的数值,与图形选用的比例_____。

二、实训题

1. 字体练习,如图1-36所示。

（图略）

图1-36 字体练习

2. 用尺规绘制图1-37所示的线型。

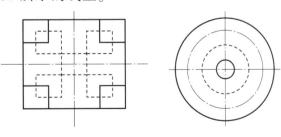

图1-37 线型练习

3. 绘制图 1-38 所示的平面图形并标注尺寸。

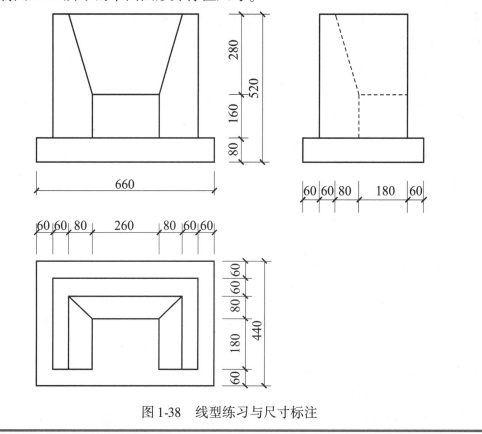

图 1-38　线型练习与尺寸标注

第二节　绘图工具及其使用方法

绘图可以使用计算机或传统绘图工具。计算机绘图是目前国际上普遍使用和广为流行的绘图方法,一般由硬件和基于 AutoCAD 软件组成的计算机辅助设计系统完成。有关计算机绘图知识在公路工程 CAD 课程中专门介绍。本节主要介绍常用传统绘图工具的性能和使用方法。常用传统绘图工具主要有图板、丁字尺、三角板、圆规、分规、铅笔、曲线板等,如图 1-39 所示。

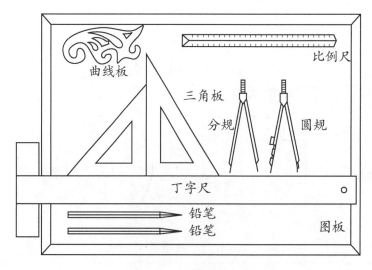

图 1-39　常用绘图工具

一、图板、丁字尺与三角板

1. 图板

图板是作图时用来固定图纸的垫板,是绘制工程图样的一种工具,通常用胶合板制成,如图1-40所示。

（1）图板的要求

图板板面应质地松软、光滑平整、有弹性,两端要平直,边角应垂直。

（2）图板的规格

图板的大小有0号、1号、2号等不同的规格,可根据所画图幅的大小来选定图板规格。

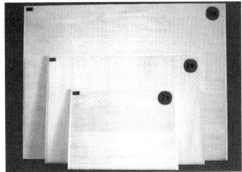

图1-40　图板

（3）图板使用与保养

①图板是由胶合板制成,因此不能受潮、曝晒或烘烤,以防变形。

②为保持板面平滑,固定图纸时,宜用透明胶带将图纸四个角粘贴在图板上,将图纸平整紧贴图板。不能使用图钉、小刀或医疗上用的胶布,以免损伤板面。

③不画图时,应将图板竖立保管,并注意避免碰撞或刻划板面。

2. 丁字尺

丁字尺（图1-41）由尺头和尺身构成,主要用来与图板配合画水平线。

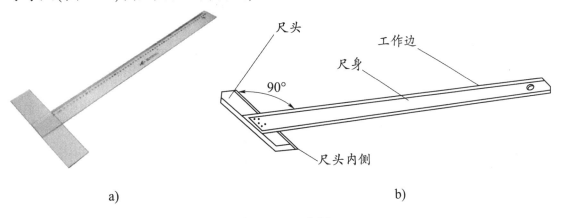

a)　　　　　　　　　　　　　　b)

图1-41　丁字尺

（1）丁字尺的要求

丁字尺的尺头与尺身必须垂直,并连接牢固。尺头内侧边缘及工作边必须保持平直光滑,刻度准确。

（2）丁字尺的使用方法

①使用丁字尺时,需用左手握住尺头,始终保持尺头与图板左边贴紧。

②用丁字尺画水平线时,铅笔应沿着尺身工作边从左向右画,如水平线较多,则应由上向下逐条画出。图1-42所示为画水平线的手势。

③丁字尺每次移动后都要检查尺头是否贴紧图板,画线时应防止尺身移动。图1-43所示为移动丁字尺的手势。

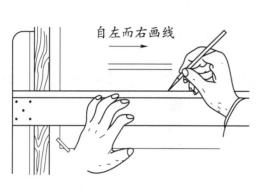
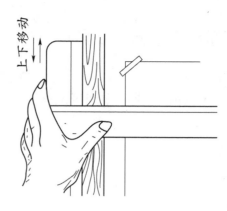

图 1-42　用丁字尺画水平线　　　图 1-43　丁字尺移动的手势

(3)注意事项

①不得用丁字尺的下边缘画线,也不允许把尺头靠在图板的上边、下边或右边来画铅垂线及水平线。错误画法如图 1-44 所示。

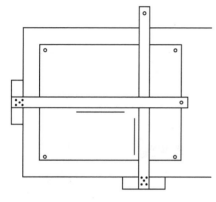

②丁字尺是由胶合板或有机玻璃制成的,必须防止其受潮、暴晒、烘烤或弯曲。不用时应挂起来,防止尺身变形。

3.三角板

三角板与丁字尺配合,可以画铅垂线和某些特殊角度的斜线。三角板一般是用有机玻璃制成,一副三角板是由 30°+60°+90°(简称 30°三角板或 60°三角板)和 45°+45°+90°(简称 45°三角板)两块组成,如图 1-45 所示。

(1)要求

图 1-44　错误画法

三角板应板平边直,角度准确,防止暴晒和碰撞。

(2)使用方法

①使用三角板画铅垂线时,应使丁字尺的尺头紧靠图板左边,推丁字尺到拟画线的下方,然后将三角板放在拟画线的右侧,并使三角板的一直角边紧靠在丁字尺的工作边上,移动三角板直至另一直角边紧贴铅垂线,再用左手轻轻按住丁字尺和三角板,右手拿铅笔,自下而上画线,如图 1-46 所示。若铅垂线较多时,则应由左向右逐条画出。

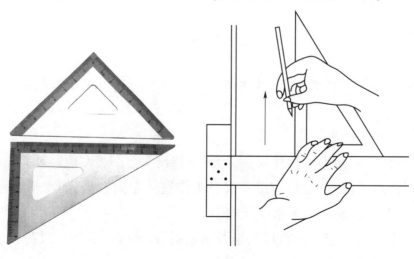

图 1-45　三角板　　　图 1-46　用三角板画铅垂线

②用一副三角板和丁字尺配合,可画出与水平线呈30°、45°、60°、75°角的斜线,如图1-47所示。

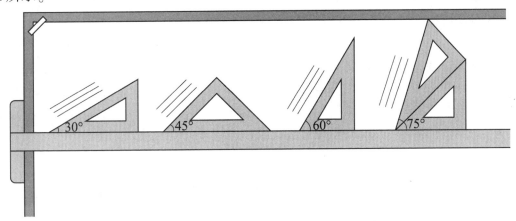

图1-47 画30°、45°、60°、75°角的斜线

想一想

如何用一副三角板和丁字尺配合,画出与水平线呈15°角的斜线。

二、分规与圆规

1. 分规

分规是主要用来截量长度、等分线段的绘图工具。上端铰接,下端都是针脚,可以随意分开或合拢,以调整针尖间的距离。分规可以分为普通分规和弹簧分规两种,如图1-48、图1-49所示。

图1-48 普通分规 　　　　图1-49 弹簧分规

(1)分规使用方法

分规使用方法如图1-50、图1-51所示。

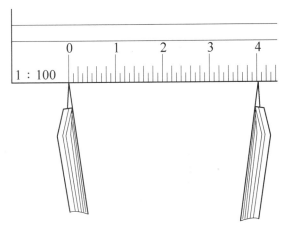 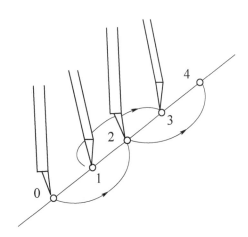

图1-50 量取长度 　　　　图1-51 等分线段

(2)注意事项

①用分规量取等分线时,应使两个针尖准确落在线条上,不得错开。

②普通的分规应调整到不紧不松、容易控制的工作状态。

2. 圆规

圆规是用来画圆及圆弧的绘图工具,一般由低碳钢制成。绘图用的圆规与数学上用的不尽相同,它是在一腿上附有插脚,换上不同的插脚,可作不同的用途。其插脚分为钢针插脚、铅芯插脚、鸭嘴插脚和延伸插脚等几种,如图1-52所示。

(1)圆规使用方法

①用圆规画圆时,应先调整针脚,使针尖略长于铅芯,且插针和铅芯脚都与纸面大致保持垂直,如图1-53a)所示。然后把圆规两脚分开,使铅芯与针尖的距离等于所画圆弧半径,再用左手食指帮助针尖扎准圆心[图1-53b)],从圆的中心线开始,顺时针方向转动圆规[图1-53c)]。转动圆规时,圆规可往前进方向稍微倾斜,整个圆或圆弧应一次画完[图1-53d)]。

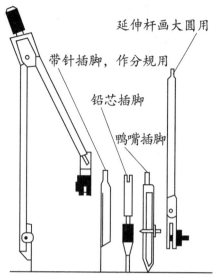

图1-52 圆规及其附件

②画半径较大的圆弧时,应使圆规两脚与纸面垂直(图1-54)。画半径更大的圆时,要接上延伸杆,如图1-55所示。

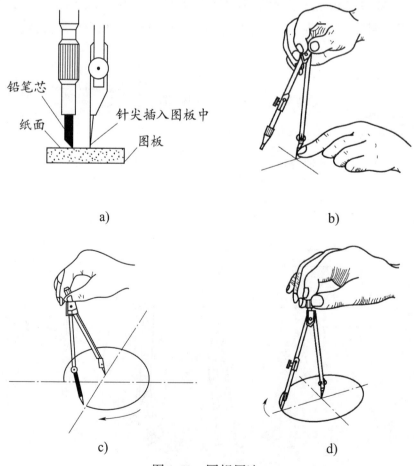

图1-53 圆规用法

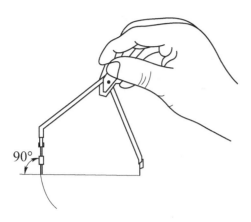

图 1-54 圆规两脚与纸面垂直

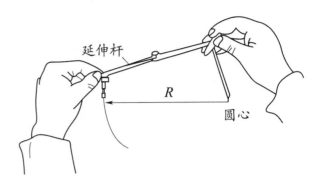

图 1-55 接上延伸杆画大圆

（2）注意事项

①圆规铅芯宜磨成凿形，并使斜面向外，如图 1-53a）所示，其硬度应比所画同种直线的铅笔软一号，以保证图线深浅一致。

②圆规使用完后，应保持清洁，防止生锈。

3. 比例尺

刻有不同比例的直尺称为比例尺，作图时借助比例尺可直接用来缩小（或放大）图形，加快绘图速度。

（1）比例尺种类

常用的比例尺有三棱比例尺和比例直尺两种，如图 1-56 所示。其比例有百分比例和千分比例。百分比例有 1：100、1：200 等，千分比例有 1：1000、1：2000 等。如三棱尺，它在三个棱面上刻有 6 种比例，百分比例尺的 6 种比例分别为 1：100、1：200、1：300、1：400、1：500、1：600。

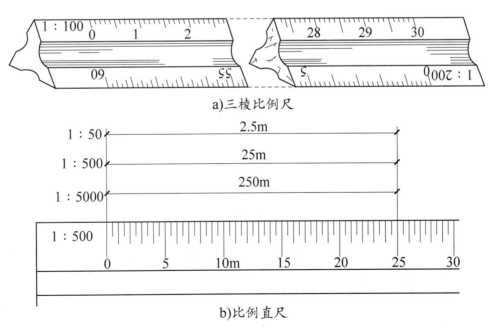

图 1-56 比例尺

（2）使用方法

①比例尺上刻度所注数字的单位为米(m)。

②当比例尺面上刻有所需要的比例时，可直接从比例尺上度量。

③当比例尺上没有所需要的比例时，要通过比例换算，选用适当的刻度换算成所需刻度再使用，如图 1-56b)所示。

常用绘图工具

（3）注意事项

①图形上所注尺寸是指物体实际大小，与图形的比例无关。

②比例尺一般用木料或塑料制成，因此，不能将棱线碰缺而损坏尺面上的刻度，也不能将比例尺做直尺用。

三、铅笔

1. 铅笔的型号

（1）绘图使用的铅笔，铅芯硬度用 H 或 B 注明。标号 B 表示软而浓，H 表示硬而淡，HB 表示软硬适中。

（2）铅笔的型号中，H 前面数字越大，表示铅芯越硬；B 前面的数字越大，表示铅芯越软。一般画底稿时用 H 或 2H 的铅笔，用 HB 的铅笔写字和徒手画图，用 B 或 2B 的铅笔加深描粗图线。绘图铅笔如图 1-57 所示。

图 1-57　绘图铅笔

2. 铅笔的使用要求

（1）削铅笔应该从没有标号的一端开始，以便识别铅笔型号。铅笔可削成锥形或四棱形，如图 1-58 所示。锥形主要用来画底稿、加深细线和写字；四棱形主要用来加深描粗图线。

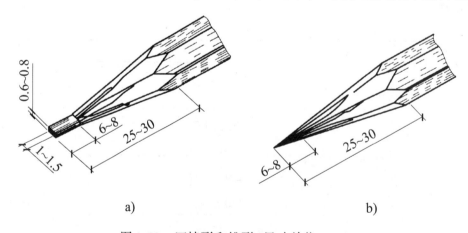

图 1-58　四棱形和锥形(尺寸单位：mm)

（2）铅笔在使用过程中要经常用"0"号砂纸修磨，如图 1-59 所示，以保证图线粗细均匀。

（3）用铅笔绘图时握笔要稳，运笔自如，用力均匀。握笔的姿势如图 1-60 所示。

（4）铅笔尖与尺身工作边之间要保持一定的空隙，以保证线条位置的准确，如图 1-61 所示。

（5）画长线条时可适当转动铅笔，使图线粗细均匀。

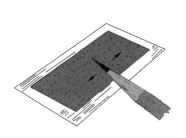
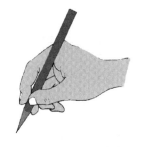
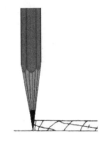

图 1-59　磨铅芯　　　　图 1-60　握笔姿势　　　图 1-61　铅笔与尺身的相对位置

四、曲线板与擦线板

1. 曲线板

曲线板是用来画非圆曲线的工具,其式样很多,曲率大小各不相同。曲线板由塑料或有机玻璃制成,使用中应防止翘曲,如图1-62所示。

(1) 曲线板的要求

曲线板板面应平滑,板内外边缘应光滑,曲率转变自然。

(2) 曲线板的使用方法

使用时先求得曲线上一系列的控制点,用铅笔徒手顺着各点轻轻地勾画出曲线,所画曲线曲率变化应顺畅。然后选择曲线板上曲率相应的部分逐

图 1-62　曲线板

段画出曲线。每次至少应保证四个点与曲线板曲率吻合,并且只描中间一段,前面一段为上次所画,后面一段留待下次连接,这样就保证了线段的顺滑。曲线板的用法如图1-63所示。

a) 徒手连曲线　　b) 从一端开始,描第一段曲线　　c) 继续描曲线,直至完成

图 1-63　曲线板的用法

2. 擦线板

擦线板又称擦图片,是用来擦去画错图线的工具,保护有用的图线不被擦掉,如图1-64所示。擦线板是用透明胶片或金属片制成的,应防止暴晒、碰撞或生锈。

使用擦线板时,应选择适当形状的挖孔框住图上需要擦去的线条,一只手压紧擦图片,另一只手握住橡皮擦去框住的线条。这样擦图的准确性很高,可避免误擦有用的图线。

五、其他

其他常用的绘图用品还有绘图纸、描图纸、砂纸、透明胶带、小刀、橡皮、毛刷等。

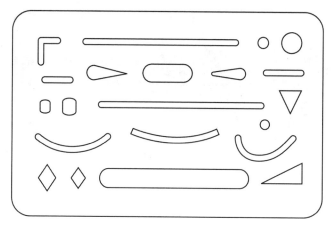

图 1-64　擦线板

1. 绘图纸

绘图纸是供绘制工程图、地形图等用的纸,质地紧密而强韧,半透、无光泽,尘埃度小,具有优良的耐擦性、耐磨性、耐折性。绘图时应鉴别图纸的正反面,要使用正面绘图。

2. 描图纸

描图纸是专供描绘工程图用的半透明状纸,呈灰白色,外观似磨砂玻璃,用于描绘复制蓝图的墨线图。描图纸要求洁白、纸面平滑、透明度好。描图纸薄而脆,使用时应避免折皱,不能受潮。为方便作图,应将图纸贴在靠图板左下角一些,并用丁字尺校正底边。

另外,磨铅芯用的砂纸、固定图纸用的透明胶带、扫橡皮沫用的毛刷等都是必不可少的绘图用品。

思考与练习

一、选择题

1. 丁字尺是用来与图板配合画水平线的,下面使用方法错误的是(　　)。
   A. 保持尺头与图板左边贴紧　　　B. 水平线应由上向下逐条画出
   C. 可用丁字尺的下边画水平线　　D. 应防止受潮、暴晒、烘烤或弯曲
2. 铅芯硬度用 H 或 B 注明,其中 H 表示(　　)。
   A. 硬而淡　　　B. 软而浓　　　C. 软硬适中　　　D. 硬而浓
3. 下面硬度最高的铅芯是(　　)。
   A. H　　　　　B. HB　　　　　C. 2B　　　　　D. 2H

二、实训题

1. 练习使用丁字尺配合图板画水平线。
2. 练习使用分规、圆规。

第三节　绘图的步骤与方法

常用的绘图方法有尺规绘图、徒手绘图和计算机绘图。虽然计算机绘图是国际上普遍

使用的绘图方法,但无论是识读公路工程设计图纸,还是将来使用 AutoCAD 等软件进行计算机绘图,都应先具备尺规绘图和徒手绘制草图的能力。

一、尺规绘图

尺规绘图是指使用传统绘图工具和仪器进行画图,一般可按下列方法和步骤进行。

1. 准备工作

(1)选择合适的绘图工作地点。绘图是一项细致严谨的工作,要求绘图工作地点光线明亮、柔和,应使光线从图板的左前方射入。绘图桌椅高度要配置合适,绘图时姿势要正确,否则不仅影响工作效率,而且影响身体健康。

(2)准备需要的绘图工具,使用之前应逐件进行检查、校正和擦拭,以保证绘图质量和图面整洁。准备工作包括将铅笔和圆规的铅芯按绘制不同线型的要求削磨好;调整好圆规两脚的长短;将图板、丁字尺和三角板等工具用干净的布或软纸擦拭干净。各种绘图工具应放在绘图桌的适当位置,便于使用。

(3)选择图幅。根据所绘工程图形的大小、比例,以及图形数量、布局等情况,按国家标准规定选用合适的图纸幅面。

(4)固定图纸。将丁字尺尺头紧贴图板左边缘,图纸按尺身摆正后用透明胶带固定在图板上。要求图纸在图板上粘贴的位置应尽量靠近左下角(离图板边缘 3~5cm),以便充分利用丁字尺的根部,保证作图的准确度;下边至图板边缘的距离略大于丁字尺尺身的宽度,以便放置丁字尺和绘制图框和标题栏等。

(5)根据《标准》规定,画出图框和标题栏。

(6)准备有关绘图的参考资料,以备随时查阅。

2. 画底稿

任何工程图样的绘制必须先画底稿,再进行加深和描图。画底稿时,所有图线均应使用细线。画线要尽量细和淡,以便擦除修改,但要保证线条清晰。对于需上墨的底稿,在线条的交接处可画出头,以便辨别上墨的起止位置。

(1)画图框及图标。根据《标准》规定,按图 1-1、图 1-2 的要求用细线画出图框及图标等,可暂不用粗实线描黑,留待与图形中的其他粗实线一次性描黑。

(2)布置图面。根据图幅大小选用合适的比例,对所画的图形做到心中有数,使图面布置合理。布置图形时应考虑图形的大小和标注尺寸的位置等因素,力求匀称、美观。图形在图纸上分布要均匀,不可偏向一边,相互之间距离应合理。确定好图形位置后,再按设想好的布图方案,先画出各图形的基准线,如中心线、对称线等。

(3)画图。图面布置好之后,根据选定的比例用 H 或者 2H 铅笔轻轻画出底稿。先画物体主要平面(如形体底面、顶面等)的线;再画各图形的主要轮廓线;然后绘制细节,如小孔、弯钩和圆角等;最后画其他符号、尺寸线、尺寸界线、标注尺寸数字和说明等。

绘制底稿时,要按图形尺寸准确绘制,要尽量利用投影关系,同时绘制几个有关图形,以提高绘图速度。底稿必须认真画出,以保证图样的正确性和精确度。如发现错误,不要立即擦除,可用铅笔轻轻做上记号,待全图完成之后,再一次擦净,以保证图面整洁。

画底稿时,尺寸的长度用分规从比例尺上量取。相同长度尺寸一次量取,以保证尺寸的准确和提高绘图速度。

(4)检查。画完底稿之后,必须认真逐图检查,看是否有遗漏和错误的地方,切不可匆忙加深或上墨。

3. 加深和描图

检查底稿,准确无误后,即可加深、描图。

(1)加深

①加深之前,应先确定标准实线的宽度,再根据线型标准确定其他线型的宽度,同类图线应粗细一致。一般粗度在 b 以上的图线用 B 或 2B 铅笔加深;$b/2$ 或更细的图线、尺寸数字、注解等可用 H 或 HB 铅笔描绘或注写。

②为使图线粗细均匀、色调一致,笔尖应经常修磨。加深粗实线一次不够时,则应重复再画,切不可来回描粗。

③加深图线的步骤是:同类型的图线一次加深;先画细线,后画粗线;先画曲线,后画直线;先画图,后标注尺寸和注解;最后加深图框和标题栏。这样不仅能加快绘图速度和提高精度,而且能减少丁字尺与三角板在图纸上的摩擦,保持图面清洁。

④全部加深之后,再仔细检查,若有错误及时改正。这种用绘图工具和仪器画出的图,叫作工作图。

(2)描图

①凡有保存价值和需要保存的图样均需描图。描图是将描图纸覆盖在铅笔底稿上用描图墨水描绘的。描图的步骤同加深基本一样。要特别注意防止墨水污损图纸,每画完一条图线,要待墨水干后才能用丁字尺或三角板覆盖。描线时,应使底稿线处于墨线的正中。在描图过程中,图纸不得有任何移动。

②全部描完之后,必须严格检查。如发现错误,待墨迹干后,在图纸下垫一丁字尺或三角板,将刀片垂直于图纸,轻轻朝一个方向刮去墨迹,并使用硬橡皮擦去污点,再把图纸压平后,方可在上面重画。

4. 图样复制

图样复制除利用复印机复印外,还可采用晒图方法进行复制。其方法是先将描好的描图纸放在晒图框内,再将感光纸紧贴在描图纸背面,然后把晒图框放在太阳或强烈灯光下曝光,曝光后的感光纸经过汽熏处理,即得复制的图样。这种图样因底色是淡蓝色,故被称为"蓝图"。

二、徒手绘图

徒手绘图指的是用铅笔,不用丁字尺、三角板、圆规(或部分使用绘图工具),以目测估计比例,徒手绘制图形。对于工程技术人员来说,必须具备徒手绘制草图的能力。

1. 徒手绘制草图的要求

(1)画线要平稳,图线要清晰。

(2)目测尺寸要尽量准确,各部分比例匀称合理。

(3)绘图速度要尽量快。

(4)标注尺寸时应准确无误,字体工整。

2. 徒手绘图的方法

(1)握笔的方法

握笔时手的位置要比尺规作图高一些,以便于运笔和观察目标。笔杆与纸面间夹角呈45°~60°,执笔要稳而有力。

(2)直线的画法

画直线时,手腕不宜紧贴纸面,应轻轻移动手腕和手臂,沿着画线方向移动,眼睛看着终点,使图线画直。为了控制图形的大小比例,可利用方格纸画草图。

①画水平线时,图纸倾斜放置,从左至右画出,如图1-65a)所示。

②画垂直线时,应由上而下画出,如图1-65b)所示。

③画倾斜线时,应从左下角至右上角画出,或从左上角至右下角画出,如图1-65c)所示。

a)画水平线　　　　b)画垂直线　　　　c)画倾斜线

图1-65　徒手绘制直线画法

(3)圆的画法

①画直径较小的圆时,应先画中心线定圆心,并在两条中心线上按半径大小取四点,然后过四点画圆,如图1-66所示。

②画直径较大的圆时,先画圆的中心线及外切正方形,连对角线,按圆的半径在对角线上截取四点,然后过这四个点画圆,如图1-67所示。

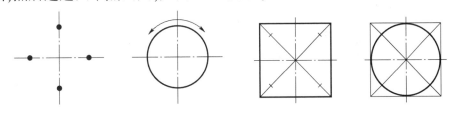

图1-66　小直径圆画法　　　　图1-67　较大圆的画法

③当圆的直径很大时,可用如图1-68所示的方法,取一纸片标出半径长度,利用它从圆心出发定出许多圆周上的点,然后通过连接这些点画圆。或者如图1-69所示,用手当圆规,以小手指的指尖或关节当作圆心,使铅笔与它的距离等于所需的半径,用另一只手小心地慢慢转动图纸,即可得到所需的圆。

(4)椭圆的画法

画椭圆时,可利用长、短轴作椭圆。先在互相垂直的中心线上定出长、短轴的端点,过各端点作一矩形,并画出其对角线。用目测将对角线分为六等份,如图1-70a)

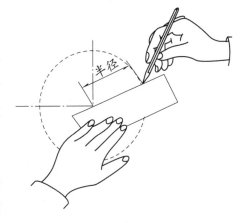

图1-68　大圆画法1

所示。用光滑曲线连接长、短轴的各端点和对角线上接近四个角顶的等分点(靠外的一点)，如图1-70b)所示。

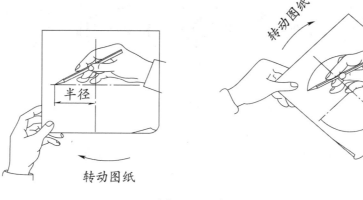

图1-69 大圆画法2

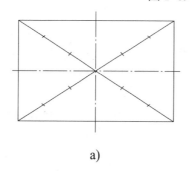
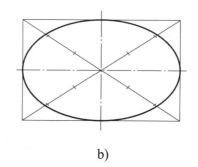

a)   b)

图1-70 椭圆画法

3. 目测的方法

(1)画中、小物体时,可用铅笔当尺直接放在实物上测量各部分的大小,然后按测量的大体尺寸画出草图,如图1-71所示。也可用此方法估计出各部分的相对比例,画出缩小的草图。

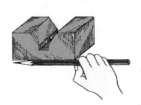
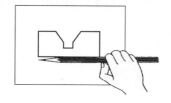

图1-71 铅笔做参照画草图

(2)画较大的物体时,用手握一支铅笔进行目测度量。目测时,人的位置保持不动,握铅笔的手臂要伸直,如图1-72所示,人和物体的距离应根据所画图形的大小来确定。在绘制及确定各部分相对比例时,建议先画大体轮廓。

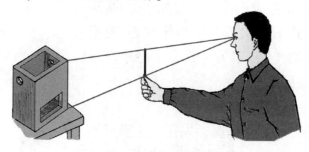

图1-72 目测方法

思考与练习

一、填空题

1. 任何工程图样的绘制都必须先画_____,再进行_____或_____。
2. 画底稿时,所有图线均应使用_____线。
3. 在画底稿时,应选用_____或_____铅笔轻轻画出。
4. 徒手绘图指的是用_____笔,不用丁字尺、三角板、圆规(或部分使用绘图工具),以_____估计比例,_____绘制图形。

二、实训题

1. 练习尺规绘图的方法和步骤。
2. 练习徒手画图的方法。

◆ 名人小故事 ▶

认真起来,从告别"差不多先生"开始

《差不多先生传》是胡适先生于1919年发表在《新生活》杂志的一篇寓言体杂文,文章主要内容如下:

以前有这么一位先生,做什么事都只做到差不多就行了,于是大家都叫他"差不多先生"。"差不多先生"小时候,他妈妈叫他去买红糖,结果他买了白糖回来,他妈妈训斥他,他摇摇头说:"红糖白糖不是差不多吗?"后来,他在一个钱铺里做伙计,把十字常常写成千字,千字常常写成十字,掌柜的很生气,常常骂他,他只是笑嘻嘻地赔礼道:"千字比十字只多一小撇,不是差不多吗?"忽然有一天,"差不多先生"得了急病,他叫家人去请医生,而家人却请来了兽医,他非但没责怪家人,反而喃喃道:"反正都是医生嘛!谁帮我看病都一样,差不多的!"兽医按给牛看病的法子帮他治疗,不上一点钟,"差不多先生"就一命呜呼了。"差不多先生"差不多要死的时候,一口气断断续续地说道:"活人同死人也差……差……差不多,……凡事只要……差……差……不多……就……好了,……何……何……必……太……太认真呢?"他说完了这句话,方才绝气了。

这篇文章讽刺了当时中国社会那些处事不认真的人。从处事不认真到处世不认真,许许多多的人就在"差不多"的圈套里度过一生。

在我们的日常生活用语中,"差不多"是三个非常常见的字,但"差不多"的背后往往却是"差很多"。差之毫厘,谬以千里。建筑时的一个小小误差,就可以使整幢大楼轰然倒塌;计算时算错一个小数点,整个计算结果也会大相径庭。因此,"差不多"思想不能有,无论是对待学习还是工作,我们都应该追求一丝不苟的态度和精益求精的精神,坚决向"差不多"说"不"!

第二篇

画法几何

第二章 点、直线和平面

知识目标

(1) 理解投影的概念、投影法的分类及应用。
(2) 了解工程图中常用的几种图示法。
(3) 掌握正投影特性；形体三面投影体系的形成、投影规律及方位关系。
(4) 掌握点的投影形成及规律。
(5) 理解点的坐标与三面投影的关系。
(6) 掌握空间两点的相对位置及重影点的判断方法。
(7) 了解直线的类型。
(8) 掌握各种直线的投影特性及直线上点的投影求作方法。
(9) 熟悉空间两直线的位置关系。
(10) 熟悉平面的表示方法。
(11) 掌握平面的类型及各种位置平面的投影特性。
(12) 了解平面上点和直线的几何条件。
(13) 掌握平面上点和直线的投影特性。

能力目标

(1) 能识读和绘制简单形体的三视图。
(2) 能应用点的投影规律作图。
(3) 会判断空间两点的相对位置及重影点。
(4) 能够作出直线的三面投影。
(5) 能由直线投影判断直线类型。
(6) 能够作出平面的三面投影。
(7) 能够由平面投影判断平面类型。
(8) 能够作出平面上点的投影。
(9) 能够作出平面上直线的投影。

素质目标

(1) 培养良好的绘图习惯。
(2) 培养吃苦耐劳的精神。

第一节 投影的基本知识

如何将空间的形体,例如道路、桥梁、房屋等工程结构物图示在图纸上,又如何阅读这些构造物的工程图样,这是本课程所要着重研究和解决的问题,而此问题的解决,是以投影理论为基础的,因此要先来研讨投影问题。公路路线平面图如图2-1所示。

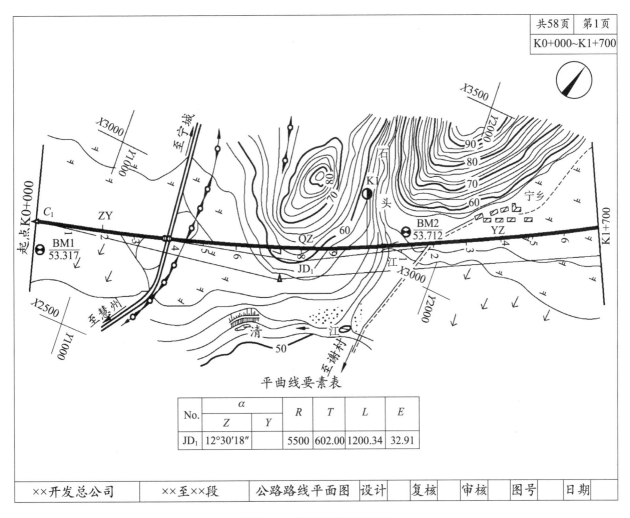

图 2-1 公路路线平面图

一、投影的概念与投影法的分类

1. 投影的概念

在灯光或阳光照射下,物体(人和物)就会在地面或承影面上产生影子。如图2-2所示,在阳光的照射下,桥梁在水面上产生了影子,人们把这种常见的自然现象称为投影现象。当光照的距离或者角度发生变化时,影子的形状和位置也随之变化。也就是说光线、物体和影子三者之间,存在着密切的关系。

影子和投影

人们对投影现象进行科学的抽象,总结出了投影法的概念,即投影法是指光线通过物体向选定的平面投射,并在该平面上产生影像的方法。如图2-3所示,把光源称为投影中心,将从光源发出的光线称为投射线,承接影子的平面称

投影的形成

为投影面,物体在选定平面上所得到的图形称为物体在投影面上的投影。投射线、投影面、投影和空间物体统称为投影体系。如图2-3中B点的投影b,就是通过点B作投射线与投影面的交点。

图2-2　阳光照射下桥梁在水面上投影现象

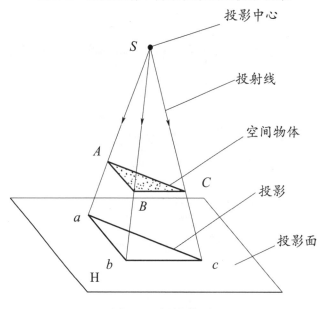

图2-3　投影体系

2. 投影法的分类

根据投射线与投影面的相对位置,投影法分为中心投影法和平行投影法两类。

中心投影法

（1）中心投影法

所有投射线都从一点发出的投影方法称为中心投影法。如图2-3所示,从投射中心S发出投射线,经过三角板,与投影面P相交,连接各交点即得到三角板的中心投影。

平行投影

（2）平行投影法

所有投射线都互相平行的投影方法称为平行投影法。若投射线倾斜于投影面,称为斜投影法,如图2-4a)所示;若投射线与投影面垂直,称为正投影法,如图2-4b)所示。

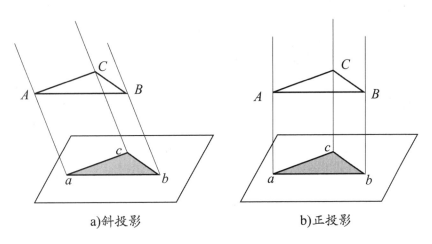

a) 斜投影　　　　　　　　　b) 正投影

图 2-4　平行投影

大多数的工程图样,都是采用正投影法绘制的。因此,正投影法是本篇的主要研究对象,后文中凡未做特殊说明的,都属于正投影法。

二、公路工程上常用的几种图示法

公路工程结构物施工图纸中,由于表达目的和表达对象的不同,需要不同的图示方法。常用的图示方法有正投影图、轴测投影图、标高投影图和透视投影图。

1. 正投影图

正投影图属于平行投影法绘制的图样。将空间几何体在三个互相垂直的投影面上进行正投影,然后将三个投影面展开在一个平面上,就得到几何体的三面正投影图,由这三个投影图便能完全确定该几何体的形状大小和空间位置。如图 2-5 所示为桥台的三面正投影图。

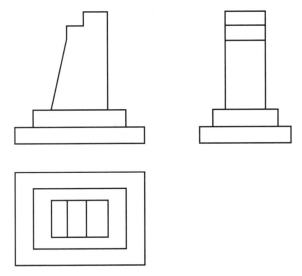

图 2-5　桥台的三面正投影图

正投影图的优点是能反映空间几何体的真实形状和大小,度量性好,作图简便,是工程图样中经常采用的一种图示方法。其缺点是无立体感,直观性差。

2. 轴测投影图

轴测投影也是平行投影之一,但它是单面投影图,是把空间几何体按平行投影法投影到单一投影面上所得到的图样。如图 2-6 所示为桥台的正等测轴测图。

轴测投影图的优点是具有一定的立体感和直观性。其缺点是作图复杂、度量性差,常作为工程上的辅助图样。

3. 标高投影图

标高投影图是一个在水平投影面上标有高程数字的正投影图。如图2-7a)中用一系列水平面截割某一山峰,用带有高程数字的截交线的正投影来表示地面的起伏。如图2-7b)所示为标高投影图。标高投影法常用来绘制地形图和道路、水利等工程结构的平面布置图样,在公路工程中被广泛采用。

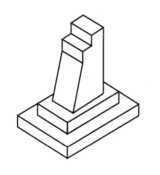

图2-6　桥台的正等测轴测图

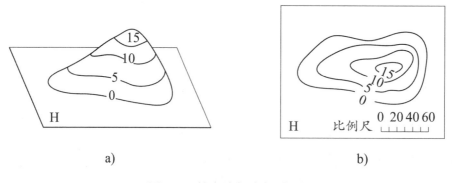

a)　　　　　　　　　　　b)

图2-7　某山峰标高投影图

4. 透视投影图

透视投影属于中心投影法,透视投影图简称为透视图。它是从某个投射中心将物体投射到单一投影面上所得到的图形。透视图与人们观看物体时所产生的视觉效果非常接近,图形逼真,具有良好的立体感,常用于绘制结构的效果图,如图2-8所示为道路透视图。

图2-8　道路透视图

三、正投影特性

1. 真实性

当直线平行于某一投影面时,其在该投影面上的投影反应直线段实长;当平面平行于某一投影面时,其在该投影面上的投影反应平面实形。这种投影特性称为投影的真实性,如图2-9所示。

2. 积聚性

当直线垂直于某一投影面时,其在该投影面上的投影积聚为一点;当平面

真实性

垂直于某一投影面时,其在该投影面上的投影积聚为一条直线。这种投影特性称为投影的积聚性,如图2-10所示。

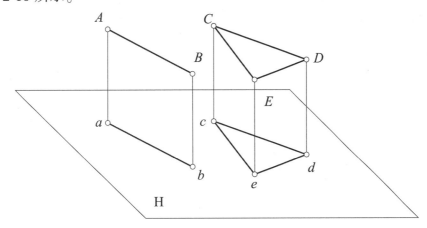

图 2-9　直线、平面平行于某一投影面

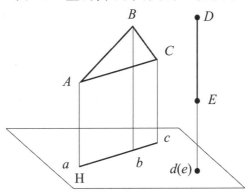

图 2-10　直线、平面垂直于某一投影面

积聚性

3. 类似性

当直线倾斜于某一投影面时,其投影仍是直线但比实长短;当平面倾斜于某一投影面时,其投影是平面类似形(形状相似、边数与空间平面相等),但小于实形。这种投影特性即正投影的类似性,如图2-11所示。

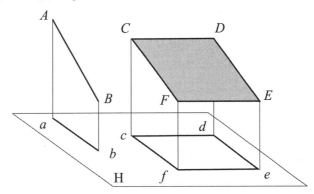

图 2-11　直线、平面倾斜于某一投影面

类似性

4. 从属性

直线上的点的投影仍在直线的投影上;平面上的点和直线,其投影必在此平面的投影

上。如图2-12a)所示,空间点 K 在直线 BC 上,则 K 点在 H 面上的投影必在直线 BC 的投影 bc 上;如图2-12b)所示,空间点 D 和直线 EF 位于平面 KLMN 上,则点 D 和直线 EF 的投影必在平面 KLMN 的投影 klmn 上。

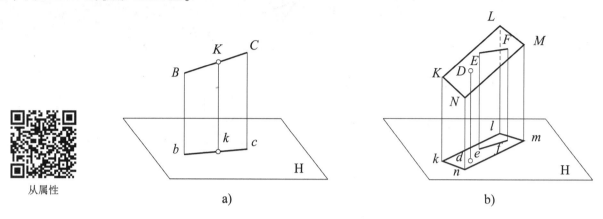

图2-12　正投影从属性

5. 定比性

直线上一点把该直线分为两段,该两段长度之比,等于其相应投影长度之比,这种投影特性称为投影的定比性。如图2-13a)所示,$AB:BC = ab:bc$。

6. 平行性

空间两直线互相平行,其在同一投影面上的投影仍互相平行,且其投影长度之比等于两平行线段长度之比。如图2-13b)所示,若 $AB \parallel CD$,则 $AB:CD = ab:cd$。

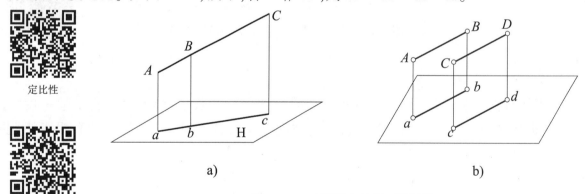

图2-13　正投影定比性、平行性

四、形体的三面投影图

1. 三面投影图的形成

如图2-14所示,空间形状不同的两个形体,在同一个投影面上的投影相同,这样我们用一个投影图是无法准确地表示形体的空间形状的。因此,为了清楚地表达形体的空间形状,需要建立一个三面投影体系,把形体放在其中进行投影,进而完整准确地表达形体的空间形状。

(1) 三面投影体系的建立

如图2-15所示,用三个互相垂直的投影面组成三面投影体系。

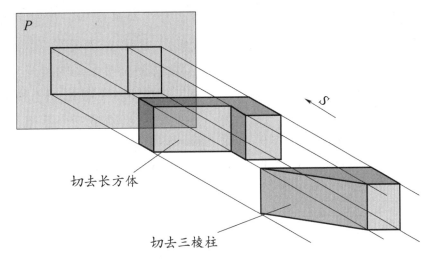

图 2-14　不同形体的单面投影图

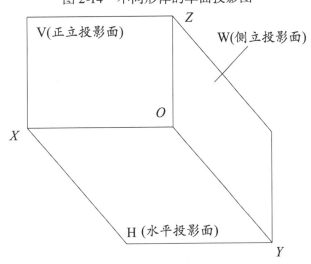

图 2-15　物体的三面投影体系

① 三个投影面

正对观察者的投影面称为正立投影面,简称 V 面。水平放置的投影面称为水平投影面,简称 H 面。观察者右侧的投影面称为侧立投影面,简称 W 面。

② 三个投影轴

三个投影面两两垂直相交,交线为投影轴。H 面与 V 面的交线为 OX 轴,表示长度方向;H 面与 W 面的交线为 OY 轴,表示宽度方向;V 面与 W 面的交线为 OZ 轴,表示高度方向。三个投影轴的交点称为原点,用字母 O 表示。

想一想

如何自己动手,用硬纸板制作一个三面投影体系?

（2）三面投影图的形成

形体在三面投影体系中的投影,称为形体三面正投影图。如图 2-16 所示,将形体置于三面投影体系中,向三个投影面分别作正投影:

① 由上向下投影,在 H 面上得到形体的水平投影图,简称 H 面投影。

② 由前向后投影,在 V 面上得到形体的正立面投影图,简称 V 面投影。

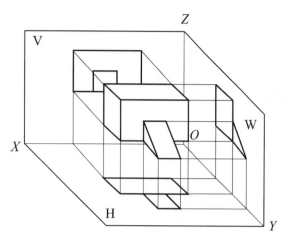

图 2-16 物体的三面投影图

③由左向右投影,在 W 面上得到形体的侧立面投影图,简称 W 面投影。

(3)物体三面投影图的展开

为了把空间三个投影面上所得到的投影画在一个平面上,必须把三个互相垂直的投影面展开。展开方法是保持 V 面不动,H 面绕 OX 轴向下旋转 $90°$,W 面绕 OZ 轴向右旋转 $90°$,将它们转至与 V 面同在一个平面上,如图 2-17 所示。展开后 OY 轴分为两个,H 面上的称为 OY_H 轴,W 面上的称为 OY_W 轴。为简化作图,展开后的三面投影图可不画投影面的边框线,三条投影轴也可省去。

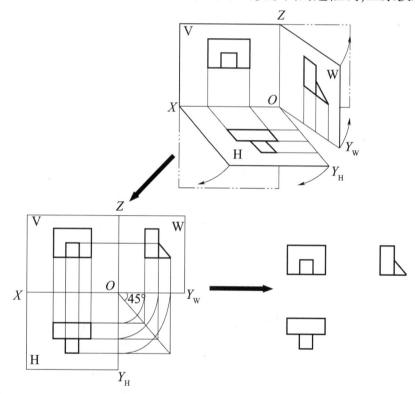

图 2-17 物体三面投影图的展开

2. 三面投影图的投影规律

任何形体都具有长、宽、高三个方向的尺寸,我们把形体平行于 OX 轴方向的尺寸称为形体长度,把形体平行于 OY 轴方向的尺寸称为形体宽度,把形体平行于 OZ 轴方向的尺寸称为形体高度。如图 2-18 所示,可以看出:形体在 H 面上的投影,反映其长度和宽度;形体在 V 面上的投影,反映其长度和高度;形体在 W 面上的投影,反映其高度和宽度。

对同一个形体而言,必须保持以下投影规律:V 面和 H 面投影左右应对齐,称为"长对正";W 面和 H 面投影宽度尺寸应相等,称为"宽相等";V 面和 W 面上下位置应对齐,称为"高平齐"。因此,得到三面投影图最基本的投影规律是"长对正,高平齐,宽相等"(简称"三等关系"),它不仅适用于整个形体的投影,也适用于形体上每个局部直至每个点的投影,是读图和绘图的重要原理依据。

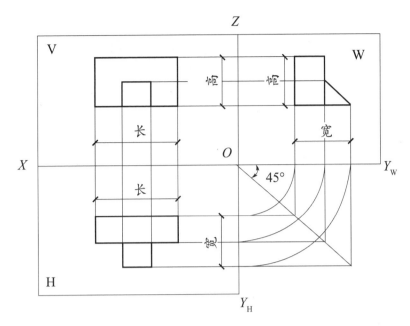

图 2-18 三面投影图作图规律

形体三面
投影图的画法

3. 三面投影图的空间方位关系

空间任何形体都具有前、后、左、右、上、下六个方位,这六个方位的位置关系如图 2-19 所示:H 面投影反映形体的左右(OX 轴)、前后(OY 轴)位置关系;V 面投影反映形体的左右(OX 轴)、上下(OZ 轴)位置关系;W 面投影反映形体的上下(OZ 轴)、前后(OY 轴)位置关系。

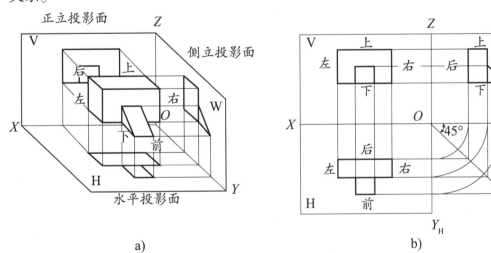

图 2-19 三面投影图空间方位关系

三面投影

思考与练习

1. 投影可分为_____和_____两类。
2. 平行投影可分为_____和_____两类。
3. 正投影的基本性质有_____、_____、_____、_____、_____。
4. 物体的左视图反映了物体高度和_____两个方向的尺寸。
5. 三面投影图的投影规律为长对正、_____、_____。

第二节　点的投影

点是最基本的几何元素,掌握点的投影作图方法和投影规律是后面学习直线、平面以及立体投影的基础。

一、点的投影的形成及标注

在三面投影体系中,由空间点 A 分别向三个投影面 V、H、W 作垂线,在三个投影面上分别得到相应的垂足 a、a'、a'',即为空间点 A 分别在三个投影面上的投影,如图 2-20a)所示。按旋转规定展开后得点 A 的三面投影图,如图 2-20b)所示。

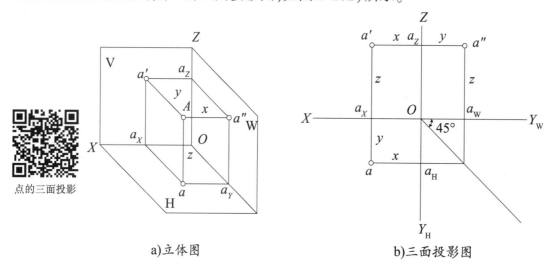

a)立体图　　　　　　　　　　b)三面投影图

图 2-20　点的三面投影

点的标注规定:空间点用大写字母表示,如 A、B、C 等;H 面投影用相应的小写字母表示,如 a、b、c 等;V 面投影用相应的小写字母加一撇表示,如 a'、b'、c' 等;W 面投影用相应的小写字母加两撇表示,如 a''、b''、c'' 等。

二、点的投影规律

如图 2-20 所示,将 A 点的三面投影图展开后,分析得到以下两条点的基本投影规律:

(1)点的两面投影的连线,一定垂直于该两投影面的交线。如图 2-20b)中点 A 的 V 面和 H 面投影的连线垂直于相应的投影轴 OX 轴,即 $aa' \perp OX$;点 A 的 V 面和 W 面投影的连线垂直于相应的投影轴 OZ 轴,即 $a'a'' \perp OZ$。

(2)空间一点到某一投影面的距离,等于该点在另一个与该投影面垂直的投影面上的投影到相应投影轴的距离。如图 2-20b)中点 A 的 H 面投影到 OX 轴的距离等于点的 W 面投影至 OZ 轴的距离,即 $aa_X = a''a_Z$。

此外,投影轴和投影面两种特殊位置上的点的投影规律如下:

(1)投影轴上的点,两个投影与空间点重合,另一个投影在原点上。

(2)投影面上的点,一个投影与空间点重合,其他两个投影分别在相应的投影轴上。

它们的投影仍符合上述两条基本投影规律。

【例2-1】 已知空间点A的H面和V面投影a和a',如图2-21a)所示,求a"。

解 根据点的投影规律,绘图步骤如下:

(1)过原点O作一条45°辅助线,过a'向右作一条水平线,如图2-21b)所示。

(2)过a作水平线与辅助线相交,并从交点向上引垂线,使之垂直于OY_W轴,垂线与过a'的水平线相交,交点即为所求点a",如图2-21c)所示。

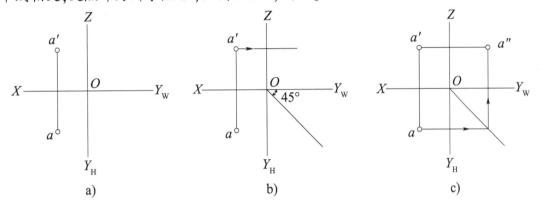

图2-21 已知点的两面投影求第三面投影

三、点的投影与坐标

如图2-20a)所示,空间点的位置可以由其三维坐标来表示,一般书写为$A(x,y,z)$,其中x坐标为点A到W面的距离,y坐标为点A到V面的距离,z坐标为点A到H面的距离。那么点的三面投影与点的坐标关系如下:

(1)A点的H面投影a的位置由坐标(x,y)决定,它反映了点A到W、V两个投影面的距离。

(2)A点的V面投影a'的位置由坐标(x,z)决定,它反映了点A到W、H两个投影面的距离。

(3)A点的W面投影a"的位置由坐标(y,z)决定,它反映了点A到V、H两个投影面的距离。

四、两点的相对位置及重影点

1. 两点的相对位置

两点的相对位置指空间两点的上下、前后、左右的位置关系,可借助两点的三个坐标值的大小来判断。其中,x坐标值的大小可以用来判断两点的左右位置关系,z坐标值的大小可以用来判断两点的上下位置关系,y坐标值的大小可以用来判断两点的前后位置关系。如图2-22所示,A点的x坐标值小于B点的x坐标值,所以A点在B点的右方;A点的y坐标值小于B点的y坐标值,所以A点在B点的后方;A点的z坐标值大于B点的z坐标值,所以A点在B点的上方。

2. 重影点

空间两点在某一投影面上的投影重合为一点时,称此两点为该投影面的重影点。如图2-23所示,A、B两点处在同一垂直于H面的投射线上,那么它们的水平投影a和b重合,则空间点A、B称为对水平投影面的重影点。

重影点可见性的判别,一般根据(x,y,z)三个坐标值中不相同的那个坐标值来判断,其中坐标值大的点投影为可见。制图标准中规定,在不可见的点的投影上加圆括号。如

图 2-23 所示，A 点的 z 坐标值大于 B 点的 z 坐标，所以 A 点在 B 点上方，B 点不可见，其水平投影应表示为 $a(b)$。

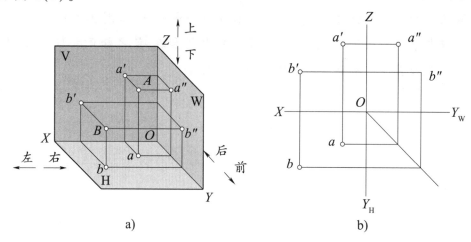

图 2-22 两点的相对位置

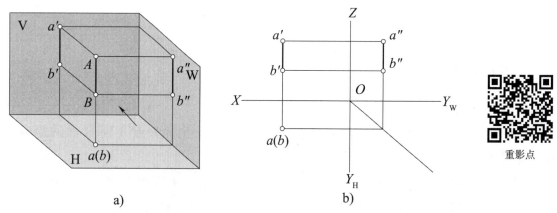

图 2-23 对 H 面重影点

? 想一想

根据图 2-24 和图 2-25，判断对 V 面和 W 面重影点的可见性。

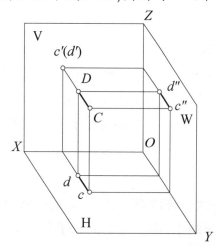

图 2-24 V 面重影点

注：C、D 两点为对 V 面重影点，_____ 点在 V 面投影不可见。

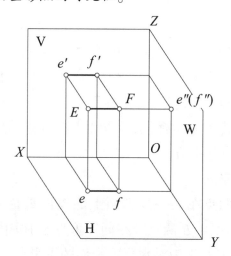

图 2-25 W 面重影点

注：E、F 两点为对 W 面重影点，_____ 点在 W 面投影不可见。

思考与练习

一、填空题

1. 点 A 的坐标为(35,20,15),则该点对 W 面的距离为_____。
2. 点 A 的坐标为(10,15,20),则该点在 V 面上方_____。
3. 当空间的两点位于同一条投射线上时,它们在该投射线所垂直的投影面上的投影重合为一点,称这样的两点为对该投影面的_____。

二、实训题

已知 A、B、C、D 各点的空间位置,如图 2-26 所示,画出各点的三面投影。

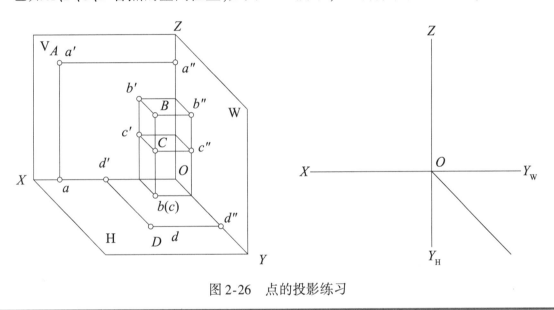

图 2-26　点的投影练习

名人小故事

从点滴做起,踏踏实实打基础

古代著名工匠鲁班从单纯地练习将木头砍成四方形开始,经数年刻苦练习,最终成为名留千古的土木建筑发明家。

鲁班曾拜一名知识渊博的老工匠师傅学艺。他每天早出晚归,按师傅的要求,从练习砍木头开始,经苦练到熟练以后,又开始进行砍木块、木条的基础训练。后来再制作各种小模型。日积月累,有一天他终于自己发明创造并制出了第一架活动小亭——现在的伞的"雏形"。后来又成为著名的工匠、土木建筑发明家。

点是最基本的几何元素,虽然简单,但点的投影作图方法和点的投影规律学习为直线、平面以及立体投影奠定了基础。同学们学习知识也要像古代著名工匠鲁班一样,从点点滴滴做起,打好基础,在自己专业中有所创新。

第三节　直线的投影

两点可以确定一条直线，所以画出直线上任意两点的投影，然后连接其同面投影，即为直线的投影。

直线和它在某一投影面上投影间的夹角，称为直线对该投影面的倾角。直线对 H 面的夹角用 α 表示，对 V 面的夹角用 β 表示，对 W 面的夹角用 γ 表示，如图 2-27 所示。

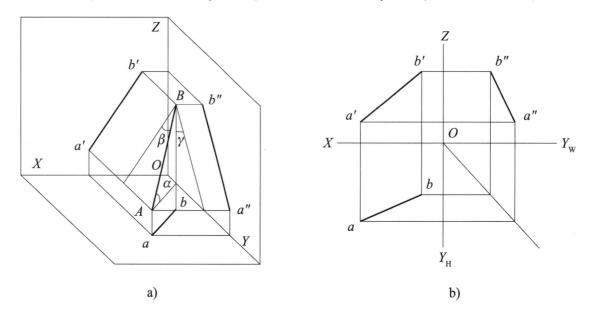

图 2-27　一般位置直线投影

一、直线对一个投影面的投影特性

如图 2-28 所示，直线相对于一个投影面有类似性、实形性和积聚性三种投影特性。

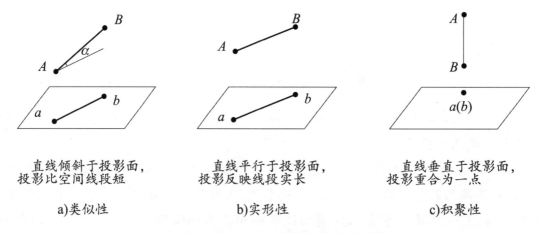

图 2-28　直线对一个投影面的投影特性

二、各种位置直线的投影特性

在三面投影体系中，根据直线和投影面的位置关系，直线可分为投影面平行线、投影面垂直线和一般位置直线。前两种统称为特殊位置直线。

1. 投影面平行线

平行于某一投影面,倾斜于另外两个投影面的直线称为投影面平行线。平行于 H 面的直线称为水平线,平行于 V 面的直线称为正平线,平行于 W 面的直线称为侧平线。各种投影面平行线的投影特性如表 2-1 所示。

投影面平行线

投影面平行线的投影特性 表 2-1

名称	水平线(AB//H 面)	正平线(AC//V 面)	侧平线(AD//W 面)
立体图			
投影图			
投影特性	(1) $ab = AB$； (2) $a'b'$//OX, $a''b''$//OY_W； (3) ab 与投影轴的夹角反映直线与 V、W 面的真实倾角 β、γ	(1) $a'c' = AC$； (2) ac//OX, $a''c''$//OZ； (3) $a'c'$ 与投影轴的夹角反映直线与 H、W 面的真实倾角 α、γ	(1) $a''d'' = AD$； (2) $a'd'$//OZ, ad//OY_H； (3) $a''d''$ 与投影轴的夹角反映直线与 H、V 面的真实倾角 α、β
归纳总结	投影面平行线投影共性： (1) 直线在其平行的投影面上的投影反映实长,且与投影轴所成夹角反映直线对另外两投影面的倾角； (2) 直线在另外两个投影面上的投影均小于实长,且平行于相应的投影轴		

2. 投影面垂直线

投影面垂直线

垂直于某一投影面(必定平行于其他两个投影面)的直线称为投影面垂直线。垂直于 H 面的直线称为铅垂线;垂直于 V 面的直线称为正垂线;垂直于 W 面的直线称为侧垂线。各种投影面垂直线的投影特性如表 2-2 所示。

投影面垂直线的投影特性 表 2-2

名称	铅垂线($AB \perp H$ 面)	正垂线($AC \perp V$ 面)	侧垂线($AD \perp W$ 面)
立体图			
投影图			
投影特性	(1) ab 积聚成一点; (2) $a'b' \perp OX$,$a''b'' \perp OY_W$; (3) $a'b'$,$a''b'' = AB$	(1) $a'c'$ 积聚成一点; (2) $ac \perp OX$,$a''c'' \perp OZ$; (3) $ac = a''c'' = AC$	(1) $a''d''$ 积聚成一点; (2) $ad \perp OY_H$,$a'd' \perp OZ$; (3) $ad = a'd' = AD$
归纳总结	投影面垂直线投影共性: (1) 直线在所垂直的投影面上的投影积聚成一点; (2) 直线在另外两个投影面上的投影均与相应的投影轴垂直,且都反映实长		

3. 一般位置直线

与三个投影面都倾斜的直线称为一般位置直线。它在三个投影面上的投影均小于实长,且投影与投影轴之间的夹角不反映直线与投影面之间的倾角。

三、直线上点的投影

从本书前面正投影特性描述中可知,直线上点的投影具有以下两个投影特性。

1. 从属性

直线上点的投影必在该直线的同面投影上,即点的从属性。如图 2-29 所示,若点 C 在直线 AB 上,则点 C 的三面投影必在直线 AB 的同面投影上,且符合点的投影规律。

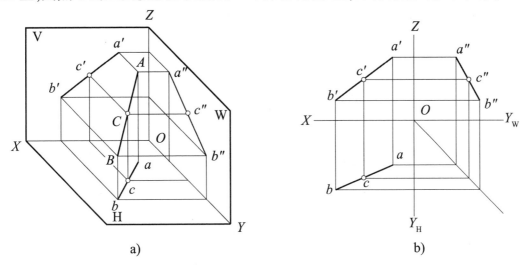

图 2-29　直线上点的投影

2. 定比性

线段上的点分割线段成某比例,则其投影必把该线段的投影分成同一比例。如图 1-29 所示,$AC:CB = ac:cb = a'c':c'b' = a''c'':c''b''$。

【例 2-2】　已知点 C 在直线 AB 上,并知直线 AB 的三面投影 ab、a'b'、a''b'',以及点 C 的 V 面投影 c',求点 C 的另外两面投影 [图 2-30a)]。

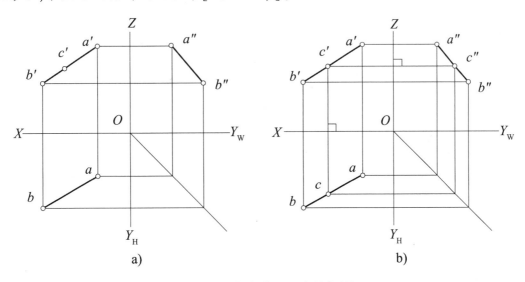

图 2-30　求直线上一点的投影

解　由直线上的点投影的从属性,并根据点的投影规律,可分别求出点 C 的 H 面投影 c 和 W 面投影 c''。

四、两直线相对位置

空间直线有三种相对位置关系:平行、相交和交叉,其中前两种位置关系的直线称为同面直线,交叉直线称为异面直线。

1. 两直线平行

若空间两直线互相平行,则其同面投影必互相平行;反之,若两直线的同面投影互相平行,则此两直线在空间也一定互相平行。此外,平行两直线长度之比等于其投影之比,如图 2-31 所示。

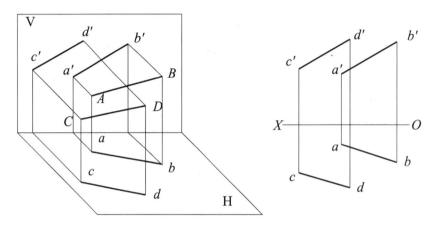

两直线平行

图 2-31　平行两直线的投影

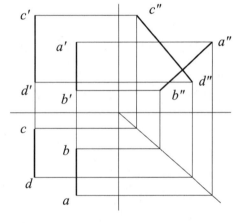

图 2-32　判断两直线的相对位置关系

对于一般位置直线,只要有两组同面投影互相平行,空间两直线就平行。但对于特殊位置直线,两组同面投影互相平行,空间直线却不一定平行。图 2-32 中,空间两侧平线 AB 与 CD 的水平投影和正面投影互相平行,但其侧面投影 $a''b''$ 和 $c''d''$ 相交,则说明 AB 与 CD 两直线不平行,为交叉直线。

2. 两直线相交

若空间两直线相交,则其同面投影必相交,且交点的投影必符合空间点的投影规律,且交点是两直线的共有点,如图 2-33 所示。

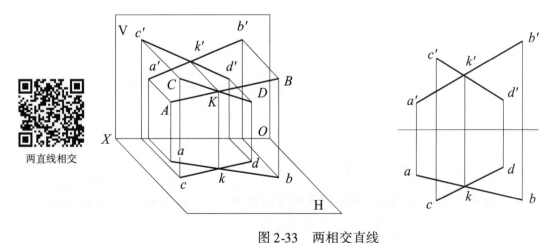

两直线相交

图 2-33　两相交直线

3. 两直线交叉

两直线既不平行也不相交,称为两直线交叉。其同面投影相交,但"交点"不符合空间点

58

的投影规律。"交点"是两直线上的一对重影点的投影,用其可帮助判断两直线的空间位置,如图 2-34 所示。

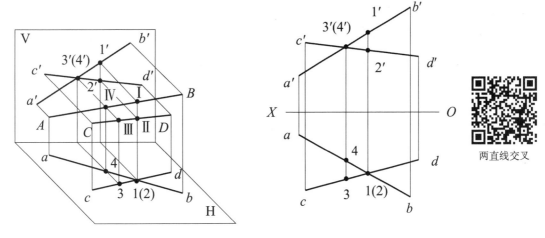

图 2-34 两直线交叉

思考与练习

一、填空题

1. 直线 AB 的 V、W 面投影均反映实长,该直线为_____。
2. 水平线的 H 面投影反映直线的实长及对_____投影面的倾角。

二、作图题

如图 2-35 所示,作一直线 MN 平行于直线 AB,且与直线 CD、EF 相交。

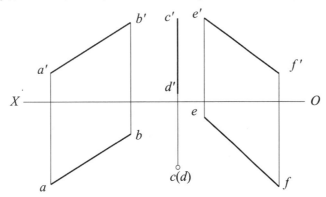

图 2-35 直线的投影练习

第四节 平面的投影

一、平面的表示方法

平面的表示方法有以下几种:

(1) 不在同一直线上的三点,如图 2-36a) 所示。

(2) 一直线和直线外一点,如图 2-36b) 所示。

(3) 相交两直线,如图 2-36c) 所示。

(4) 平行两直线,如图 2-36d) 所示。

(5) 平面内任意图形,如图 2-36e) 所示,为平面内一三角形。

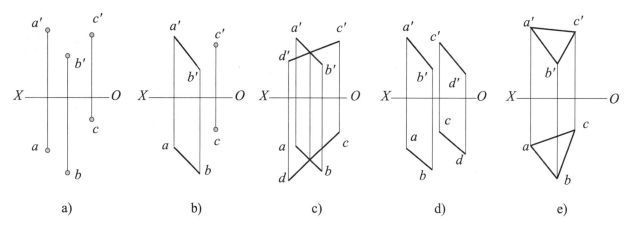

图 2-36 平面的表示方法

二、平面对一个投影面的投影特性

如图 2-37 所示,平面相对于一个投影面有实形性、积聚性和类似性三种投影特性。

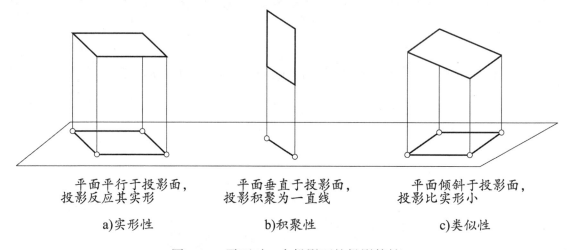

图 2-37 平面对一个投影面的投影特性

三、各种位置平面的投影特性

根据平面和投影面的相对位置不同,平面可分为投影面平行面、投影面垂直面和一般位置平面,前两种统称为特殊位置平面。

1. 投影面平行面

平行于某一个投影面,同时垂直于其他两个投影面的平面称为投影面平行面。其中,平行于 H 面的平面称为水平面;平行于 V 面的平面称为正平面;平行于 W 面的平面称为侧平面。各种投影面平行面的投影特性如表 2-3 所示。

投影面平行面的投影特性 表2-3

名称	水平面(平面 P // H 面)	正平面(平面 Q // V 面)	侧平面(平面 R // W 面)
立体图	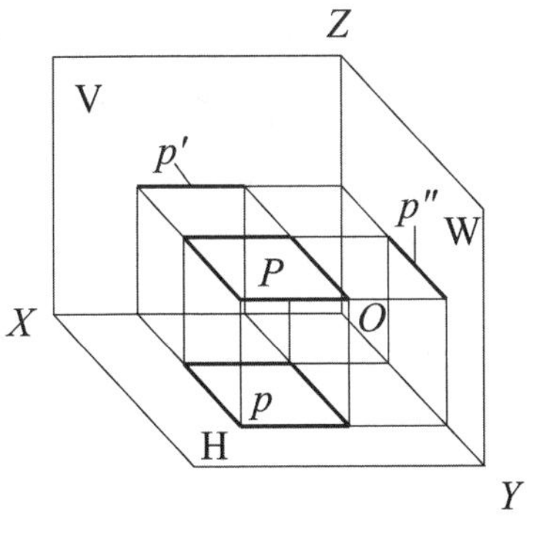	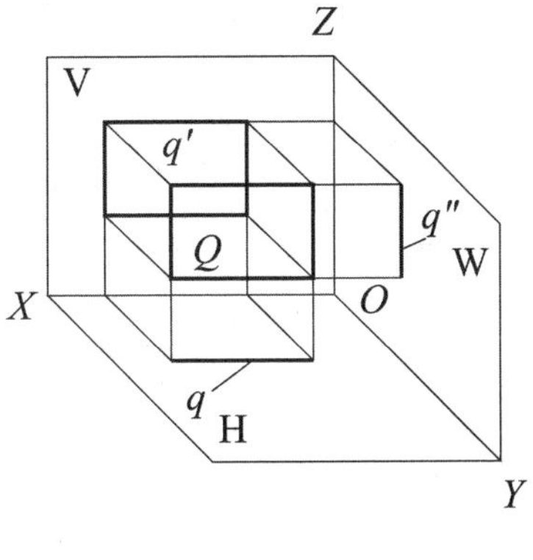	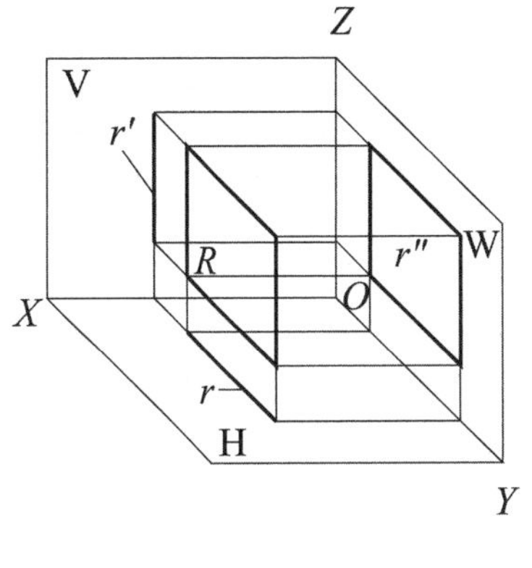
投影图	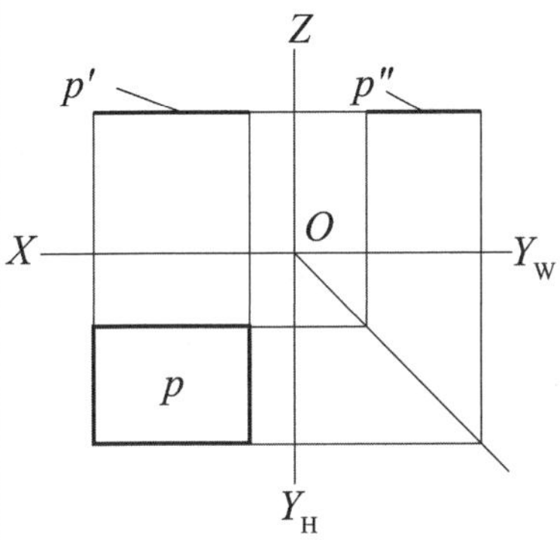	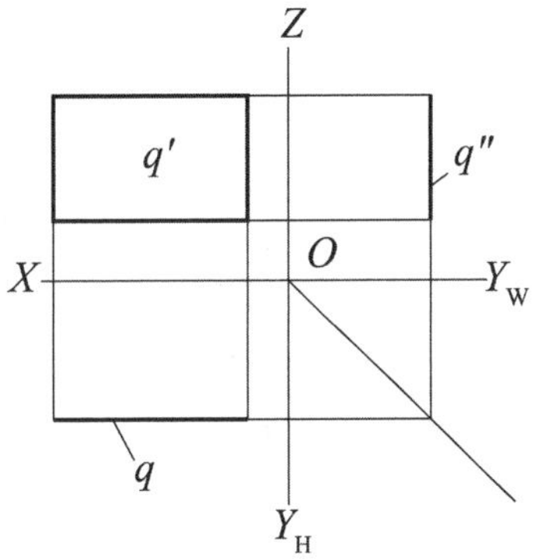	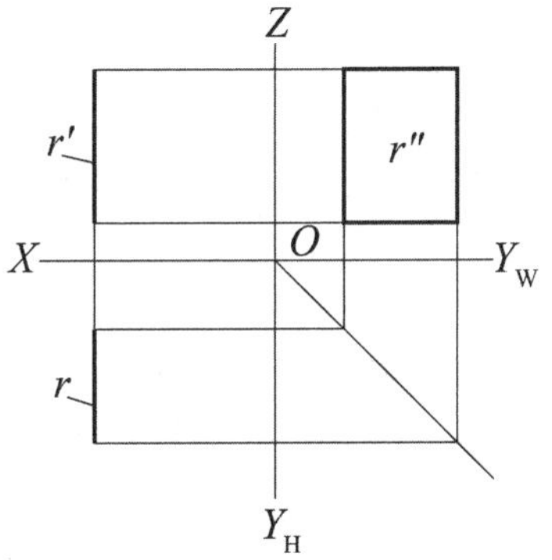
投影特性	(1) H 面投影反映实形; (2) V 面投影积聚为一条直线且平行于 OX 轴; (3) W 面投影积聚为一条直线且平行于 OY_W 轴	(1) V 面投影反映实形; (2) H 面投影积聚为一条直线且平行于 OX 轴; (3) W 面投影积聚为一条直线且平行于 OZ 轴	(1) W 面投影反映实形; (2) H 面投影积聚为一条直线且平行于 OY_H 轴; (3) V 面投影积聚为一条直线且平行于 OZ 轴
归纳总结	投影面平行面投影共性: (1) 平面在它所平行的投影面上的投影反映实形; (2) 平面在另外两个投影面上的投影积聚成一条直线,且分别平行于相应的投影轴		

2. 投影面垂直面

垂直于一个投影面,同时倾斜于其他两个投影面的平面称为投影面垂直面。其中,垂直于 H 面的平面称为铅垂面;垂直于 V 面的平面称为正垂面;垂直于 W 面的平面称为侧垂面。各种投影面垂直面的投影特性如表2-4所示。

3. 一般位置平面

一般位置平面与三个投影面都倾斜,如图2-38所示。因此,在三个投影面上的投影都是缩小的类似形,不反映实形。

投影面垂直面的投影特性   表 2-4

名称	铅垂面(平面 $P \perp H$ 面)	正垂面(平面 $Q \perp V$ 面)	侧垂面(平面 $R \perp W$ 面)
立体图	(图示)	(图示)	(图示)
投影图	(图示)	(图示)	(图示)
投影特性	(1) H 面投影积聚为一条直线； (2) H 面投影与 OX、OY_H 投影轴的夹角分别反映 β、γ 实角； (3) V 面投影和 W 面投影为平面 P 的类似形，但比实形小	(1) V 面投影积聚为一条直线； (2) V 面投影与 OX、OZ 投影轴的夹角分别反映 α、γ 实角； (3) H 面投影和 W 面投影为平面 Q 的类似形，但比实形小	(1) W 面投影积聚为一条直线； (2) W 面投影与 OY_W、OZ 投影轴的夹角分别反映 α、β 实角； (3) H 面投影和 V 面投影为平面 R 的类似形，但比实形小
归纳总结	投影面垂直面投影共性： (1) 平面在它所垂直的投影面上的投影积聚为一条直线，并且与相应投影轴的夹角反映平面与另外两个投影面的倾角； (2) 平面在另外两个投影面上的投影均为类似形，并小于实形		

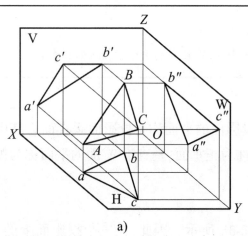
a)

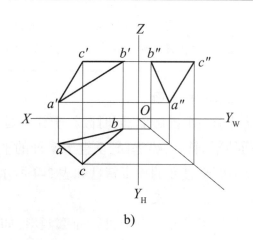
b)

图 2-38 一般位置平面的投影

思考与练习

一、填空题

1. 平面与某投影面垂直,则在该投影面的投影为_____。
2. 某平面在 H 面上反映实形,该平面为_____。

二、实训题

如图 2-39 所示,判断各平面的位置。

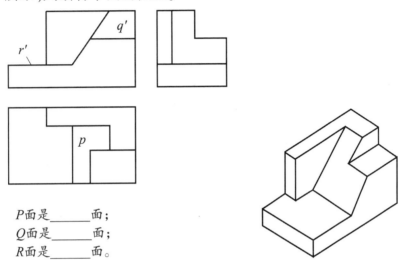

P 面是_____面;
Q 面是_____面;
R 面是_____面。

图 2-39　平面的投影练习

第五节　平面上点和直线

一、点和直线在平面上的几何条件

1. 点在平面上的几何条件

若点在平面上,则该点必在平面内的某一直线上。反之,若一点位于平面上的某一直线上,则该点必定在平面上。

2. 直线在平面上的几何条件

平面上的直线必须具备下列两条件之一:
(1)通过平面上的两个已知点。
(2)通过平面上的一个点且平行于平面上某一直线。

二、平面上点和直线的投影

1. 平面上的点

根据"若点在平面上,则该点必在平面内的某一直线上",在平面上取点,必须先找出过此点而又在平面内的一条直线作为辅助线,然后再在该直线上确定点的位置。

【例2-3】 如图2-40所示,已知D点在平面ABC上,且已知D点在V面的投影d',求D点的水平投影。

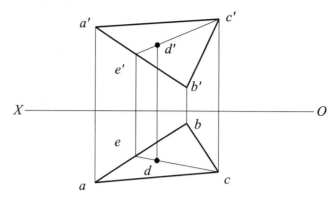

图2-40 平面上取点

解 过d'作平面ABC上辅助线CE的V面投影c'e',其中E点在已知直线AB上,根据点的投影规律和平面内点的特性,作出ce。因D在直线CE上,则d必在ce上,从而得到d。

2. 平面上的直线

如果直线在平面上,它必须通过平面上的两点,或通过平面上的一点,且平行于平面上的一条已知直线。

【例2-4】 如图2-41a)所示,已知四边形ABCD的H面投影abcd和其中两条边的V面投影a'b'、a'c',完成四边形的V面投影。

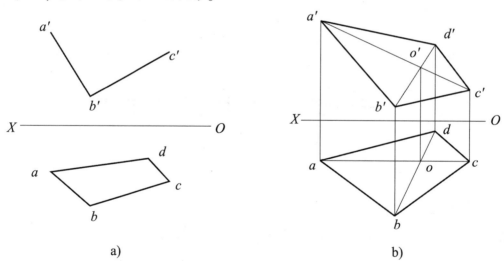

图2-41 完成四边形的V面投影

解 连接bd和ac交于点o,再连接a'c',过o作OX轴的垂线,可在a'c'上作出o',连接b'o',过d点作OX轴垂线,与b'o'的延长线相交于d',连接a'd'和d'c',a'b'c'd'即为四边形的V面投影,如图2-41b)所示。

3. 平面内的投影面平行线

平面内平行于投影面的直线称为平面内的投影面平行线。平面内的投影面平行线,既符合直线在平面内的几何条件,又具有前述投影面平行线的一切特性。

如图2-42所示,平面ABC内的直线BE∥V面,所以BE是平面ABC内的正平线,其在H

面上的投影 be // OX 轴,在所平行的 V 面上的投影 $b'e'$ 反映实长。平面 ABC 内另一条直线 AD // H 面,所以 AD 是平面 ABC 内的水平线,其在 V 面上的投影 $a'd'$ // OX 轴,在所平行的 H 面上的投影 ad 反映实长。

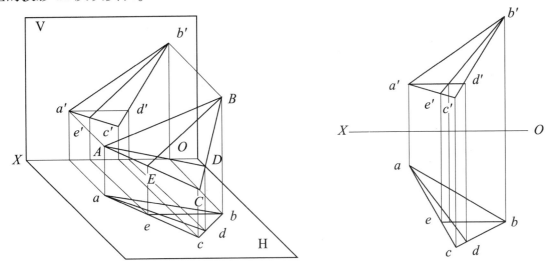

图 2-42　平面内投影面平行线

思考与练习

如图 2-43 所示,已知平面 ABC 的两面投影 abc、$a'b'c'$,以及平面内点 K 的正面投影 k',求作该平面的侧面投影并且补全点 K 的三面投影。

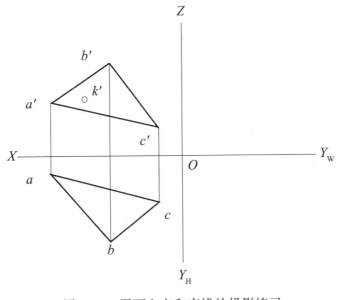

图 2-43　平面上点和直线的投影练习

第三章 形体的投影

知识目标

(1) 熟悉平面立体、曲面立体的基本类型。
(2) 掌握棱柱体、棱锥体、圆柱体、圆锥体三面投影图的作图方法和在其表面上取点的方法。
(3) 熟悉常见的组合体的组合方式。
(4) 掌握组合体投影图的画图方法和步骤。
(5) 熟练掌握组合体的读图方法——形体分析法和线面分析法。
(6) 掌握组合体的尺寸组成及标注方法。

能力目标

(1) 能识别平面立体、曲面立体的类型。
(2) 能够正确绘制棱柱体、棱锥体、圆柱体、圆锥体的三面投影图并能在其表面上取点。
(3) 能识别组合体的组合类型。
(4) 能够正确绘制组合体的三视图。
(5) 能够根据组合体的已知投影图,正确补绘所缺投影图。
(6) 能对组合体进行尺寸标注。

素质目标

(1) 培养严谨认真的治学态度。
(2) 培养一丝不苟的工作态度和安全责任意识。

第一节　平面立体的投影

形体的投影

路基、路面、桥梁、涵洞、隧道等公路工程中的形体多种多样,构造复杂。为了能够正确识读各种公路工程构造物的图纸,首先必须正确掌握各种简单形体的投影。

形体按照表面组成情况分类,如表3-1所示。

形体按表面组成情况分类　　　　　　表 3-1

名称		组成特点	典型图片
基本体	平面立体	表面仅由平面组成	棱柱体 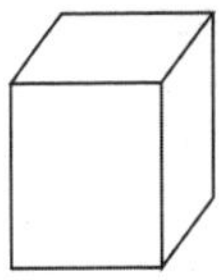
			棱锥体 
	曲面立体	表面包含一个及以上曲面	圆柱体 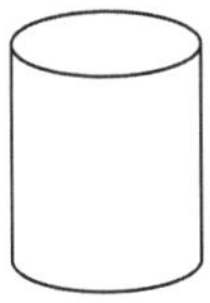
			圆锥体 
			球体 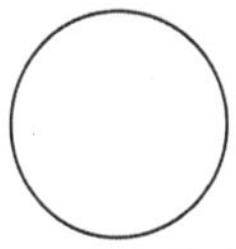
组合体	叠加式组合体	由两个及以上基本体经过简单叠加组成	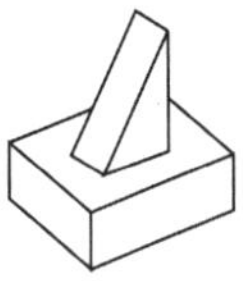
	切割式组合体	由一个大的基本体经过若干次切割、开槽、挖孔组成	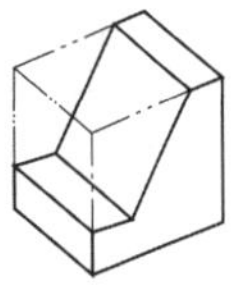
	综合式组合体	由叠加和切割共同组成	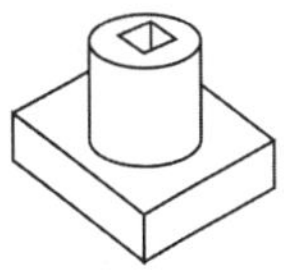

平面立体是指形体的表面全部由平面图形所组成。立体中两表面的交线称为棱线,棱线与棱线的交点称为顶点。根据顶点的特征,平面立体又可以分为棱柱体和棱锥体。

一、棱柱体的投影

棱柱体由上顶面、下底面和侧面组成,如图 3-1 所示。下面以正六棱柱为例来学习棱柱体的三面投影图。正六棱柱的上顶面和下底面均为正六边形,且为水平面;有 6 条棱线,围成六个矩形的侧面。

棱柱体三面投影图
作图过程-六棱柱

 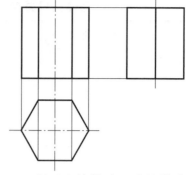

a)正六棱柱示意图　　　　b)正六棱柱的三面投影图

图 3-1　正六棱柱

1. 正六棱柱的三面投影图

正六棱柱的 H 面投影图是一个正六边形,反映了上顶面和下底面的实形,并且是个重合投影,上顶面可见,下底面不可见;V 面投影图是三个矩形,分别为六棱柱的六个侧面的两两重合投影,前表面可见,后表面不可见,正中间的矩形反映了最前面和最后面两个侧面的实形,并且也为重合投影;W 面投影图是两个矩形,分别为六棱柱最左侧和最右侧四个侧面的两两重合投影,左表面可见,右表面不可见,如图 3-1b) 所示。

绘制正六棱柱的三面投影图时,应该首先绘制其 H 面投影图中的正六边形,然后根据"长对正,高平齐,宽相等"的三等关系绘制其 V 面和 W 面投影图。

2. 正六棱柱表面上取点

如图 3-2 所示,已知正六棱柱体三面投影及其表面的点 A 的 V 面投影 a',求其另外两面投影 a 和 a''。

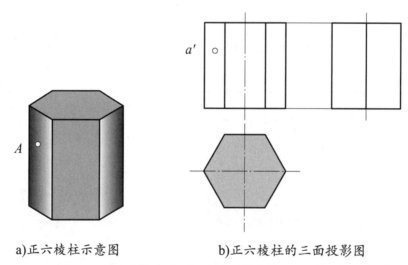

a)正六棱柱示意图　　　　b)正六棱柱的三面投影图

图 3-2　正六棱柱表面上取点

作图过程如图 3-3 所示:

(1)根据"长对正"的投影规律和铅垂面积聚投影的特性,作出点 a,点 a 在正六边形前面的边线上。

(2)根据"高平齐,宽相等"的投影规律,作出点 a''。

注意:在作图过程中,要符合 H 面与 W 面"宽相等"的投影规律。如图 3-3 所示,短横线表示的两段距离相等。

68

二、棱锥体的投影

棱锥体由下底面、顶点和侧面组成。正三棱锥的下底面为正三角形,棱线有3条,与顶点共同围成3个三角形的侧面。

1. 正三棱锥的三面投影图

如图3-4所示,正三棱锥的H面投影图是一个由3个三角形组成的正三角形,3个三角形分别为棱锥体三个侧面的投影,顶点为棱锥顶点的投影,正三角形反映了三棱锥底面的实形;V面投影图是2个三角形,分别为三棱锥最左和最右侧面的投影;W面投影图是一个三角形,为三棱锥最左侧面的投影。

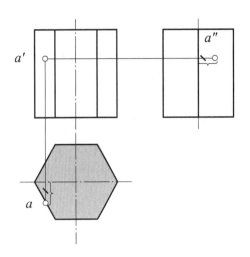

图3-3 正六棱柱面上取点作图过程

a)正三棱锥示意图

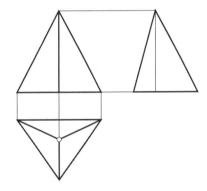

b)正三棱的三面投影图

棱锥体三面投影图
作图过程-三棱锥

图3-4 正三棱锥

绘制正三棱锥的三面投影图时,应该首先绘制其H面投影图中的正三角形,然后根据"长对正,高平齐,宽相等"的三等关系,绘制其V面和W面投影图。

2. 正三棱锥表面上取点

棱锥体表面取点的方法常用的是辅助线法。

【例3-1】 已知如图3-5所示正三棱锥体表面的点K及其V面投影k',求其另外两面投影k和k''。

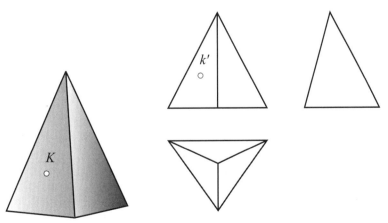

图3-5 正三棱锥面上取点

解 作图过程如图3-6所示：

(1) 过 k' 作一条平行于 $a'b'$ 的直线作为辅助线。

(2) 根据"点在线上，则点的投影必在线的投影上"的投影规律，找到该辅助线在 H 面上的投影，再在辅助线的 H 面投影上找到 k。

(3) 根据"高平齐、宽相等"的投影规律，作出点的 W 面投影 k''。

注意：在作图过程中，要符合 H 面与 W 面"宽相等"的投影规律。如图3-6所示，短横线表示的两段距离相等。

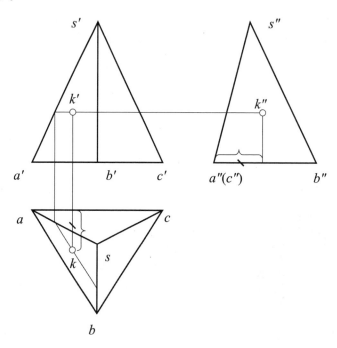

图 3-6 正三棱锥面上取点作图过程

想一想

三棱锥面上取点还有其他方法吗？请你试一试。

思考与练习

一、填空题

1. 平面立体可分为_____和_____。
2. 平面立体中两表面的交线称为_____；棱线与棱线的交点称为_____。
3. 棱锥体表面取点常用的作图方法是_____。

二、判断题

1. 棱柱体的三面投影图都是多边形和矩形。（　　）
2. 棱锥体的三面投影图都是多边形和三角形。（　　）

三、作图题

1. 已知正五棱柱的边长为20mm,高为30mm,请绘制出各种不同位置情况下正五棱柱的三面投影图,并比较其异同。

2. 如图3-7所示,已知正六棱柱体上一点A的V面投影a',求其另外两面投影a和a''。

3. 如图3-8所示,已知正三棱锥体上一点K的V面投影k',求其另外两面投影k和k''。

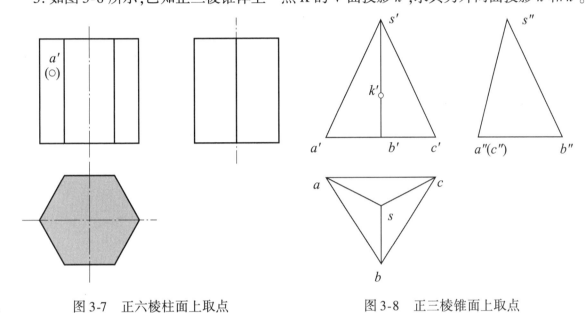

图3-7 正六棱柱面上取点　　　　图3-8 正三棱锥面上取点

第二节　曲面立体的投影

表面有平面又有曲面,或全部是曲面的立体称为曲面立体。常见的曲面立体有圆柱体、圆锥体和球体。

一、圆柱体的投影

1. 圆柱体的三面投影图

圆柱体由上顶面、下底面和圆柱面组成,如图3-9所示。圆柱面可以看成是由直线AA_1绕圆柱体的中轴线OO_1旋转一周所围成的。所以,圆柱面也可以看成是由无数条像AA_1一样的线所组成的。我们把AA_1称之为母线,把像AA_1这样的线条称为素线。

圆柱体的H面投影图是一个圆形,反映了上顶面和下底面的实形,并且是重合投影,上顶面可见,下底面不可见;V面投影图是一个矩形,由圆柱体的最左侧、最右

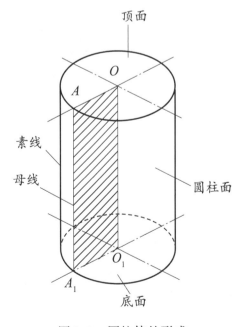

图3-9 圆柱体的形成

侧的素线和上顶面与下底面的积聚投影所组成；W 面投影图也是一个矩形，由圆柱体的最前侧、最后侧的素线和上顶面与下底面的积聚投影所组成。V 面和 W 面投影图在几何关系上表现为两个全等的矩形，如图 3-10 所示。

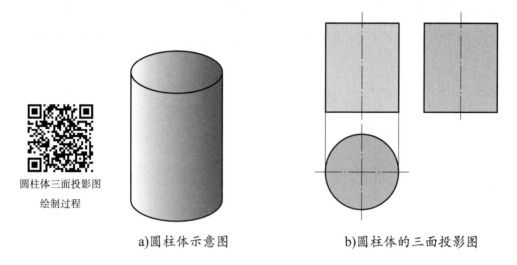

a) 圆柱体示意图　　　　b) 圆柱体的三面投影图

图 3-10　圆柱体

绘制圆柱体的三面投影图时，应该首先绘制其 H 面投影图中的圆形，然后根据"长对正，高平齐，宽相等"的三等关系绘制其 V 面和 W 面投影图的矩形。

2. 圆柱体的表面上取点

【例 3-2】　如图 3-11 所示，已知圆柱体表面的点 M 及其 V 面投影 m'，求其另外两面投影 m 和 m''。

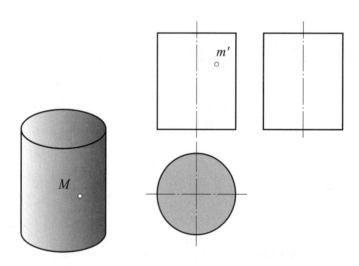

图 3-11　圆柱面上取点

解　作图过程如图 3-12 所示：

(1) 根据 V 面与 H 面"长对正"的投影规律和铅垂面积聚投影的特性作出 H 面投影 m，m 应该在 H 面投影圆形前面的边线上。

(2) 根据"高平齐，宽相等"的投影规律，作出点 M 的 W 面投影 m''。

注意：在作图过程中，要符合 H 面与 W 面"宽相等"的投影规律。如图 3-12 所示，短横线表示的两段距离相等。

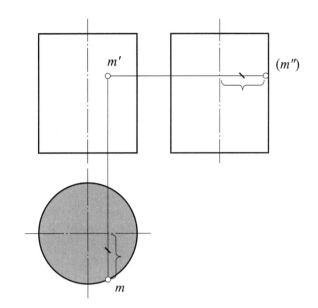

圆柱表面上取点

图 3-12　圆柱面上取点作图过程

二、圆锥体的投影

1. 圆锥体的三面投影图

圆锥体由底面、顶点和圆锥面组成。圆锥面可以看成是由直线 SA 绕圆锥体的中轴线 SO 旋转一周所围成的,如图 3-13 所示。所以,圆锥面也可以看成是由无数条像 SA 一样的线条相交于顶点 S 所组成的。我们把 SA 称之为母线,把像 SA 这样的线条称为素线。

圆锥体的 H 面投影图是一个圆形外加顶点的投影即圆心,它反映了底面的实形;V 面投影图是一个三角形,由圆锥体的最左侧、最右侧的素线与底面的积聚投影所组成;W 面投影图也是一个三角形,由圆锥体的最前侧、最后侧的素线与底面的积聚投影所组成。V 面和 W 面投影图在几何关系上表现为两个全等的三角形,如图 3-14 所示。

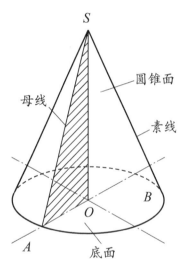

图 3-13　圆锥体的形成

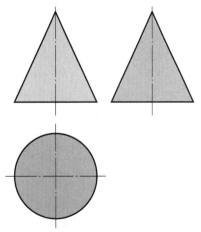

圆锥体三面投影图
绘制过程

a)圆锥体示意图　　　b)圆锥体的三面投影图

图 3-14　圆锥体

绘制圆锥体的三面投影图时,应该首先绘制其 H 面投影图中的圆形,然后根据"长对正,高平齐,宽相等"的三等关系,绘制其 V 面和 W 面投影图的三角形。

2. 圆锥体的表面上取点

(1)素线法

【例 3-3】 如图 3-15 所示,已知圆锥体表面的点 M 及其 V 面投影 m′,求其另外两面投影 m 和 m″。

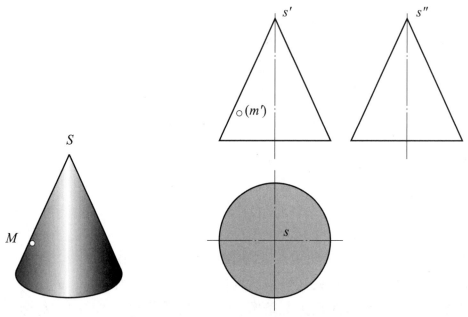

图 3-15 圆锥面上取点

解 作图过程如图 3-16 所示:

①连接 SM 并延长使其与底面相交,作一条辅助素线。
②找到辅助素线的 V 面投影。
③找到辅助素线的 H 面投影。
④根据线上找点的方法找到点 M 的 H 面投影 m。

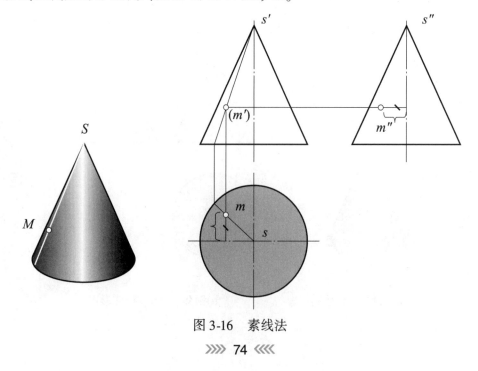

图 3-16 素线法

⑤根据"高平齐,宽相等"的投影规律,作出点 M 的 W 面投影 m″。

注意:在作图过程中,要符合 H 面与 W 面"宽相等"的投影规律。如图 3-16 所示,短横线表示的两段距离相等。

(2)纬圆法

【例 3-4】 如图 3-17 所示,已知圆锥体表面的点 M 及其 V 面投影 m′,求其另外两面投影 m 和 m″。

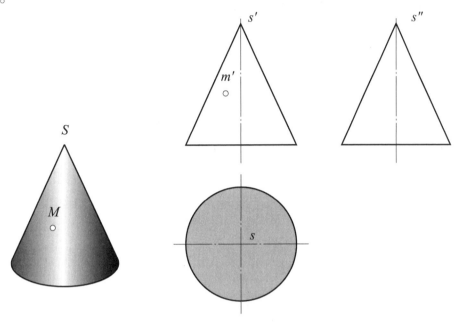

图 3-17 圆锥面上取点

解 作图过程如图 3-18 所示:

①过 M 点作一个平行于底面的纬圆作为辅助线。

②根据"点在线上,则点的投影必在线的投影上"的投影规律,找到该纬圆在 H 面上的投影,再在纬圆上找点 m。

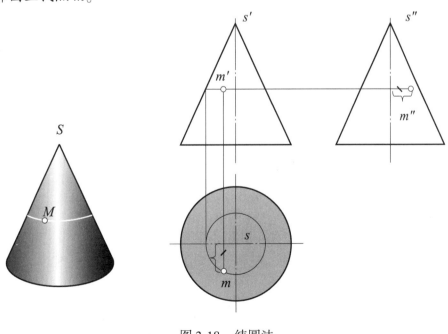

图 3-18 纬圆法

③根据"高平齐,宽相等"的投影规律,作出点 m''。

注意:在作图过程中,要符合 H 面与 W 面"宽相等"的投影规律。如图 3-18 所示,短横线表示的两段距离相等。

三、球体的投影

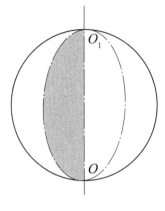

图 3-19 球体的形成

1. 球体的三面投影图

球体可视为由半圆形的轮廓绕与其直径 OO_1 重合的中心线旋转 360°所形成的图形,如图 3-19 所示。

球体的 H 面投影图是一个圆形,它是球体上下两个半球可见与不可见的分界,也是球体上最大的水平圆;V 面投影图也是一个圆形,它是球体前后两个半球可见与不可见的分界,也是球体上最大的正平圆;W 面投影图也是一个圆形,它是球体左右两个半球可见与不可见的分界,也是球体上最大的侧平圆;H 面、V 面和 W 面投影图在几何关系上表现为三个全等的圆形,如图 3-20 所示。

球体三面投影图
绘制过程

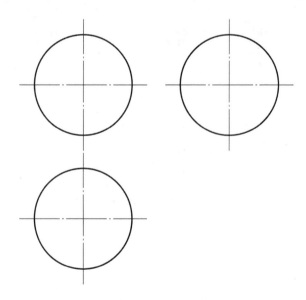

a)球体示意图　　　　b)球体的三面投影图

图 3-20　球体

2. 球体表面上取点

【例 3-5】　如图 3-21 所示,已知球体表面的点 N 及其 V 面投影 n',求其另外两面投影 n 和 n''。

解　作图过程如图 3-22 所示:

(1)过 N 点作一个平行于赤道面的纬圆作为辅助线。

(2)根据"点在线上,则点的投影必在线的投影上"的投影规律,找到该纬圆在 H 面上的投影,再在纬圆的 H 面投影上找到 n。

(3)根据"高平齐,宽相等"的投影规律,作出点 n''。

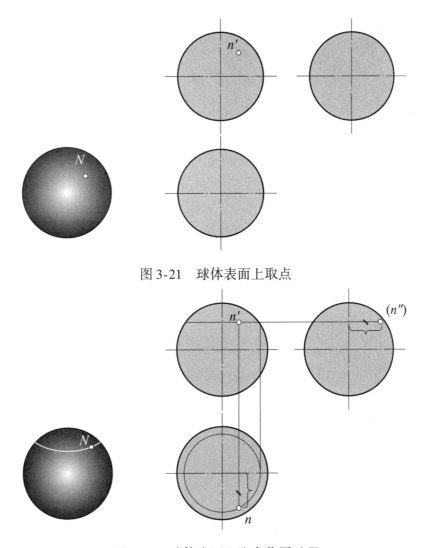

图 3-21　球体表面上取点

图 3-22　球体表面上取点作图过程

想一想

如图 3-23 所示，找出球体表面的点 N 的 H 面投影 n 和 W 面投影 n''。

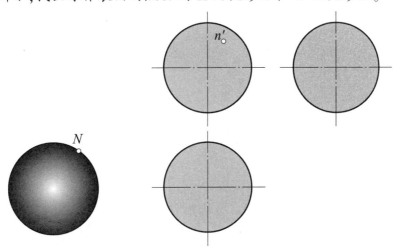

图 3-23　球体表面上取点

思考与练习

一、填空题

1. 曲面立体可分为_____、_____和_____。
2. 圆柱体的三面投影图分别是_____、_____和_____。
3. 圆锥体的三面投影图分别是_____、_____和_____。
4. 球体的三面投影图分别是_____、_____和_____。

二、判断题

1. 圆柱体的三面投影图中两个矩形所代表的意义是一样的。（　　）
2. 圆锥体的三面投影图都是圆形和三角形。（　　）
3. 球体的三面投影图是三个全等的圆形。（　　）

三、作图题

1. 已知圆柱体的底圆半径为 10mm，高为 30mm，请作出圆柱体的三面投影图，并与上一节中所作的棱柱体的三面投影图做比较，说说它们的异同。

2. 如图 3-24 所示，已知圆锥体表面上的点 M 的 V 面投影 m'，求其另外两面投影 m 和 m''。

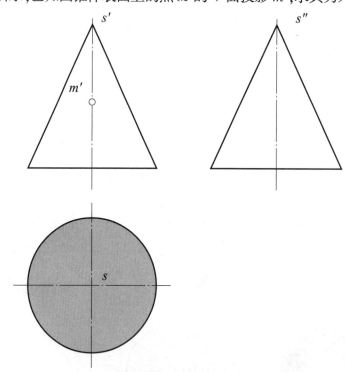

图 3-24　圆锥体表面上取点

3. 如图 3-25 所示，已知球体表面上的点 N 的 W 面投影 n''，求其另外两面投影 n 和 n'。

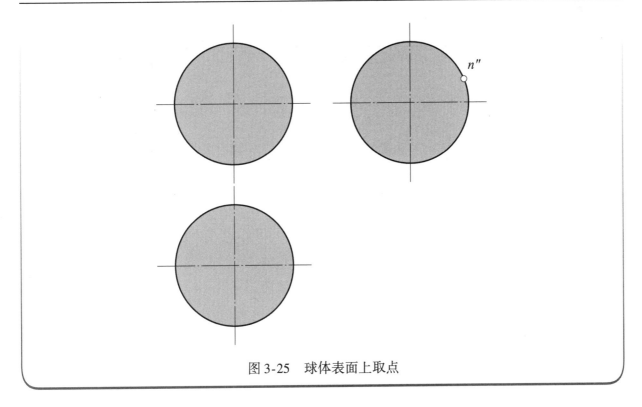

图 3-25 球体表面上取点

第三节　组合体投影图的画法

公路工程中常见的形体绝大部分是组合体,它们是由若干个简单的基本立体通过叠加、切割或叠加与切割结合的组合方式而形成的。因此,正确绘制组合体的三面投影图对我们识读公路工程图纸、指导施工有着非常重要的意义。

一、组合体的组合方式

(1)叠加式:由两个及以上基本体经过简单叠加而成。
(2)切割式:由一个大的基本体经过若干次切割、开槽、挖孔而成。
(3)综合式:由叠加和切割共同作用而成。

由此,组合体的表面连接关系主要表现为两表面相互平齐、不平齐、相切和相交四种。其组合过程、连接关系和画图方法见表 3-2。

形体的表面连接关系　　表 3-2

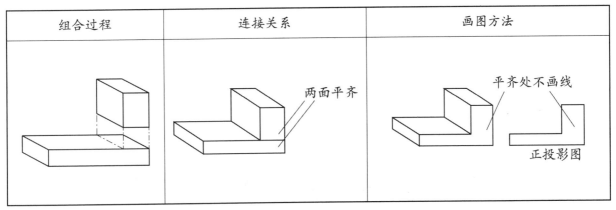

续上表

组合过程	连接关系	画图方法
	两面相切	相切处不画线
	两面相交	相交处要画线
	两面不平齐	不平齐处要画线

想一想

如图 3-26 所示，哪组投影图是正确的？

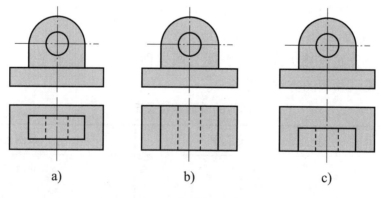

图 3-26 选择正确的投影图

二、组合体投影图的绘图步骤

(1) 形体分析。形体分析主要是分析平面体相邻组成部分间的表面衔接与投影图的关系以及曲面体相邻组成部分间的表面衔接与投影图的关系。

(2)投影选择。

①选择安放位置。

②选择正面投影方向。

③选择投影图的数量。

(3)先选比例、后定图幅或先定图幅、后选比例。

(4)画底稿(布图、画基准线、逐个画出各基本形体投影图)。

(5)检查整理底稿,加深图线。

【例3-6】 绘制如图3-27所示的涵洞端墙的三面投影图。

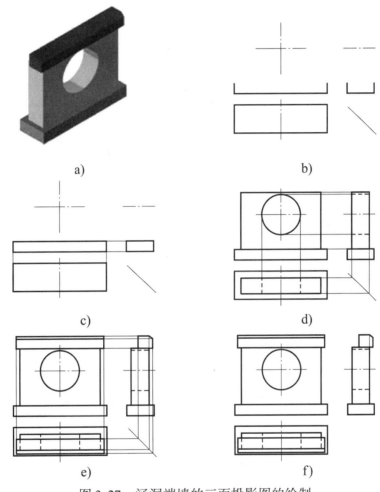

图3-27 涵洞端墙的三面投影图的绘制

解 如图3-27a)所示,涵洞端墙可看成是叠加体。画叠加体的投影图时,应先将组合体分解成若干基本体,分析清楚各基本体的形状和相互位置,然后按相对位置逐个画上各基本体的投影,并依次叠加,综合起来便可得到组合体的投影。

作图步骤如图3-27b)~f)所示:

(1)确定基准线。

(2)画基础的三面投影图。

(3)画墙身的三面投影图。

(4)画缘石的三面投影图。

(5)整理加深图线,完成涵洞端墙的三面投影图。

涵洞端墙的三面投影图绘制过程

想一想

台阶（图3-28）的三视图应该如何绘制？

根据立体图完成组合体的三面投影图

图3-28　台阶立体图

名人小故事

建筑大师梁思成——一丝不苟，将热爱融入生命

梁思成是我国著名的建筑学家，被誉为"中国近代建筑之父"。他曾说过："拆掉一座城楼，像挖去我一块肉；剥去了外城的墙砖，像剥去我一层皮。"他对祖国的古桥梁和古寺庙宇有着无法言喻的执着，对建筑的热爱和珍惜甚至超越了自己的生命。在他看来这些建筑不是砖瓦的搭砌，而是千变万化的生命体。

在那个没有精确测量仪器的年代，梁思成为了测准古建筑的高度，多次不顾危险地爬上穹顶，在测量中甚至连一毫米都不肯放过。其中最危险的一次是1933年9月测量应县木塔的经历。为了让手绘稿更精准一些，梁思成需爬上十多米的塔刹进行考察。他双脚悬空，双手抓住悬挂了几百年的铁链不顾危险地向上攀爬。正当他专心致志地在塔头测量和拍摄时，未曾留意头顶上的云层迅速聚拢，随即一声惊雷在身边爆响，梁思成一惊之下差点松开自己紧握铁索的双手，这让他后怕不已。这次测量梁思成和他的助手用了整整6天时间，才最后用精心绘制的图纸和照片为祖国的古建筑建档。

梁思成的手绘稿让那些消失了的古建筑以另一种方式继续存在，重现了古代建筑物的伟大，完成了中华文化的传承。堪比扫描仪的手绘稿线条流畅，清晰的结构分析，成百上千个构件一丝不苟，不仅让世界认识了我国古建筑文化遗产，也向世人展现了中国第一代建筑师们的家国情怀和专业精神。

思考与练习

一、填空题

1. 组合体的组合方式可分为_____、_____和_____。
2. 组合体的表面连接关系可分为_____、_____、_____和_____。

二、判断题

1. 组合体投影图中如果两表面对齐要画线、不对齐不画线。（   ）
2. 组合体投影图中如果两表面相切不画线、相交要画线。（   ）
3. 组合体的表面连接关系主要表现为两平面相互平齐、不平齐、相切和相交四种。
（   ）

三、作图题

如图 3-29 所示,已知组合体的立体图和其两面投影图,补绘组合体的第三面投影图。

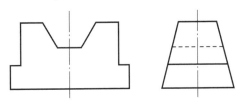
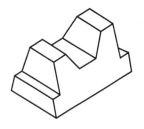

图 3-29　补绘组合体的第三面投影图

第四节　组合体投影图的阅读

对于公路工程专业的学生而言,能够迅速而准确地读懂工程图纸是一项基本技能,而公路工程中的构筑物又绝大部分都是组合体,因此,正确识读组合体的投影图尤为重要。

一、读图的基本方法

识读组合体投影图的基本方法可概括为形体分析法和线面分析法。

1. 形体分析法

形体分析法是指运用各种基本体的投影特性及其三面投影关系——数量关系和方位关系,尤其是"长对正,高平齐,宽相等"的对应关系,对组合体的投影图进行分析的方法。读图的过程恰与画图过程相反,把组合体分解成若干简单形体,并想象其形状、对投影面的相对位置,再按各组成部分之间的相对位置,像搭积木那样将其在脑海里组合成整体。

2. 线面分析法

线面分析法是指运用各种位置直线、平面的投影特性(实形性、积聚性、类似性)及曲面的投影特点,对组合体内、外表面投影图中的线条、线框(由线段围成的闭合图形)的意义进行分析,想象其形状、位置,对组合体的投影图进行分析的方法。

二、读图的一般步骤

读图一般以形体分析法为主,线面分析法为辅。对于叠加式组合体,较多采用形体分析法,而对截割式组合体,较多采用线面分析法。通常先用形体分析法获得组合体的大体形象后,对于图中个别较复杂的局部,再辅以线面分析法进行较详细的分析,有时还可以利用所注尺寸帮助分析。

(1)浏览投影图,概略了解有无曲线,判断是平面体还是曲面体,以及是否对称等。
(2)形体分析。
(3)线面分析。
(4)综合想象形体。

【例3-7】 如图3-30所示,已知组合体的三视图,想象出其空间形状。

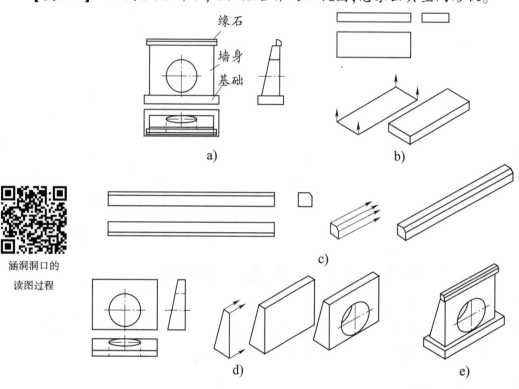

图3-30 组合体三视图的读图

三、组合体读图注意要点

(1)要将几个视图联系起来看。有时物体的主、俯视图相同,但形状有可能会不同,如图3-31所示。

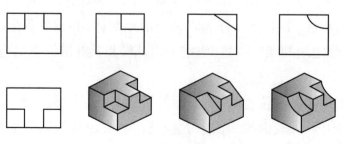

图3-31 三面视图结合读图

（2）找出特征视图。

①形状特征视图是最能反映物体形状特征的视图。如图3-32所示，H面投影为形状特征视图。

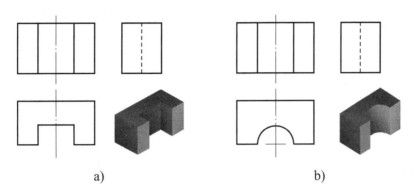

图3-32　形状特征视图

②位置特征视图是最能反映物体位置特征的视图。如图3-33所示，W面投影为位置特征视图。

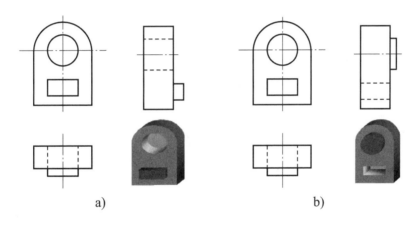

图3-33　位置特征视图

（3）注意反映形体之间连接关系的图线，如图3-34所示，箭头所指方向的线型不同。

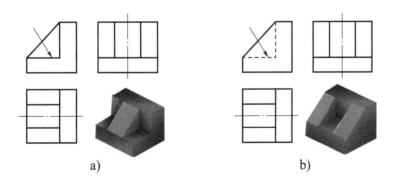

图3-34　形体之间的连接关系

? 想一想

如图3-35所示，a)和b)中组合体的投影图所代表的空间形状一样吗？

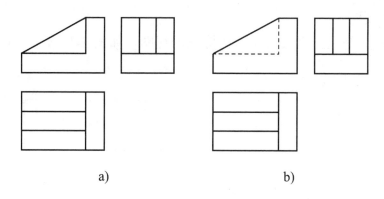

图 3-35　组合体的投影图

思考与练习

一、填空题

1. 组合体的读图方法主要有_____和_____。
2. 组合体投影图在阅读时一般以_____为主,_____为辅。

二、判断题

1. 组合体的三面投影图中,如果两面投影图相同,那么它们所代表的形体也相同。　　　　　　　　　　　　　　　　　　　　　　　　　　　　　(　　)
2. 组合体的特征视图对我们的读图有很大帮助。　　　　　　　　　　(　　)
3. 形体分析法和线面分析法可以单独使用,也可以结合起来使用。　　(　　)

三、作图题

如图 3-36 所示,已知组合体的三面投影图,运用形体的分析方法分析其空间形状。

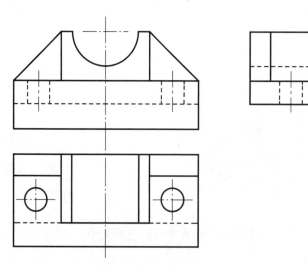

图 3-36　组合体的投影

第五节　组合体的尺寸标注

正确分析和计算组合体中各部件的尺寸,是指导我们进行正确施工的前提。因此,我们必须掌握组合体的尺寸标注方法。

一、组合体尺寸标注的基本要求

(1)正确:应符合国家标准的规定。
(2)完整:尺寸要完整,不重复,不遗漏。
(3)清晰:尺寸数字注写清晰,尺寸排列整齐。

二、常见基本体的尺寸标注

常见基本体的尺寸标注如图 3-37 所示。

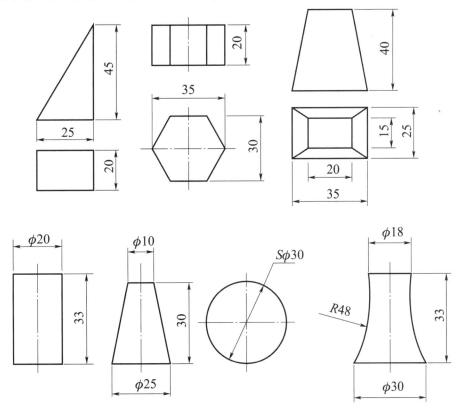

图 3-37　常见基本体的尺寸标注

三、组合体尺寸的分类

(1)定形尺寸:确定各基本体形状和大小的尺寸,如图 3-38 所示。

图 3-38 中 50、30、7 这三个尺寸确定底板的长、宽、高。

图 3-38 中 $\phi20$、$\phi12$、(20) 这三个尺寸确定圆筒的大小。

图 3-38 中 $R5$、$4\times\phi5$ 这两个尺寸分别确定底板上圆角和四个圆柱孔的大小。

图 3-38 中 $\phi5$ 尺寸确定圆筒上圆柱孔的大小。

(2)定位尺寸:确定各基本体之间相对位置的尺寸。

要标注定位尺寸,必须先选定尺寸基准。组合体有长、宽、高三个方向的尺寸,每个方向至少要有一个基准。通常以组合体的底面、端面、对称面和轴线作为基准。

图 3-38 中 40、20 这两个尺寸确定底板上四个圆柱孔的圆心位置。

图 3-38 中 22 这个尺寸确定圆筒上圆柱孔的圆心位置。

(3)总体尺寸:组合体长、宽、高三个方向的最大尺寸。

总体尺寸、定位尺寸、定形尺寸可能重合,这时需作调整,以免出现多余尺寸。

组合体的总体尺寸有时也会是较大基本体中的定形尺寸,如图 3-38 中底板的长 50 和宽 30。

标注总体尺寸时,往往会出现多余尺寸,这时就必须对已标注的定型和定位尺寸做适当调整。如图 3-38 中主视图中的高度尺寸,若标总高尺寸 27,则应减去一个同方向的定形尺寸(如图中圆柱体高度 20)。

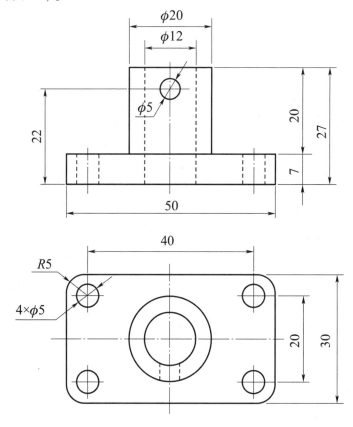

图 3-38 组合体的尺寸标注

四、组合体尺寸标注的步骤

(1)按形体分析法,将组合体分解为若干个基本形体。

(2)标注各基本形体的定形尺寸。

(3)选定尺寸基准,标注各基本形体之间的定位尺寸。

(4)标注组合体的总体尺寸。

【例 3-8】 如图 3-39a)所示,在图 3-39b)的三面投影图上标注下列组合体的尺寸。

尺寸标注过程如图 3-40 所示:

(1)按形体分析法,将组合体分解为若干个基本形体。

(2)标注各基本形体的定形尺寸。
(3)选定尺寸基准,标注各基本形体之间的定位尺寸。
(4)标注组合体的总体尺寸。

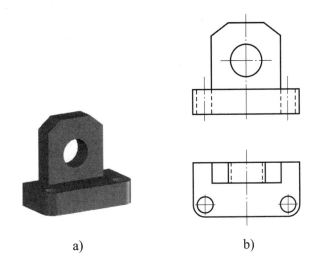

图 3-39 组合体的尺寸标注

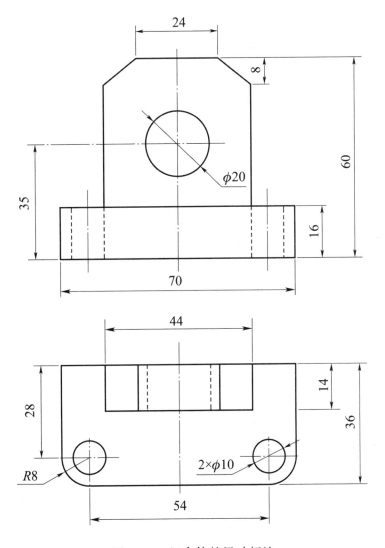

图 3-40 组合体的尺寸标注

五、标注尺寸的注意事项

(1)尺寸应尽量标注在反映形体特征最明显的视图上。

(2)同一基本形体的定形尺寸和定位尺寸尽量集中标注。

(3)尺寸应尽量标注在视图外面,同方向的连续尺寸应尽量放置在一条线上。

(4)同心圆柱的直径尺寸尽量标注在非圆视图上,圆弧的半径尺寸则必须标注在投影为圆弧的视图上。

(5)尽量避免在虚线上标注尺寸。

(6)应避免尺寸线与尺寸界线,以及尺寸线、尺寸界线与轮廓线相交,相互平行的尺寸应按"小尺寸在内,大尺寸在外"的原则排列。

(7)内形尺寸与外形尺寸最好分别标注在视图的两侧。

? 想一想

如图3-41所示,a)和b)中哪组投影图的尺寸标注比较准确?

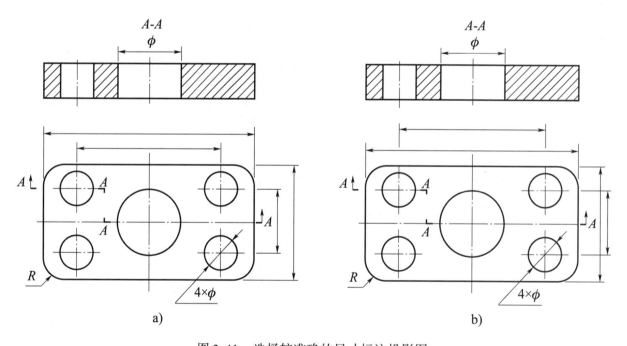

图3-41 选择较准确的尺寸标注投影图

◆ 知识拓展

既要按图施工,更要实事求是

施工图对建筑施工而言作用重大,是工程建设的过程依据,也是工程完工验收的基础参照,更为工程投用后的维修以及养护提供可靠参考。

《建筑法》规定,建筑施工企业必须按照工程设计图纸和施工技术标准施工,不得偷工减料。工程设计的修改由原设计单位负责,建筑施工企业不得擅自修改工程设计。按图施工、不擅自修改设计,是施工单位保证工程质量的最基本要求,是保证工程实现设计意图的前提,也是明确划分设计、施工单位质量责任的前提。

但在工程实际中,设计图也有可能存在不正确的地方。施工人员特别是施工管理负责人、技术负责人以及项目经理等,均为有丰富实践经验的专业人员,对设计文件和图纸中存在的差错是有能力发现的。施工单位在施工过程中如果发现设计文件和图纸确实存在差错,有义务及时向设计单位提出,避免造成不必要的损失和质量问题。这是施工人员应具备的职业素养,也是履行合同应尽的基本义务。

思考与练习

一、填空题

1. 组合体尺寸标注的基本要求是＿＿＿＿、＿＿＿＿和＿＿＿＿。
2. 组合体的尺寸有＿＿＿＿、＿＿＿＿和＿＿＿＿三类。

二、判断题

1. 组合体尺寸标注时越详细越好。　　　　　　　　　　　　　　　（　）
2. 组合体标注中可以有交叉的线条。　　　　　　　　　　　　　　（　）
3. 尺寸应尽量标注在反映形体特征最明显的视图上。　　　　　　　（　）
4. 可以在虚线上标注尺寸。　　　　　　　　　　　　　　　　　　（　）
5. 应避免尺寸线与尺寸界线,以及尺寸线、尺寸界线与轮廓线相交,相互平行的尺寸应按"小尺寸在外,大尺寸在内"的原则排列。　　　　　　　　　　　（　）

第四章

轴测投影图

知识目标

(1) 掌握轴测投影的概念、形成、分类及投影特性。
(2) 了解轴测投影图绘制的基本方法。
(3) 掌握正等测图的绘图步骤及方法。
(4) 掌握斜等测、斜二测的绘图步骤及方法。
(5) 了解轴测投影类型及轴测投影方向的选择。

能力目标

(1) 能看图区分轴测图和三面投影图。
(2) 能正确绘制平面体、圆和曲线的正等测投影图。
(3) 能正确绘制形体的正等测投影图。
(4) 能正确绘制形体的斜等测、斜二测投影图。
(5) 能正确选择轴测投影方向。

素质目标

(1) 增强民族自豪感,厚植家国情怀。
(2) 培育"美学意识",塑造高尚情操,形成良好的人生观、价值观。

第一节 轴测投影的基本知识

在工程上一般采用正投影法绘制物体的投影图,可以确定其形状和大小,且作图简便,度量性好,依据这种图样可分析出所表示的物体。但它直观性较差,缺乏立体感,要想象出物体的形状,需要运用正投影原理把几个视图联系起来看,只有具备一定读图能力的人才看得懂。

想一想

如图4-1a)所示,图中的每一面投影,反映形体长、宽、高三个方向长度中的哪些方向的长度? a)、b) 两种图,哪一种更容易让人看懂形体的形状? 为什么?

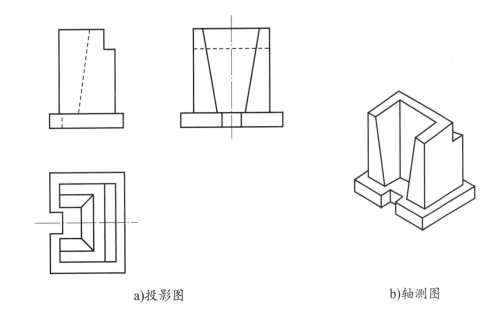

a) 投影图　　　　　　　　　b) 轴测图

图 4-1　正投影图和轴测投影图

在实际工作中为了帮助工程人员读图,以便更直观地了解空间形体的结构,工程中常用富有立体感的轴测投影来表达工程设计的结果或作为辅助图样,如图 4-1b) 所示。轴测投影图能够把形体的长、宽、高三个向度反映在一个图上,所以比较直观,让人容易看懂,因此轴测投影图被广泛地应用于工程实践中。但是,轴测投影图也有缺点,首先对形体的形状表达不全面;其次是没有反映出形体各个侧面的实形,量度性差,其绘制方法也比较麻烦。

一、轴测投影图的形成

作正投影图的基本条件之一,就是投射线与投影面垂直,如图 4-1 所示,从图中不难看出,量度形体长度及高度的 OX 轴及 OZ 轴在正面图上都能如实地反映出来,而量度形体宽度的 OY 轴在正面图上的投影积聚成一点,也就是说正投影的每个投影图只能表示形体两个方向的向度,这是它缺乏立体感的问题所在。如图 4-2 所示,如果采用平行投影的方法,在适当位置设置一个投影面 P,选择一个不平行于形体棱线的投影方向 S,即用一组平行投射线将形体连同确定该形体位置的空间直角坐标系一起,按投射方向投射到投影面 P 上,这样在 P 面上得到的投影图称为轴测投影图,简称轴测图,又称轴测投影。

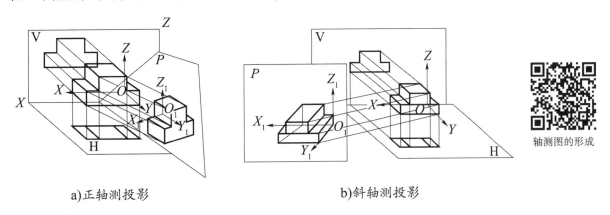

a) 正轴测投影　　　　　　　　　b) 斜轴测投影

图 4-2　轴测图的形成

二、轴测投影的参数

1. 轴测投影面

轴测投影面指接受轴测投影图的投影面,如图4-2中的平面P。

2. 轴测轴

如图4-2所示,轴测轴指空间形体的三个坐标轴OX、OY、OZ在轴测投影面P上的投影,分别用O_1X_1、O_1Y_1、O_1Z_1表示。

3. 轴间角

轴间角指三个轴测轴间的夹角,如$\angle X_1O_1Z_1$、$\angle Y_1O_1Z_1$及$\angle X_1O_1Y_1$。它们可以用来确定三个轴测轴间的相对位置。

轴测轴、轴间角和轴向伸缩系数

4. 轴向变化率(又称轴向变形系数)

因空间形体的坐标轴在轴测投影面均有投影,所以平行空间坐标轴方向的线段在轴测投影面上都有其投影长度,故将其投影长度与空间对应的实际长度之比称为沿OX、OY、OZ轴的轴向变化率,分别用p、q、r表示,则:

$$p = O_1X_1/OX \quad q = O_1Y_1/OY \quad r = O_1Z_1/OZ$$

三、轴测投影的分类

轴测投影图虽然仍采用平行投影的方法绘制,但是它不像正投影那样有三个投影面,而是只有一个投影面。投射线与投影面可以是垂直的,也可以是倾斜的。

(1)按投射线与投影面的相对位置不同,可将轴测投影分为正轴测投影和斜轴测投影两类。

①正轴测投影:投射方向垂直于轴测投影面。

②斜轴测投影:投射方向倾斜于轴测投影面。

(2)正、斜两类轴测投影按其轴向变化率不同,又可分为三类:

①正(或斜)等测轴测投影:三个轴向变化率都相等,即$p=q=r$,简称正(或斜)等测。

②正(或斜)二测轴测投影:三个轴向变化率有两个相等,即$p=q\neq r$,或$p=r\neq q$,或$p\neq q=r$,简称正(或斜)二测。

③正(或斜)三测轴测投影:三个轴向变化率都不相等,即$p\neq q\neq r$,简称正(或斜)三测。

为了获得立体感较强且作图又简便的轴测图,工程上常采用正等测、正二测、斜等测、斜二测等类型。

四、轴测投影的特性

轴测图是用平行投影法得到的,具有以下投影特性:

(1)平行性:物体上互相平行的线段,在轴测图上仍互相平行。

(2)定比性:物体上两平行线段或同一直线上的两线段长度之比,在轴测图上保持不变。

(3)实形性:物体上平行轴测投影面的直线和平面,在轴测图上反映实长和实形。沿着三个轴测轴方向可以量度长度(但必须通过一定的轴向变化率换算,然后进行度量)。

五、轴测投影图绘制的基本方法

轴测图绘制的基本方法有:坐标法、叠加法和切割法,其中坐标法是最基本的方法,其他方法都是在坐标法基础上进行的。

1. 坐标法

坐标法是指首先在形体的适当位置确定出坐标系,根据形体的尺寸和各坐标轴的关系,得出形体各控制点的坐标,再根据其坐标画出这些控制点的轴测图,然后连接各控制点,最后进行整理,即可得到各形体的轴测图。

2. 叠加法

叠加法是指根据形体分析的方法,将组合体分解成几个基本形体,再依次根据各基本形体之间的相对位置逐个作出轴测图,最后组合在一起,即可得到该组合形体的轴测图。这种方法适用于叠加型组合体。

3. 切割法

切割法是指将形体看作一个简单的基本形体并绘出其轴测图,然后将多余的部分逐步切割掉,最后即可得到该形体的轴测图。这种方法适用于切割型组合形体。

当绘制比较复杂的轴测图时,则需综合采用上述方法。不论采用哪种作图方法,都应注意:画轴测投影图时,应先确定轴向变化率和轴间角,然后根据投影特性画出轴测投影图。针对不与坐标轴平行的空间任意线段的轴测图画法,则只需作出该直线两端点的轴测投影,然后相连即可,而不能沿非轴测轴方向直接量度。

思考与练习

一、填空题

1. 按投射线与投影面的相对位置不同可将轴测投影分为_____和_____两类。
2. 按轴向变化率不同,斜轴测投影分为_____、_____和_____三种。
3. O_1X_1、O_1Y_1、O_1Z_1 轴的轴向变化率,分别用_____、_____和_____表示。
4. 轴测图绘制的基本方法有:_____、_____和_____,其中_____是最基本的方法。

二、判断题

1. 正投影最大的缺点是缺乏立体感,而轴测投影最突出的优点是富有立体感。
(   )
2. 轴测投影的投影面不止一个。
(   )

第二节 正等测投影

在正轴测投影中,当空间直角坐标轴 OX、OY、OZ 与轴测投影面的倾角都相等时,所得到的轴测投影图称为正等测投影图,简称正等测图,如图 4-3a)所示。

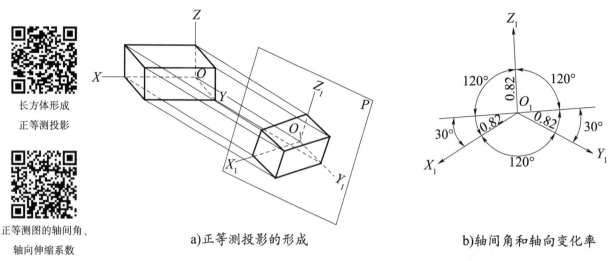

长方体形成
正等测投影

正等测图的轴间角、
轴向伸缩系数

a)正等测投影的形成　　　　　　　　　b)轴间角和轴向变化率

图 4-3　正等测投影

在正等轴测投影中,由于三个坐标轴与轴测投影面的倾角相等,根据几何知识可知,在轴测投影面上三个轴测轴之间的夹角均为 120°;三个轴测轴的轴向变化率也相等,通过空间几何知识可以计算得出三个轴向变化率为:$p = q = r \approx 0.82$,如图 4-3b)所示。

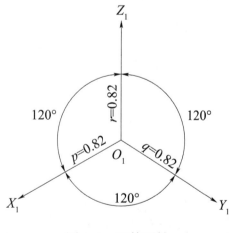

图 4-4　正等测轴

按照这个轴向变化率作图,量度长度时需要计算,为使作图简便,在实际画图时,通常采用简化系数作图,即 $p = q = r \approx 1$,用简化系数画出的轴测图比实际投影得到的轴测图每一个轴向尺寸都放大了 $1/0.82 \approx 1.22$ 倍。

一、正等测图的画法

首先,按轴间角均为 120°画出轴测轴。画图时应先画 O_1Z_1,使 O_1Z_1 处于铅垂方向,然后根据轴间角画出 O_1X_1、O_1Y_1,如图 4-4 所示。然后再对形体进行分析,确定空间坐标轴位置,得出形体各控制点的坐标后,即可按照轴测投影图的基本绘制方法进行作图。

1. 坐标法

【例 4-1】　用坐标法完成点 $A(10,20,15)$ 的正等测图,如图 4-5 所示。

解　作图步骤如下:

(1)根据正等测图的基本参数,建立正等测坐标系 $O_1X_1Y_1Z_1$。

(2)根据轴向变形系数 $p = q = r = 1$ 以及坐标关系,分别沿 O_1X_1 轴量取 $x = 10$,沿 O_1Y_1

轴量取 $y=20$，分别作 O_1Y_1、O_1X_1 轴的平行线，相交得 a，过 a 作 O_1Z_1 轴的平行线，并量取 $z=15$，即得点 A 的正等测图。

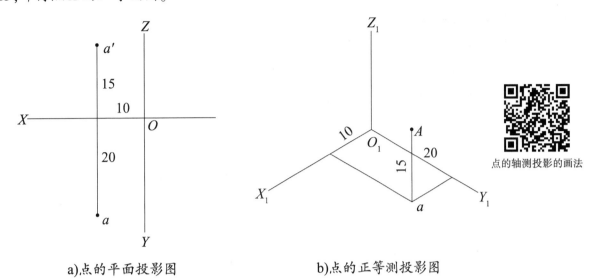

a) 点的平面投影图　　　　　　　b) 点的正等测投影图

图 4-5　点 A 的正等测投影画法

【例 4-2】　如图 4-6a) 所示，根据三棱锥的三面投影图，完成其正等测投影图。

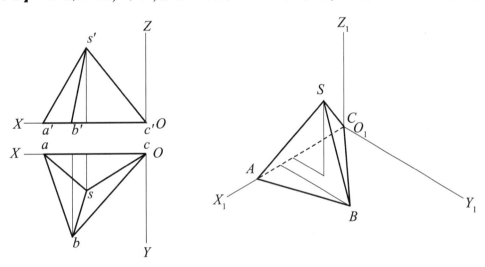

a) 三棱锥的平面投影图　　　　　　　b) 三棱锥的正等测投影图

图 4-6　三棱锥的正等测投影画法

解　作图步骤如下：

(1) 建立正等测坐标系 $O_1X_1Y_1Z_1$。

(2) 根据正等测轴测图的基本参数以及坐标关系画出物体的轴测图。不可见部分可擦掉，并对图形进行校核、修整、加粗。

【例 4-3】　如图 4-7a) 所示，根据五棱柱的三面投影图，完成其正等测投影图。

解　绘制棱柱体的轴测投影图时，应先用坐标法完成棱柱的顶面，再根据棱柱的高完成相互平行的棱线，最后完成棱柱的底面。轴测投影图中看不见的图线可不画。

作图步骤如下：

五棱柱正等测图的画法

(1) 在三面投影图中确定坐标原点,如图 4-7b) 所示。

(2) 建立轴测图坐标系,如图 4-7c) 所示。

(3) 绘制五棱柱顶面,如图 4-7d) 所示。

(4) 绘制五棱柱棱线,如图 4-7e) 所示。

(5) 绘制五棱柱底面,如图 4-7f) 所示。

(6) 去掉作图线,如图 4-7g) 所示。

(7) 加深图线,如图 4-7h) 所示。

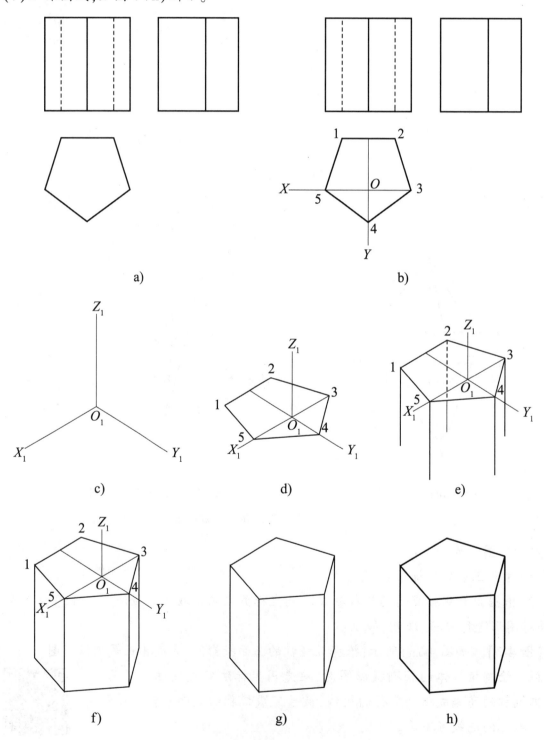

图 4-7　绘制五棱柱的正等测投影图

? 想一想

如图4-8a)所示为五棱锥的三面投影图,你能完成其正等测图吗?请你构思一下作图步骤。如图4-8b)所示,为其参考图。

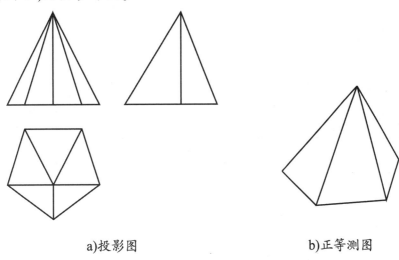

a)投影图　　　　　　　　　　　　b)正等测图

图4-8　绘制五棱锥正等测图

2. 叠加法

【例4-4】　作出如图4-9a)所示的挡土墙的正等测投影图。

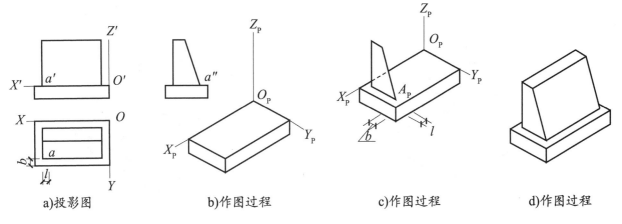

a)投影图　　　b)作图过程　　　c)作图过程　　　d)作图过程

图4-9　挡土墙的正等测图

解　挡土墙可分成基础和墙身两部分,作图方法可综合采用坐标法和叠加法。

作图步骤如下:

(1)画出基础的轴测图,如图4-9b)所示。

(2)在基础顶面上定出墙身上的 A 点,如图4-9c)所示。

(3)根据 A 点作出墙身端面的轴测图。

(4)画出墙身并整理,即可得到挡土墙的轴测图,如图4-9d)所示。

【例4-5】　如图4-10a)所示为台阶的三面投影图,完成其正等测图。

解　作图步骤如下:

(1)绘制右侧栏板。画出轴测轴,根据侧栏板尺寸画出右侧栏板的左表面,然后向右拉伸其厚度,即得到右侧栏板的轴测图(五棱柱),不可见部分不画,如图4-10b)所示。

(2)绘制台阶踏步。在右侧栏板的左表面上,按踏步的左视图投影形状画出踏步右端面的轴测图,然后根据踏步长度向左进行拉伸,如图4-10c)所示。

(3)绘制左侧栏板。根据左侧栏板的相对位置,在踏步的左端面定位左侧栏板的右侧轴测投影,然后向左拉伸其厚度,即可得到左侧栏板的轴测图(五棱柱),如图4-10d)所示。

(4)擦去多余图线并加深。

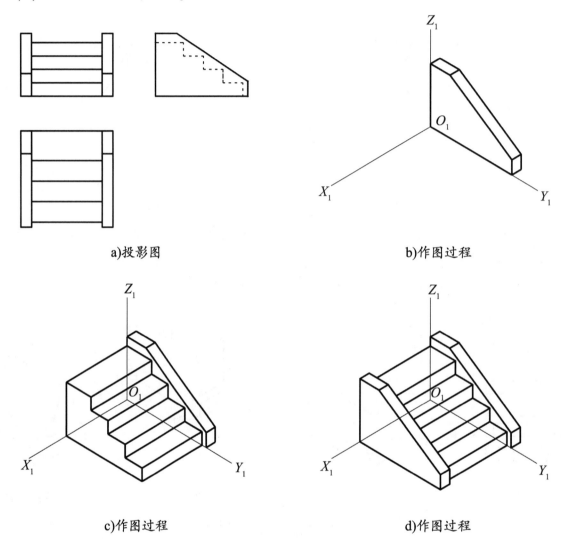

a)投影图　　　　　　　　　　b)作图过程

c)作图过程　　　　　　　　　　d)作图过程

图4-10　台阶的正等测图

3. 切割法

【例4-6】 如图4-11a)所示为组合体的三面投影图,完成其正等测图。

解 由已知的三面投影图可知,该组合体是在四棱柱的基础上由八个截平面经三次切割而成的,所以,可用切割法完成组合体的轴测投影图。

作图步骤如下:

(1)建立正等测图坐标系,如图4-11b)所示。

(2)画四棱柱的正等测图,如图4-11c)所示。

(3)根据截平面位置逐个切去被切部分,如图4-11d)、e)、f)所示。

(4)校核整理,加深可见轮廓线,如图4-11g)所示。

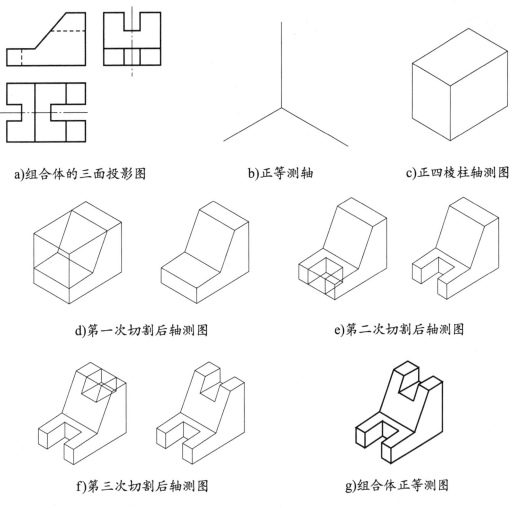

a) 组合体的三面投影图　　b) 正等测轴　　c) 正四棱柱轴测图

d) 第一次切割后轴测图　　e) 第二次切割后轴测图

f) 第三次切割后轴测图　　g) 组合体正等测图

图 4-11　组合体正等测图画法

? 想一想

如图 4-12 所示,已知基础的两面投影,补画 W 面投影,并画出正等测图。

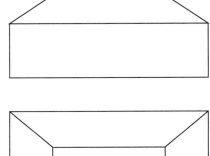

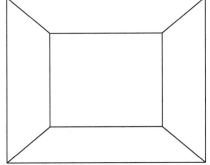

图 4-12　基础的投影图

二、圆和曲线正等测图的画法

1. 圆的正等测图的画法

在正等测投影中,三个坐标面对轴测投影面都是倾斜的,当圆处于正平、水平、侧平位置时,轴测投影为椭圆。工程上常用近似椭圆的画法来作圆的轴测图,三种圆的作法完全相同。

【例 4-7】 如图 4-13a)所示为处于水平位置的圆的投影图,完成其正等测图。

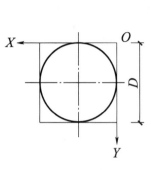
a)平面图

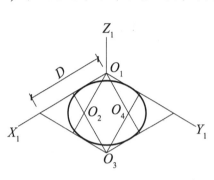
b)处于水平位置的圆的正等测图近似画法

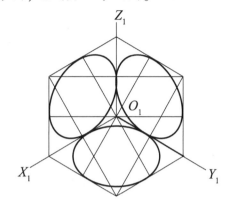
c)处于水平、正平、侧平位置的圆的正等测图近似画法

图 4-13 圆的正等测投影图

解 作图步骤如下:

(1)在圆的正投影图上确定坐标轴。

(2)作圆的外接正方形。

(3)用四心圆弧法作出四段圆弧,连接成的椭圆即是水平圆正等测投影。

(4)同理可以得到其他位置圆正等测投影。

从图中可以看出:平行于坐标面 $X_1O_1Y_1$、$X_1O_1Z_1$、$Y_1O_1Z_1$ 的圆的正等测椭圆的长轴都在菱形的长对角线上,短轴都在短对角线上;长轴的方向分别与相应的轴测轴垂直,短轴的方向则分别与相应的轴测轴平行(例如水平圆的轴测椭圆的长轴与 O_1Z_1 垂直)。

【例 4-8】 完成圆柱的正等测图。

解 作图步骤如下:

(1)绘制上底椭圆,如图 4-14a)所示。

(2)用移心法画下底椭圆,即将上底椭圆的四段圆弧的圆心分别沿 Z_1 轴方向下移圆柱高度 H,得下底椭圆四段圆弧的圆心,同时对应的圆弧不变,从而得到下底椭圆各连接点,如图 4-14b)所示。

(3)作两椭圆公切线,如图 4-14c)所示。

(4)擦掉不可见部分,完成圆柱的正等测投影图,如图 4-14d)所示。

2. 曲线的正等测图的画法

在实际工作中,有时还会遇到四分之一圆的正等测投影。如图 4-15a)所示,平面图中有四个圆角,即四段圆弧分别与四边形四条边相切。在正等测图中,这四段圆弧的轴测投影可视为同一椭圆的不同弧段。其画法如图 4-15b)所示,自圆弧两切线上的切点分别作直线垂直于两切线,再以此两垂线的交点为圆心作圆弧来代替椭圆弧。

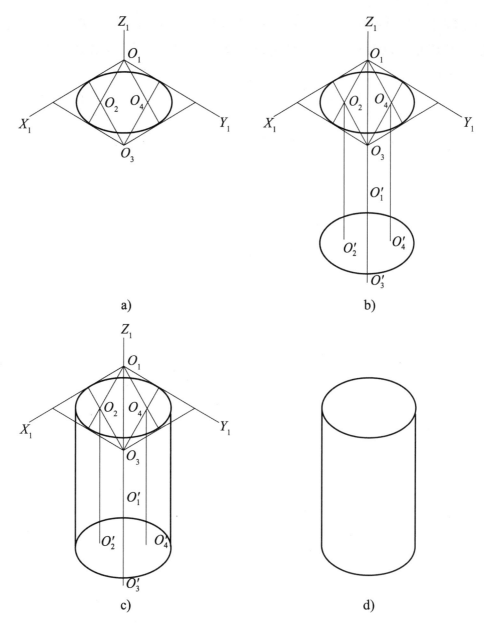

图 4-14 圆柱的正等测投影图

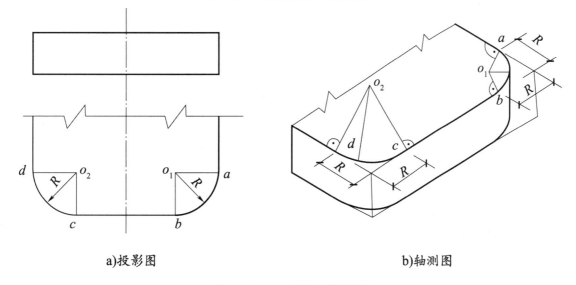

a) 投影图   b) 轴测图

图 4-15 1/4 圆的正等测图

【例4-9】 如图4-16a)所示,给出一圆端形桥墩的两面投影,画其正等测图。

解 从图中可以看出,桥墩是由基础和墩身两部分组成,其具体作法如下:

(1)先画轴测轴,再画长方形的基础,如图4-16b)所示。

(2)在基础顶面上作出墩身底面和顶面两端的半圆形,其轴测投影为椭圆的一部分,如图4-16c)所示。

(3)作上、下椭圆的切线,擦去多余的线条,整理后得到桥墩的轴测图,如图4-16d)所示。

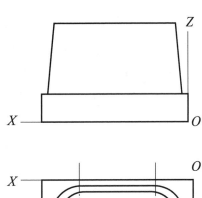
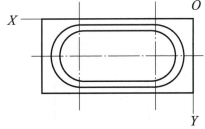

a)投影图

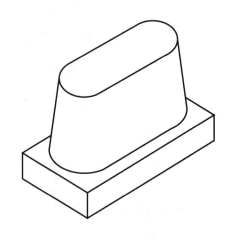

b)轴测图作图过程

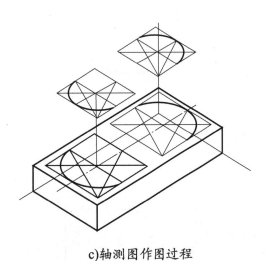

c)轴测图作图过程

d)轴测图作图过程

图4-16 桥墩的正等测图

思考与练习

一、填空题

正等测投影的轴间角为_____,轴向变化率近似于_____。

二、判断题

1. 正二测轴测投影中三个轴向变化率有两个不等。（　）
2. 在轴测图中,沿着三个轴测轴的方向可以量度长度。（　）
3. 为了简化作图,通常将正等测图的轴向变形系数取为1。（　）
4. 正等测图的轴间角可以任意确定。（　）
5. 空间直角坐标轴在轴测投影中,其直角的投影一般已经不是直角了。（　）
6. 形体中互相平行的棱线,在轴测图中仍具有互相平行的性质。（　）
7. 形体中平行于坐标轴的棱线,在轴测图中仍平行于相应的轴测轴。（　）
8. 为了作图方便,一般将变形系数简化为1,这样在画正等轴测图时,凡是平行于投影轴的线段,就可以直接按立体上相应的线段实际长度作轴测图,而不需要换算。（　）

第三节　斜轴测投影

一、斜轴测投影的概念

在轴测投影中,如果投射线与投影面倾斜时,则称为斜轴测投影。通常取 $X_1O_1Z_1$ 坐标面平行于轴测投影面,则 O_1X_1 轴和 O_1Z_1 轴的轴向变化率为1,两轴测轴的轴间角为90°。当正立面的斜轴测投影反映实形时,这种斜轴测投影又叫正面斜轴测投影,如图4-17a)所示。

在正面斜轴测投影中,由于投射方向有无穷多,故 OY 轴投影后,可以形成任意的轴向变化率和任意的轴间角,因此,OY 轴的轴向变化率和轴间角可以任意选择,一般选 O_1Y_1 的轴向变化率为1、1/2 等,O_1Y_1 轴与水平方向的夹角可以选择30°、45°、60°等。当 O_1Y_1 的轴向变化率为1时,称为斜等测图。当 O_1Y_1 的轴向变化率等于1/2时,称为斜二测图。如图4-17a)为长方体正面斜轴测图的形成,它们常用的轴向变化率和轴间角如图4-17b)所示,当 O_1Y_1 的轴向变化率采用1/2时,即得最常采用的斜二测图。

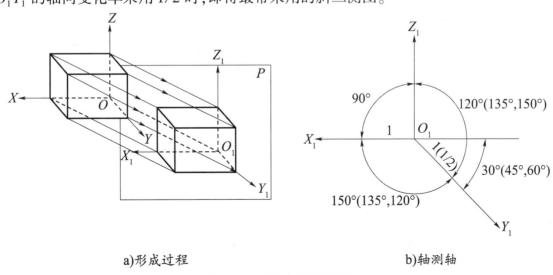

a)形成过程　　　　　　b)轴测轴

图4-17　斜轴测图的形成

二、正面斜轴测投影的画法

正面斜轴测投影的作图步骤如下：

(1) 确定形体与 $X_1O_1Z_1$ 坐标面平行的面。

(2) 画出该面在 V 面上的投影图，并根据形体的具体形状特征，过各控制点画 30°或 45°或 60°的斜线。

(3) 在斜线上按 q 取值，定出后表面上各控制点，并连接。

(4) 整理加深后即得形体的斜轴测图。

斜轴测投影形成

斜二测图的轴间角、轴向伸缩系数

挡土墙的斜二测投影图

【例 4-10】 如图 4-18a) 所示为简化后的隧道洞口的三面图，求其斜等测图。

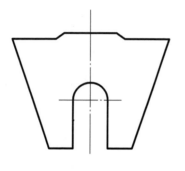

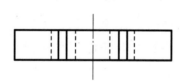

a) 投影图

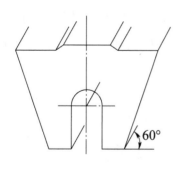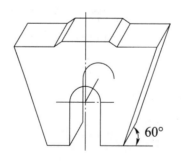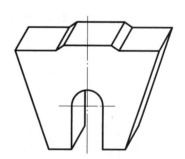

b) 轴测图的作图过程1　　c) 轴测图的作图过程2　　d) 轴测图的作图过程3

图 4-18　隧道洞口的斜等测图

解　作图步骤如下：

(1) 选取隧道洞口前面作为 $X_1O_1Z_1$ 的坐标面。

(2) 画出与立面完全相同的正面形状，并过各点画 60°的斜线，如图 4-18b) 所示。

(3) 再在斜线上按 $q=1$，定出后表面上各点，并连接。

(4)其中有段圆弧,通过圆心画60°的斜线,截取后表面圆弧圆心之后,以前弧相同半径作弧,发现其不可见,故可擦去不画,如图4-18c)所示。

(5)整理后即得隧道洞口的斜等测图,如图4-18d)所示。

【例4-11】 作如图4-19a)所示涵洞洞口的斜二测图。

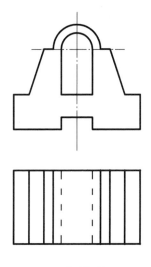

a)投影图

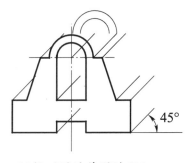

b)轴测图的作图过程1

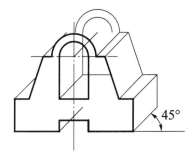

c)轴测图的作图过程2

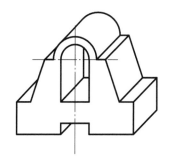

d)轴测图的作图过程3

图4-19 涵洞口的斜二测图

解 作图方法与步骤同上题,详见图4-19b)、c)、d)。

(1)选涵洞洞口前表面作为 $X_1O_1Z_1$ 坐标面。

(2)画出与V面完全相同的正面形状,并过各点画45°的斜线,如图4-19b)所示。

(3)再在斜线上按 $q=0.5$ 定出后表面上各点,并连接,如图4-19c)所示。

(4)前后两圆弧用公切线连接,整理加深后得涵洞洞口的斜二测图,如图4-19d)所示。

【例4-12】 写出立体字"中"。

解 作图步骤如下:

(1)先按笔画宽度写出"中"字,如图4-20a)所示。

(2)然后沿 Q_1Y_1 轴方向按设定字体厚度定出对应各点,如图4-20b)所示。

(3)连接整理加深即得立体字,如图4-20c)所示。

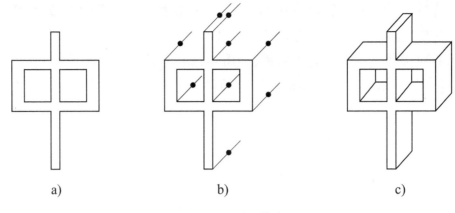

图 4-20 写立体字

想一想

如图 4-21a)所示为 T 形梁的两面投影图,你能画出它的斜二测图吗?正等测图如何画出?对比一下两者的区别。能叙述出它们的作图步骤吗?如图 4-21b)所示为 T 形梁斜二测图参考图。

a)投影图　　　　　　　　　　　　b)斜二测图

图 4-21　T 形梁的轴测图

思考与练习

一、填空题

正面斜轴测图的轴间角 $\angle X_1O_1Z_1 = $ _____。

二、判断题

1. 正面斜二测图中轴向变化率为 $p \neq q \neq r$。　　　　　　　　　　　　　　(　　)
2. 正等测图与斜二测图的轴间角完全相同。　　　　　　　　　　　　　　(　　)
3. 斜二测图的画法与正等测图的画法基本相同,只是它们的轴间角和轴变形系数不同。　　　　　　　　　　　　　　　　　　　　　　　　　　　　　　(　　)

第四节　轴测投影的选择

通过对正等测图、正面斜轴测图的分析,不难看出轴测图能比较直观地表现出形体的立体形状。但是,在这些方法中,用哪一种方法效果更好?形体如何摆放更能表现形体面貌?投影方向如何选择?这些问题必须根据形体的形状特征来分析确定。

一、轴测投影类型的选择

轴测图最重要的特性就是立体感强,直观性好。为了更直观地表达形体,应选择对形体表现有利的轴测投影类型,使形体最复杂的部分显示出来,以提高图样的直观性,尽量减少分析阅读。总之,要求图形明显、自然,作图方法简便。

? 想一想

圆的正等测和斜等测、斜二测轴测投影基本作图方法有什么区别?

当一个圆处于水平、正平、侧平位置时,在正等测轴测投影中,因空间坐标面对轴测投影面都是倾斜的,因此,平行于坐标面的圆其轴测投影都是椭圆。

斜等测、斜二测轴测投影面是和正立面(XOZ 面)平行的,所以正平圆的斜等测、斜二测轴测投影仍然是圆。如图 4-22 所示,你认为哪个图形能更好地表现形体?

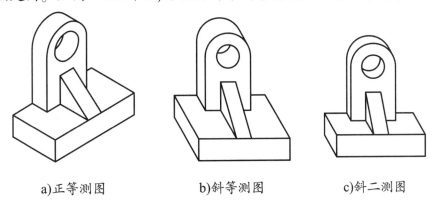

a)正等测图　　　　　b)斜等测图　　　　　c)斜二测图

图 4-22　圆的不同轴测图的选择

如图 4-23 所示的柱墩轴测图,如果采用正等测表现时,正等测的投影方向恰好使前角的竖向棱线重合,显得图样呆板;如果采用斜二测图表现时,则图样的直观性增强了。在正等测图中,三个轴间角和轴向变化率均相等,如图 4-24 所示,平行于三个坐标平面的圆的轴测投影(椭圆)画法相同,且作图方便,因此,被广泛应用。斜二测图作图简便,特别适用于正面形状复杂且前后断面全等、曲线较多的形体,如图 4-25 所示。

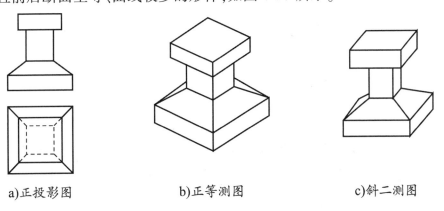

a)正投影图　　　　　b)正等测图　　　　　c)斜二测图

图 4-23　柱墩的正等测图和斜二测图

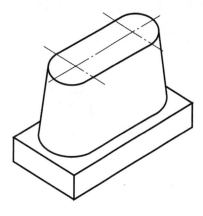

图 4-24 桥墩模型的正等测图

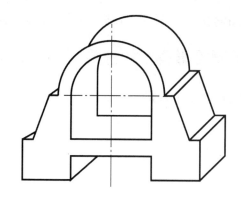

图 4-25 涵洞管节的斜二测图

二、轴测投影方向的选择

在确定了轴测图的类型以后,还须根据形体的形状选择一个适当的投影方向,使需要表达的部分更为明显。投影方向的选择,也即观察者从哪个方向去观察形体。如图 4-26 所示,画出了四种不同观察方向的斜二测图。

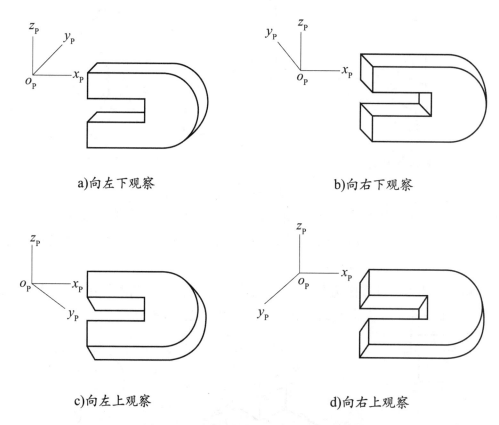

a)向左下观察　　　　　　　　b)向右下观察

c)向左上观察　　　　　　　　d)向右上观察

图 4-26 四种不同方向正面斜二测图

如图 4-27 所示为形体从不同方向投影所得的三个正等测图。其中,图 4-27b)主要显示形体的上、前、左部分;图 4-27c)主要显示形体的上、前、右部分;图 4-27d)主要显示形体的底、前、右部分。从图形的直观性来看,图 4-27b)最好,图 4-27c)次之,而图 4-27d)主要表现形体底部的形状,底部为一平板,而复杂的部分未表达出来,所以效果较差。

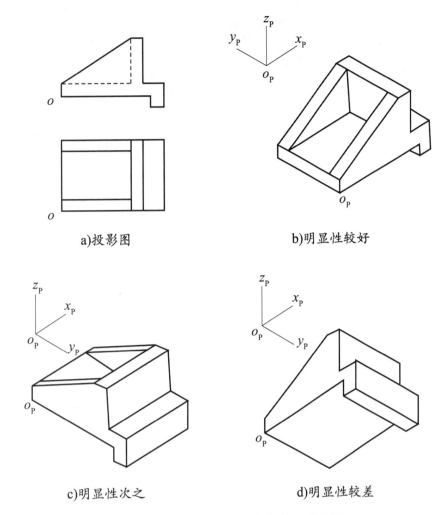

图 4-27 三种不同投影方向的正等测图

思考与练习

水平、正平、侧平位置的圆的正等测投影为_____；水平、侧平位置的圆的斜等测投影为_____；正平位置的圆的斜二测投影为_____。

小贴士

追根溯源，感受经典，轴测图在古代画作中的影子

"轴测"的本意即"沿着轴测量"，通过平行投影产生的轴测图保留了真实的距离信息，可以通过尺度缩放还原。轴测图接近于人们的视觉习惯，形象、逼真，富有立体感。

轴测图起源于中国，历史可以追溯到公元950年五代十国时期的界画（图4-28）。"界画"，顾名思义是指用界尺辅助作画，画中的建筑都用平行线推出，与现代的建筑轴测图类似。再往后，北宋王希孟的《千里江山图》和张择端的《清明上河图》中，画家也使用了类似现在轴测图的画法。

从《千里江山图》和《清明上河图》中，我们可以感受到中国古代人民的智慧，也感受到作为中国人的自豪。

图 4-28　界画

第五章 剖面图和断面图

知识目标

(1) 了解剖面图、断面图的定义、形成过程和特点。
(2) 掌握剖面图的标注方法。
(3) 掌握绘制剖面图、断面图的注意事项。
(4) 了解剖面图的类型,并能阐述其适用范围和标注规则。
(5) 掌握断面图的类型,并能阐述其与剖面图标注方法的异同。

能力目标

(1) 能识读并绘制全剖面图、半剖面图及常见工程构筑物基本的剖面图。
(2) 能识读局部剖面图、阶梯剖面图、旋转剖面图、展开剖面图。
(3) 能正确绘制移出断面图、重合断面图和中断断面图。

素质目标

(1) 增强民族自豪感。
(2) 树立严格遵守规范绘图的规则意识。

第一节 剖 面 图

? 想一想

如图 5-1 所示,桥涵、基础等结构物的内部构造都比较复杂,如何才能将物体内部表达清楚,使工程人员方便识图呢?

一、剖面图的形成

很多工程结构物都是内部比较复杂的实体,如图 5-1 所示的预应力 T 形主梁,从外部是看不到它的内部结构的。用投影图表示结构物时,内部不可见则需要采用虚线表示,但当内部结构复杂时,虚线就会太多,内、外部轮廓图线相互重叠与交错,会给识读图纸带来困难。

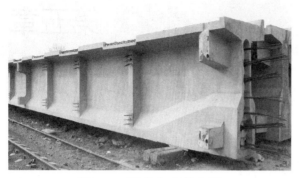

图 5-1　预应力 T 形主梁

为了方便识图,避开错综复杂的图线,将物体内部结构简洁明了地表达清楚,就必须采用剖切法。即为了能清晰地表达出物体的内部结构,假想用剖切平面将物体剖切开,将观察者与剖切面之间的部分移去,留下来的部分物体按垂直于剖切平面方向进行投影,并将剖切面与物体接触的部分画上剖面线或材料图例,这样得到的图形称为剖面图。

图 5-2a)为钢筋混凝土双柱杯形基础剖面图的形成。此基础中间有用于安装柱子的两个杯口,在图 5-2b)的 V 面、W 面投影面上均出现了虚线,图面不清晰。因此,假想用一个平行于 V 面的剖切平面 P 将基础剖切开,然后将剖切平面 P 与它前面的半个基础部分移走,将剩下的半个基础向 V 面投影,即可得到基础的剖面图,如图 5-2c)所示。剖面图中基础内部的形状与构造都能表示清楚,原来不可见的虚线变成了可见的实线。

剖面图的识图与绘制

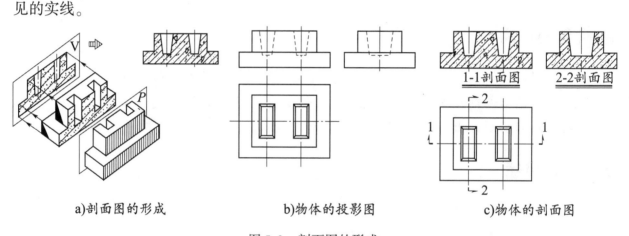

a)剖面图的形成　　　　b)物体的投影图　　　　c)物体的剖面图

图 5-2　剖面图的形成

二、剖面图的标注

为了方便识读图纸,作剖面图时,一般使剖切平面平行于某个基本投影面,使得剖面的投影反映出实形。然后在投影图上标注剖切符号,还要给每一个剖面图加上编号,如图 5-2c)所示。剖切符号由剖切位置线和投影方向线组成。

对剖面图的标注方法有如下规定:

1. 剖切位置

剖切平面平行于投影面,在与之垂直的投影面上则积聚成一条直线,这条直线就表示剖切位置,称为剖切位置线,简称剖切线。即在投影图的剖切位置画一对断开的短粗实线,长度为 6~10mm,并且不能与物体的轮廓线相交。

2. 投影方向

为了表明剖切后剩余部分物体的投影方向,在剖切位置线的两端同侧各画一段垂直的短粗实线,并画上单边箭头指明投影方向,长度为 4~6mm。

3. 剖面图编号

对于结构复杂的物体,需要同时剖切几个位置。为了避免产生混乱,对每一次剖切都要进行编号,编号应采用英文字母或阿拉伯数字来表示,并按由左至右、由上至下的顺序连续编排,标注在投影方向线的一侧且水平书写。

剖面图编号应标注在剖面图上方居中,成对书写,并以一根 5~10mm 长的细实线将成对的编号分开。图名底部应绘制与图名等长的粗、细实线,两线间距为 1~2mm。

4. 材料图例

在剖面图上,为了更清晰地区别物体被剖切的部分与没有被剖切的部分,通常在剖切平面与物体接触的部分画上剖面线或材料图例,以表明结构物的材料。工程制图中常用的材料图例见表5-1。

公路工程制图中常用的材料图例　　　　表5-1

材料名称	图例	材料名称	图例	材料名称	图例
细粒式沥青混凝土	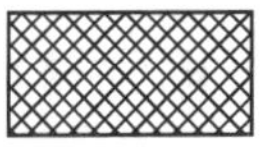	水泥稳定碎砾石		天然砂砾	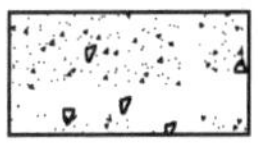
中粒式沥青混凝土	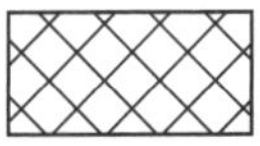	石灰土	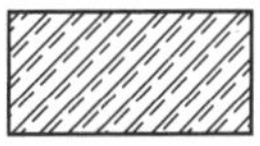	干砌片石	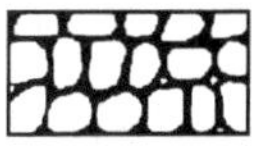
粗粒式沥青混凝土	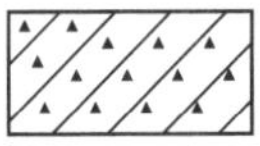	石类粉煤灰	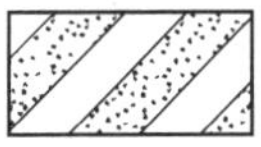	浆砌片石	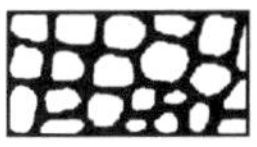
沥青碎石		石类粉煤灰土	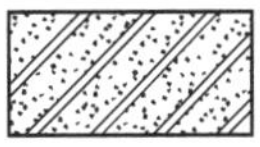	浆砌块石	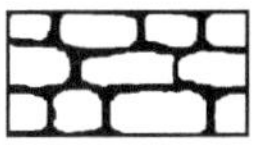
沥青贯入碎砾石	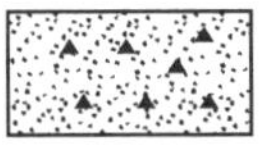	石灰粉煤灰砂砾	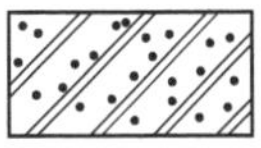	横纹木材	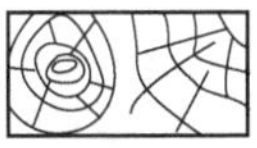
沥青表面处治		石灰粉煤灰碎砾石		纵纹木材	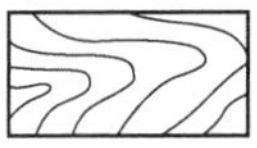
水泥混凝土	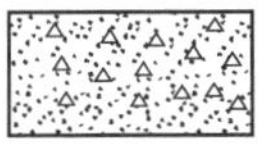	泥结碎砾石	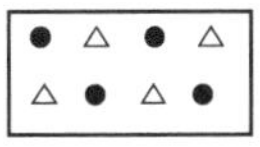	金属	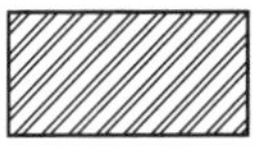
钢筋混凝土	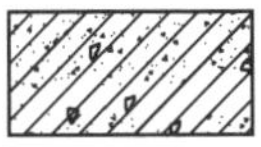	泥灰结碎砾石	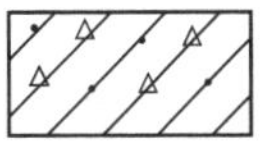	橡胶	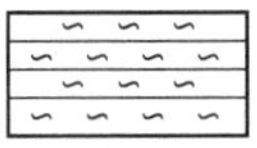
水泥稳定土	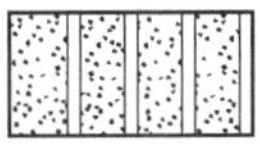	级配碎砾石	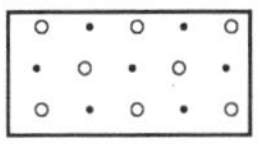	自然土壤	
水泥稳定砂砾	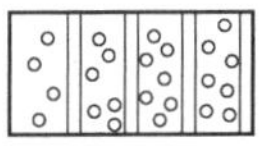	填隙碎石	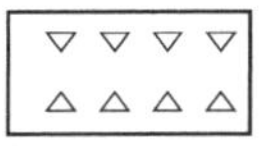	夯实土壤	

三、绘制剖面图应注意的问题

（1）剖切平面的位置要选在能完整表达物体特征的位置。剖切平面一般选用特殊位置平面，并应通过物体内部结构的主要轴线。

（2）画剖面图时，在剖切平面后面的可见轮廓线均应画出，不能遗漏；剖切平面与物体接触的部分，一般要绘出材料图例，在不指明材料时，用45°斜细实线画出图例线，间距均匀，一般为2~6mm；在同一物体的各剖面图中，剖面线方向、间距应一致。

（3）剖面图中，物体剖切后，不可见部分变为可见，应将原有的虚线改画成实线，剖面图中一般不画虚线。

（4）由于剖切平面是假想的，所以画剖面图后，并不影响其他投影图的完整性，其他投影图要完整地画出。

四、剖面图的分类

物体的形状多种多样，为了更好地了解其内部构造，可以根据物体的内部构造和外形构造选用适当的剖切方法。下面介绍常用的几种剖面图。

1. 全剖面图

当物体形状不对称，或外形比较简单、内部结构比较复杂时，假想用一个剖切平面将物体全部剖切开，然后画出物体的剖面图，这种剖面图称为全剖面图，简称全剖图。

如图5-3所示的杯形基础，为了表示它的内部布置，假想用一平行于V面的剖切平面，通过杯形基础的中心对称线将其剖开[图5-3a)]，然后画出其整体的剖面图[图5-3b)]。

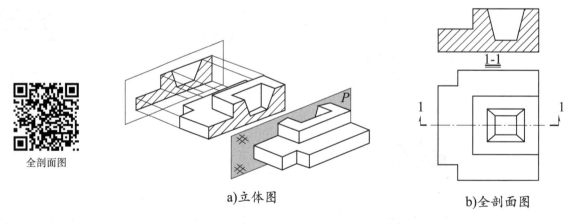

a)立体图　　　　　　　　　　b)全剖面图

图5-3　杯形基础的全剖面图

画全剖面图时应注意：

（1）物体剖切后，图上的虚线变为可见，故应将虚线改画成实线。

（2）物体剖切后，各个基本几何形体相交处已无分界线，故应将原有图线擦去。

2. 半剖面图

当物体是对称形体，而外形又比较复杂时，可以假想用一个剖切平面将物体的一半剖开，画出由半个外形正投影图和半个剖面图拼成的图形，同时表示出物体的外形和内部构造，这种剖面称为半剖面图。

在半剖面图中,规定用物体的对称中心线为分界线,一半画出投影图表示外部构造,一半画出剖面图表示内部构造。

如图5-4所示的蓄水池,可画出半个正面投影、半个侧面投影、半个平面投影以表示其外形轮廓,另外各配上半个相应的剖面图表示基础的内部构造。

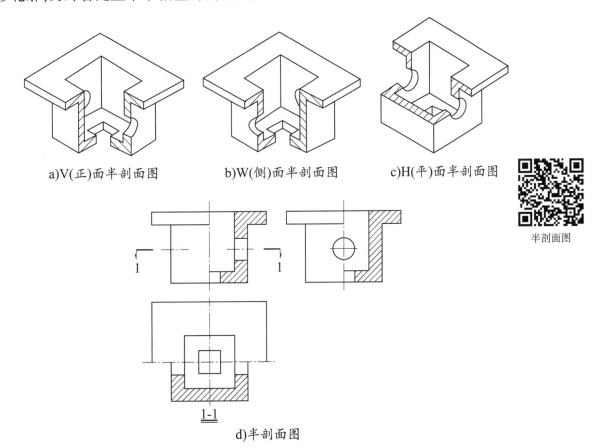

图5-4 蓄水池的半剖面图

半剖面图

画半剖面图时应注意:

(1)半外形图和半剖面图的分界线按规定画细点划线(对称线),而不画成实线。

(2)当结构左右对称时,半剖面画在投影图的右半边;当结构上下对称时,半剖面图画在投影图的下半边;当结构前后对称时,半剖面图画在投影图的前半边。

(3)全剖面图和半剖面图的剖切线相同,标注方法也相同,只有仔细识读图纸内容才能判定是全剖还是半剖。

3.局部剖面图

当物体的外形复杂、内部结构简单,完全剖开后无法表示清楚它的外形时,可以保留原投影图的大部分,只将局部地方画成剖面图。假想采用一个剖切平面局部地剖开物体来表达其内部构造的剖面图,称为局部剖面图。

局部表达的范围可根据实际需要而定,局部剖面图与投影图的分界线,应选用折断线或波浪线,不能用物体的轮廓线,也不得超出图形轮廓线。

如图5-5所示,在不影响外形表达的情况下,将杯形基础水平投影的一个角落画成剖面图,用来表示基础内部钢筋的配置情况。

局部剖面图

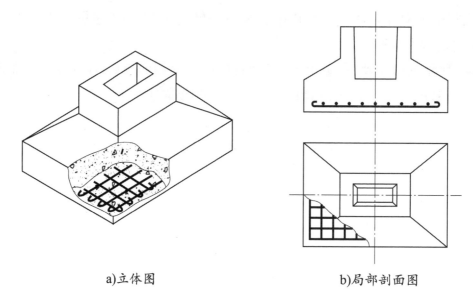

a)立体图　　　　　　　　　b)局部剖面图

图 5-5　杯形基础的局部剖面图

局部剖面图是一种比较灵活的表示方法,在不应作全剖面图(需要保留大部分外形)和不宜作半剖面图(投影图不对称)的情况下,弥补了其他表达方法的不足。

画局部剖面图时应注意:

(1)采用折断线时,构件需要全部断开,折断符号应画在被折断的图面内。波浪线多用于局部断开以表示构造层次,波浪线的起始点必须以轮廓线为界。

(2)物体为对称图形时,可以作半剖面图。但如果对称轴线恰好与物体轮廓线的投影相重合,在以下几种情况下,则不宜作半剖面图,改作局部剖面图。

①若轮廓线在物体的外表面,则少剖一些,即波浪线画在轴线的右侧。

②若轮廓线在物体的内部,则多剖一些,即波浪线画在轴线的左侧。

③若物体的外形和内部都有轮廓线,则可用图 5-6 的方法处理。

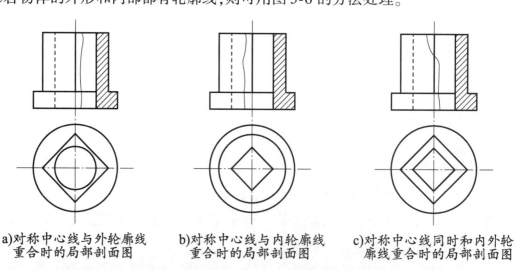

a)对称中心线与外轮廓线　　b)对称中心线与内轮廓线　　c)对称中心线同时和内外轮
重合时的局部剖面图　　　　重合时的局部剖面图　　　　廓线重合时的局部剖面图

图 5-6　中心线和轮廓线重合的局部剖面图

4. 阶梯剖面图

如果物体内部结构层次较多,采用一个剖切平面不能将物体内需要表达的内部构造全部表达时,可采用两个或两个以上相互平行的剖切平面剖切物体,所得到的剖面图称为阶梯剖面图。

如图 5-7 所示的形体,如果只用一个剖切平面 P,就不能同时剖开不在同一平面上的两个孔洞,这时可将剖切平面转折一次,采用平行的两个剖切平面,即可剖开两个孔洞。

阶梯剖面图

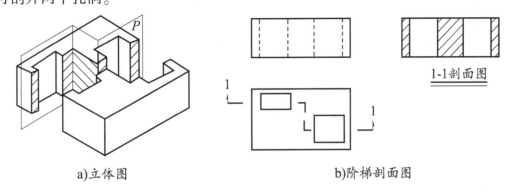

图 5-7　形体的阶梯剖面图

阶梯剖面图的转折处应成直角,在剖面图上规定不画分界线。

画阶梯剖面图时应注意:

(1)剖切的起止点和转折处均应画出剖切线,但转折处的剖切线不能与轮廓线相重合。

(2)在阶梯剖面图中,不画出剖切平面转折处产生的交线。

(3)剖切的起止点均应注明编号,转折处可不注明,但如与其他图形容易产生混淆时,转折处也应在转角的外侧加注相同的编号。

5. 旋转剖面图

采用两个相交的剖切平面剖切物体,且其交线垂直于某一投影面时,把两个平面剖切得到的图形旋转到与投影面相平行的位置再进行投影,这样得到的剖面图称为旋转剖面图。

如图 5-8 所示的圆井,用两个相交的铅垂剖切平面,沿剖切位置将井壁上不在同一直线上的孔洞剖开,然后使其中半个断面图形,绕两剖切平面的交线(投影面垂直线)旋转到另半个断面图形的平面(平行于 V 面)上,然后一起向 V 面投影。

对称物体的相交剖切面的剖面图,实际上是一个由两个不同位置的半剖面并成的全剖面。

旋转剖面图

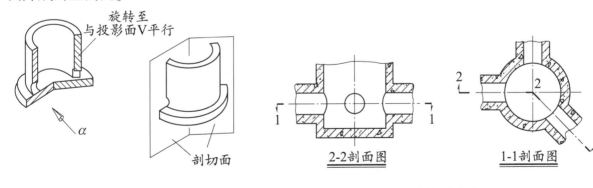

图 5-8　圆井的旋转剖面图

画旋转剖面图时应注意:

(1)旋转剖面图的标注要求与阶梯剖面图相同。

(2)画旋转剖面图时,在剖切平面后面的其他结构仍按原来的位置投影。

6. 展开剖面图

为了清晰表达出曲线形物体的内部结构,可采用曲面或平面与曲面组合而成的垂直面(可随着工程构造物中线的弯曲而弯曲),然后将剖切后的物体展开拉直,使它平行于投影面进行投影,这样画出的剖面图称为展开剖面图。

如图5-9所示为弯道梁桥,桥的平面图为直线和圆弧合成的图形,它的立面图是以桥面中心线展开后画的,由于对称,采用了半剖的画法。路线的纵断面图就是展开剖面图。

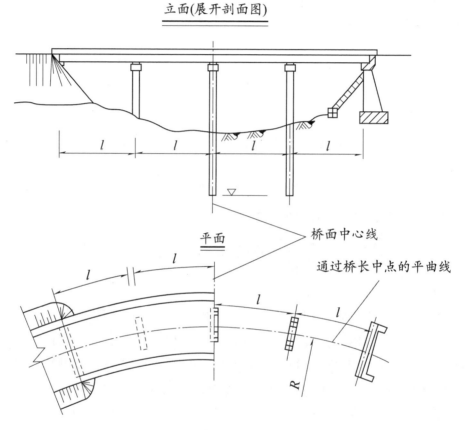

图5-9 弯桥的展开剖面图

画展开剖面图时应注意:展开剖面图的图名后应加注"展开"字样,因展开剖面图将物体剖切开后需要将物体进行旋转,因此,有时也称为旋转剖面图。

◆ 小贴士 ▶

穿墙透壁——剖视中国经典古建筑

中国的古代建筑,因地理位置、气候变化、文化信仰及风俗习惯的不同而各具特色,典型的建筑有四合院、徽派建筑、客家土楼等。这些建筑有着精致讲究的设计结构,表面看起来神秘莫测,但通过古建筑的剖面图,我们可以揭开这层神秘面纱。

无论是尺度宏大的宫殿寺院,还是因地制宜的民居,或是亭台水榭著名园林,通过能彰显各个古建筑特色的剖视彩图,使人进入时光隧道,甚至穿墙破壁,领略古代匠师高超的工艺技术,体验每一座古建筑令人惊艳的空间美感……

二宜楼是一座历经两百多年风雨却依旧坚固宏伟，有着极致结构的夯土建筑。它始建于公元1740年，历时30年完工，占地面积约9300m²，是我国现存单体最大的圆形土楼，有"土楼之王、国之瑰宝"的美誉。2008年7月，中国福建土楼被列入《世界遗产名录》。由二宜楼、东阳楼和南阳楼组成的大地土楼群，则是福建土楼的重要代表之一。圆墙黑瓦、内敛庄重，不仅承载着中原先民坚韧、守望、和谐持家的传统理念，更传递着华安人祖祖辈辈凝聚力量、向往和平的美好愿望。

福建土楼二宜楼

剖面图可以反映出形体或建筑构件内部的材料和构造，同时也能反映出剖切面后面的所有轮廓，即将原来不可见的轮廓变为可见轮廓，如图5-10、图5-11所示。

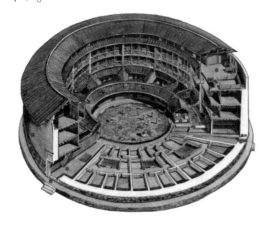

图5-10 二宜楼剖视图
（摘自《穿墙透壁剖视中国经典古建筑》（李乾朗）一书）

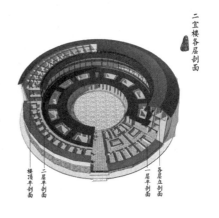

图5-11 二宜楼各层剖面
（摘自张靖/星球研究所）

思考与练习

1. 什么叫剖面图？
2. 剖面图有几种类型？各适用于什么样的形体？
3. 剖面图应如何进行标注？

第二节 断面图

? 想一想

有些物体需要表达内部结构，但又没有必要画出剖面图时，可用断面图来表示。那么，断面图与剖面图有什么区别？如何选择断面图才能更简化物体的表达呢？

一、断面图的形成

如图5-12所示，假想用一个剖切平面剖切物体，用正投影方法，只绘出与剖切平面相接触部分的图形,称为断面图,简称断面。断面图也是截交线围成的平面图形。

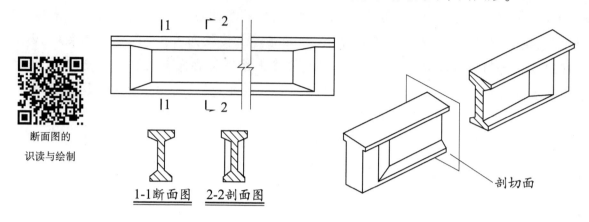

图 5-12 断面图的形成

二、断面图的标注

断面图的剖切符号用剖切位置线表示。剖切位置线用粗实线来表示,长度为 6~10mm。

断面图标注的编号,方法与剖面图相同,写在剖切位置线的一侧,数字所在的一侧就是投影方向。

断面图也要在剖切平面与物体接触的部分(即断面处)绘出材料图例,在不指明材料时,也可以用45°斜细实线绘出断面线。

三、剖面图与断面图的区别

剖面图与断面图的区别,如图 5-13 所示。

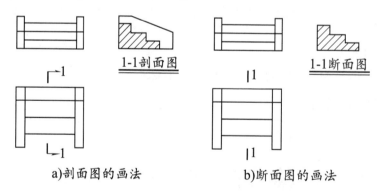

a) 剖面图的画法　　　　b) 断面图的画法

图 5-13 剖面图与断面图的区别

(1)剖面图主要用来表示物体被剖切后的形状,需要画出物体被剖开后整个余下部分的投影,是"体"的投影。断面图主要用来表示物体某一位置的断面形状,只画物体被剖开后断面的投影,是"面"的投影。剖面图中包含断面图。

(2)剖面图用剖切位置线、投影方向线和编号来表示。断面图则只标注剖切位置线与编号,不画出投射方向线,用编号的注写位置来代表投影方向。

(3)剖面图可用两个或两个以上的剖切平面进行剖切,断面图的剖切平面通常只能是一个单一的平面。

四、断面图的分类

根据布置位置的不同,断面图分为移出断面图、重合断面图、中断断面图三种。

断面图的形成

1. 移出断面图

移出断面图是指将断面图画在物体投影图外面的断面图。

如图 5-14 所示,为了表示构件的断面形状,将断面图画在投影图的外边。

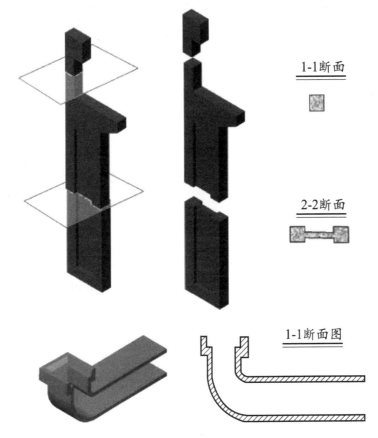

图 5-14　移出断面图

画移出断面图时应注意:移出断面图的轮廓用粗实线绘制,当一个物体有多个断面图时,应将各断面图按顺序依次整齐地排列在投影图的附近,如图 5-14 所示。

2. 重合断面图

重合断面图是指将断面图与物体投影图重叠画在一起的断面图。

如图 5-15 所示为角钢的重合断面图,直接将角钢的断面图画在投影图内。

画重合断面图时应注意:

(1)将剖切后的断面旋转 90°与物体投影图画在一起,重合断面图的轮廓线用细实线来画,可以不加标注。

(2)当重合断面图的轮廓线与物体投影图的轮廓线重合时,投影图的轮廓线不能间断,仍采用粗实线来画。

3. 中断断面图

中断断面图是指将断面图画在物体投影图断开处的断面图。这种断面图适用于较长且均匀变化的杆件和各种型钢。

如图 5-16 所示为角钢的中断断面图,直接将角钢的断面图画在图形的断开处。

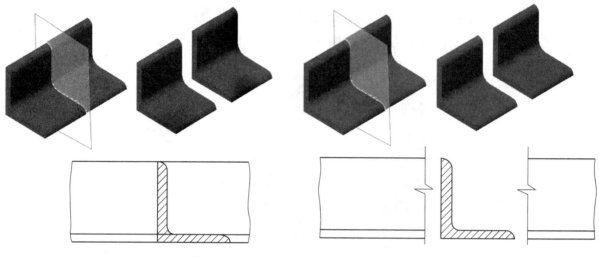

图 5-15　角钢的重合断面图　　　　　图 5-16　角钢的中断断面图

画中断断面图时应注意:
(1)中断断面图的轮廓线用粗实线来画,可以不加标注。
(2)画中断断面图时,应采用折断线将物体断开,且断开的两端应对称。

知识拓展

剖面图和断面图的规定画法和简化画法

在不影响物体完整性和清晰的情况下,为了节省绘图时间,剖面图、断面图的绘制有一些规定画法或简化画法,但需要注意以下几个方面:

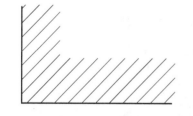

图 5-17　较大面积的断面符号可以简化

(1)较大面积的断面符号可以简化。如图 5-17 所示,物体面积过大时,可只在断面轮廓线内,沿轮廓线画平行等长的断面线。

(2)薄板、圆柱状构件(如梁的横隔板、桩、柱、轴等),当剖切平面通过其对称中心线或轴线时,均不画剖面线,但允许画出材料断面图例。如图 5-18 所示,剖切平面通过中间桩的中心对称轴线,可以不画剖面线。

(3)工程中,为了表示清楚构造物的不同材料(如不同强度等级的混凝土或砂浆等),应在同一断面上画出材料分界线,并注明材料图例或文字说明。对于两个或两个以上相邻构件的剖面,为表示区别,剖面线应画成不同倾斜方向或不同的间隔,如图 5-19 所示。

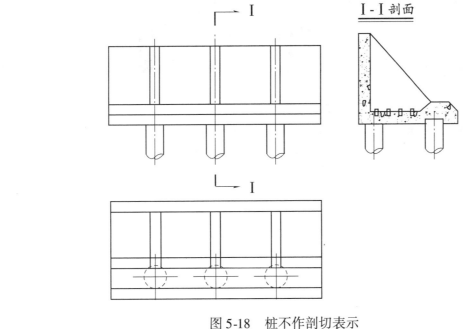

图 5-18 桩不作剖切表示

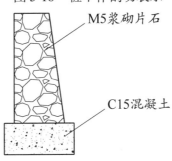

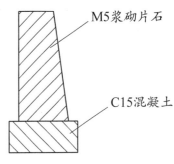

a)文字说明　　　　　　　b)注明材料图例　　　　　c)画不同倾斜方向剖面线

图 5-19 材料分界线

（4）如图 5-20 所示,当剖面图、断面图中有部分轮廓线与该图的基本轴线成 45°倾角时,可以将剖面线画成与基本轴线成 30°或 60°的倾斜细实线,以免混淆。

（5）在满足图形表达清楚的情况下,图样上实际宽度小于 2mm 的较小面积断面,可采用涂色的办法代替剖面线,也可将全部面积涂黑,但涂黑的断面间应留有空隙,如图 5-21、图 5-22 所示。

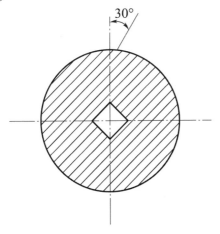

图 5-20 有 45°倾斜方向的轮廓线时的剖面线画法

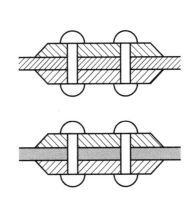

图 5-21 涂色代替剖面线

图 5-22 涂黑代替剖面线

(6) 对称图形的简化画法。对称图形可采用绘制一半或 1/4 图形的方法表示,除总体布置图外,在图形的图名前,应标注"1/2"或"1/4"字样,也可以以对称中心轴线为界,一半画一般构造图,另一半画断面图;也可以分别画两个不同的 1/2 断面。在对称中心轴线的两端,可标注对称符号,对称符号由两条平行等长的细实线组成,线段长 6~10mm,间距为 2~3mm,如图 5-23 所示。

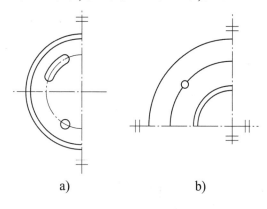

图 5-23 用对称符号

图形也可画成稍超出其对称线,即略大于对称图形的一半,此时可不画对称符号,如图 5-24 所示。这种方法必须画出对称线,并在折断处画出折断线或波浪线(适用于连续介质)。

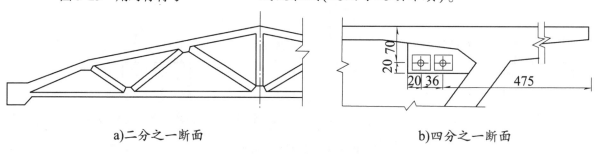

a)二分之一断面　　　　　　b)四分之一断面

图 5-24 不用对称符号(尺寸单位:cm)

(7) 相同要素的简化画法。物体内有多个完全相同而连续排列的构造要素,可仅在两端或适当位置画出其完整形状,其余部分以中心线或中心线交点表示。如果相同构造要素只在某一些中心线交点上出现,则应在相应的中心线交点处用小圆点表示,如图 5-25 所示。

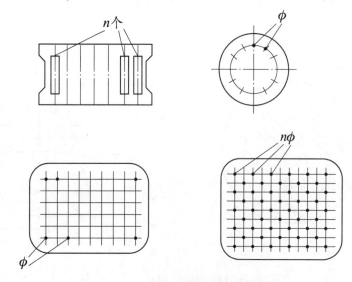

图 5-25 相同要素的简化画法

（8）折断画法。较长的构件,如沿长度方向的形状相同或按一定规律变化,可采用折断画法,如图 5-26 所示,即只画构件的两端,将中间折断部分省去不画,并在折断处画上折断线。折断线两端应超出图形轮廓线 2~3mm,其尺寸应按原构件长度标注。

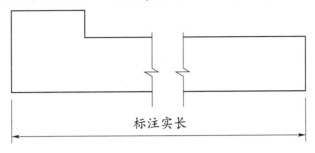

图 5-26　折断画法

（9）连接画法。若构件较长,如绘制位置不够,可分几个部分绘制,并以连接符号表示相连,如图 5-27 所示。

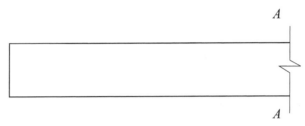

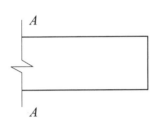

图 5-27　连接画法

A-连接编号

思考与练习

1. 什么叫断面图？断面图应如何进行标注？
2. 断面图有几种类型？
3. 剖面图与断面图有什么区别？
4. 剖面图、断面图有什么规定画法和简化画法？

第六章

标高投影

知识目标

(1) 掌握标高投影法的概念。
(2) 理解基准面、高程的概念;掌握标高投影的三要素。
(3) 掌握点、直线的标高投影的表示方法;理解直线的坡度与平距的概念。
(4) 掌握平面的等高线、坡度线和坡度比例尺的概念;掌握平面的表示法。
(5) 了解圆锥曲面、同坡曲面、地形面的表示方法。
(6) 掌握地形断面图的画法。

能力目标

(1) 在投影图中能正确进行标高投影的要素的判断。
(2) 能正确熟练绘制点、直线的标高投影;能够在直线的标高投影上作出各整数高程点。
(3) 能绘制出相交平面的交线;工程中的坡面交线、坡脚线或开挖线。
(4) 能够熟练作出圆锥曲面、同坡曲面、地形面的标高投影。

素质目标

(1) 激发职业荣誉感。
(2) 培养严谨细致的工作作风。

第一节 概 述

道路是处于大自然中的带状构造物,是在地面上修建的,因此它与地面的形状有着密切的关系。在设计和施工中,常常需要绘制表示地面起伏状况的地形图,并在图上表示工程建筑物和解决有关的工程问题。由于地面的形状比较复杂,而且水平方向的尺寸和高度方向的尺寸往往相差很大,若仍采用前面学习的三面正投影法表示,作图困难,且难以表达清楚,因此,在工程实践中常采用标高投影法来表示地形图,如图6-1所示。

物体的水平投影确定了之后,其正面投影的主要作用是提供物体上的点、线或面的高度。如果知道了这些高度,那么只用一个水平投影也能够确定空间物体的形状和位置。如

图 6-2 所示,画出四棱台的平面图,在其水平投影上标注出其上、下底面的高程数值 2.000 和 0.000;为了增强图形的立体感,斜面上画出示坡线;为度量其水平投影的大小,再给出绘图比例或者画出图示比例尺。这种在物体的水平投影上加注某些控制点、线及某些特征面的高程数值和绘图比例来表示空间物体的方法即为标高投影法。

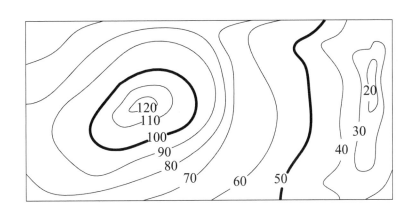

图 6-1 地形示意图

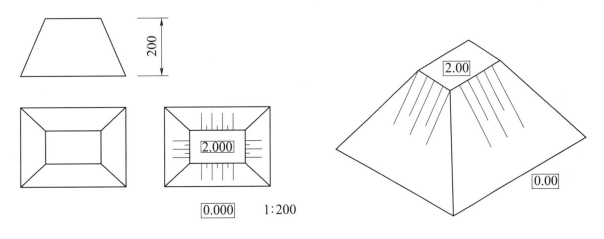

图 6-2 四棱台平面图及立体图

1. 标高投影

标高投影包括水平投影、高程数值、绘图比例三要素。

标高投影图是一种单面正投影图,即水平投影。其长度单位,如果图中没有注明,则单位以米计。除了地形面以外,也常用标高投影法来表示其他一些复杂曲面。

2. 基准面

在标高投影中,水平投影面 H 被称为基准面。

3. 高程

高程就是空间点到基准面 H 的距离。一般规定:H 面的高程为零,H 面上方的点高程为正值,H 面下方的点高程为负值,如图 6-3 所示。高程的单位常用米(m),在图上一般不需注明。

在实际工作中,地形图通常以我国青岛附近的黄海平均海平面作为基准面,所得的高程称为绝对高程,否则称为相对高程。

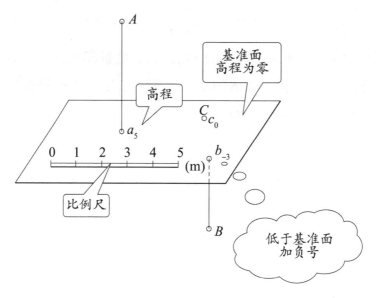

图 6-3　高程

❓ 想一想

标高投影是一种带有数字标记的单面正投影,这种说法是否正确?

第二节　点和直线的标高投影

一、点的标高投影

将点向 H 面作正投影,然后在其右下角标出该点到 H 面的实际距离(即高程数字),即得到该点的标高投影。

如图 6-4a)所示,表示图 6-3 中 A、B、C 三点与水平面的空间位置;图 6-4b)表示的是三点的标高投影。选水平投影面 H 为基准面,其高程为零,点 A 在 H 面上方 5m,点 B 在 H 面下方 3m,点 C 在 H 面上。若在 A、B、C 三点的水平投影 a、b、c 的右下角标出其高度数值 5、-3 和 0,就可得到 A、B、C 三点的标高投影。高度数值 5、-3 和 0 称为高程。为了表示几何元素间的距离或线段的长度,标高投影图中都要附上绘图比例尺。

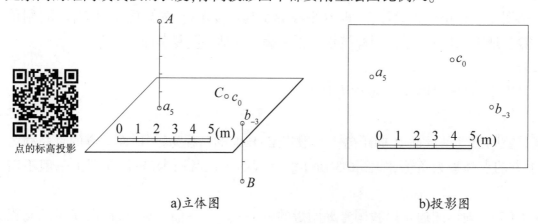

a)立体图　　　　　　　　　　b)投影图

图 6-4　点的标高投影

二、直线的标高投影

1. 直线的标高投影表示方法

(1) 用直线的水平投影并标注直线上两个端点的高程来表示,如图 6-5 所示。图中的 a_3b_4、c_3d_3 为直线 AB、CD 的标高投影,其中 CD 为一水平线。

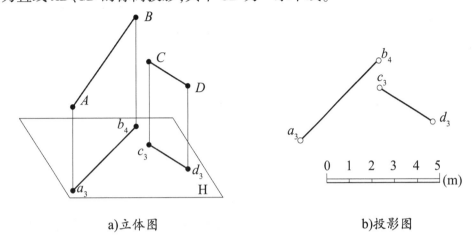

a)立体图　　　　　　　　　b)投影图

图 6-5　直线的标高投影表示法一

(2) 用直线上一点的标高投影并标注直线的坡度和方向来表示,如图 6-6 所示。

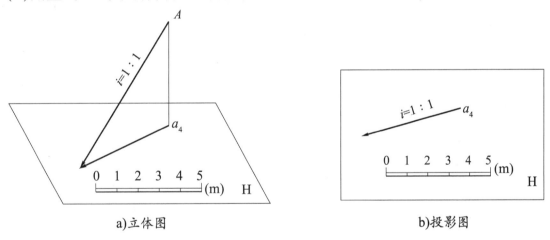

a)立体图　　　　　　　　　b)投影图

图 6-6　直线的标高投影表示法二

图 6-6b) 中直线的方向用箭头表示,箭头指向下坡,1∶1 表示该直线的坡度。

2. 直线的坡度与平距

直线的坡度(i)是直线上的两点之间的高度差 H 与两点间水平距离 L 之比,如图 6-7a) 所示。

$$\text{坡度}\ i = \frac{\text{高差}\ H}{\text{水平距离}\ L} = \tan\alpha$$

如图 6-7b) 所示,直线 AB 的高 $H = 3\text{m}$,用比例尺量得其水平距离 $L = 4.5\text{m}$,则该直线的坡度 $i = H/L = 3/4.5 = 1/1.5$,一般写作 1∶1.5。

直线的平距 l 是指直线上两点的高度差为 1 单位时,两点间的水平距离,如图 6-8 所示。

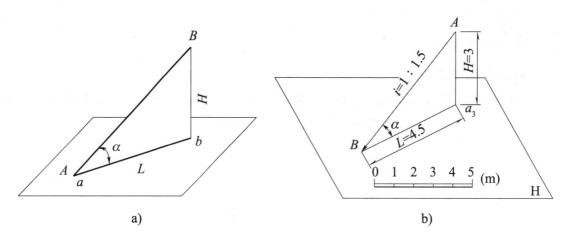

图 6-7 直线的坡度

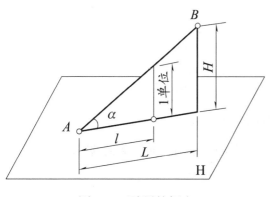

图 6-8 平距的概念

$$平距\ l = \frac{水平距离\ L}{高差\ H} = \cot\alpha = \frac{1}{i}$$

若已知直线上两点之间的高差和平距,则可以利用公式 $L = l \cdot H$ 计算出两点间的水平距离 L。由坡度和平距的公式可知,坡度和平距互为倒数,即 $i = 1/l$。

【例 6-1】 如图 6-9 所示,直线 AB 的标高投影 $a_{36}b_{26}$ 和直线上点 C 到点 A 的水平距离 $L_{AC} = 15\text{m}$,如何求得直线 AB 的坡度、平距和点 C 的高程?

解 用图中的比例尺量得 $L_{AB} = 30\text{m}$, $H_{AB} = 36 - 26 = 10(\text{m})$

则直线 AB 的坡度 $i = \dfrac{H_{AB}}{L_{AB}} = \dfrac{10}{30} = \dfrac{1}{3}$

坡度和平距互为倒数,则直线 AB 的平距 $l = \dfrac{1}{i} = 3$

直线上任意两点间坡度相同,即 $\dfrac{H_{AC}}{L_{AC}} = i = \dfrac{1}{3}$

则可得 $H_{AC} = L_{AC} \cdot i = 15.0 \times \dfrac{1}{3} = 5.0(\text{m})$

所以 C 点的高程为 $H_C = H_A - H_{AC} = 36 - 5 = 31(\text{m})$

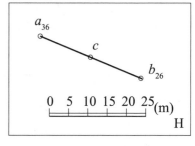

图 6-9 求直线的坡度、平距和点 C 的高程

3. 直线的实长和整数高程点

(1) 直线的实长和倾角

在标高投影中,求直线的实长,可以采用正投影中的直角三角形法。如图 6-10 所示,以直线的标高投影作为直角三角形的一条直角边,以直线两端点的高差作为另一条直角边,用给定的比例尺作出直角三角形后,斜边即为直线的实长。斜边和标高投影的夹角为直线与水平面的倾角 α。

(2) 直线上整数高程点的确定

在实际工作中,直线两端点常常是非整数高程点,但很多时候需要知道的是直线上各整

数高程点的位置。解决这类问题,可如图 6-11a)所示,按下列步骤进行:

①假想在过直线 $a_{3.3}b_{8.6}$ 的铅垂面上,平行于 $a_{3.3}b_{8.6}$ 作互相平行且间距相等的七条等高线,令其高程为 3、4、5、6、7、8、9。

②由直线标高投影的两端点 $a_{3.3}$、$b_{8.6}$ 作平行线组的两垂线,在两垂线上按高程 3.3 和 8.6 确定 A、B 两点的位置。

③连接 A、B 点,直线 AB 与平行线组的交点分别为 C、D、E、F、G。

④从各交点向标高投影 $a_{3.3}b_{8.6}$ 直线上作垂线,得到的垂足即为直线上的各整数高程点 c_4、d_5、e_6、f_7、g_8。

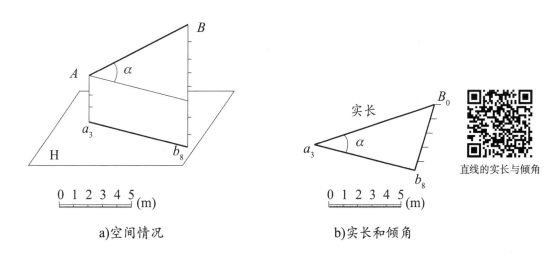

图 6-10 直角三角形法求直线的实长和倾角

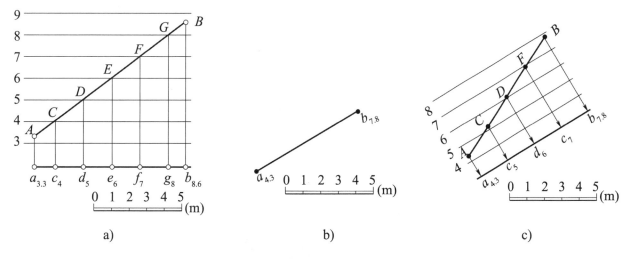

图 6-11 求直线的整数高程点

如果图 6-11a)中平行线组的间距采用比例尺的单位长度,则相邻整数高程点间的距离为平距,例如斜线 AB 即为实长,AB 与水平线的夹角即为倾角。

如图 6-11b)为已知,欲求图中直线上的各整数高程点,可采用上述相同的步骤,即得图 6-11c),完成所求。

思考与练习

一、填空题

1. a_4 表示 A 点到基准面的距离为_____。
2. 已知直线 AB 的高差 $H = 3m$,用比例尺量得其水平距离 $L = 6m$,则该直线的坡度_____。
3. 已知直线 AB 的坡度 $i = 2:3$,其水平距离 $L = 6m$,则 A 点与 B 点的高差 $H =$ _____。
4. 坡度 i 和平距 l 之间的关系是_____。

二、判断题

1. 直线上两点之间的水平距离和它们的高差之比,称为直线的坡度。 （ ）
2. 坡度和平距之间没有任何关系。 （ ）

三、作图题

1. 已知直线 AB 两端点的高程,如图 6-12 所示,求该直线的坡度 i（比例为 1:100）。
2. 已知直线 AB 两端点的高程,如图 6-13 所示,求该线段的坡度并定出线段上高程为整数的各点。

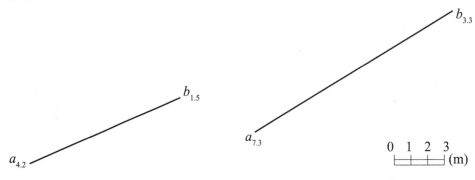

图 6-12　直线 AB 标高投影示意图一　　图 6-13　直线 AB 标高投影示意图二

第三节　平面的标高投影

一、平面的标高投影相关概念

1. 等高线

某个面（平面或曲面）上的等高线是该面上高程相同的点的集合,也可以看成是水平面与该面的交线,如图 6-14a）所示。平面的等高线就是平面上的水平线,在工程实践中常用平面上的整数高程的水平线为等高线,相邻等高线的高差一般取整数,如 1m、5m 等,并且把平面与基准面的交线作为高程为零的等高线。

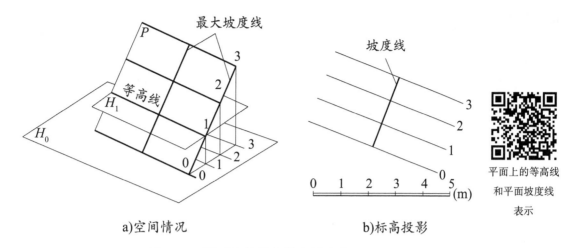

a) 空间情况　　　　b) 标高投影

图 6-14　平面上的等高线和坡度线

平面上的等高线具有以下一些特征：

(1) 等高线是一组互相平行的直线。

(2) 相邻等高线的高差相等时，其水平间距也相等。

2. 平面的坡度线和平面的平距

如图 6-14 所示，平面上的最大坡度线为与平面上的等高线（水平线）垂直的直线，其与基准面的坡度即为该平面的坡度。平面的最大坡度线与等高线互相垂直，根据直角投影定理，最大坡度线的投影与等高线的投影也互相垂直。

如图 6-14b) 中相邻等高线的高差为 1m 时，它们的水平间距即平距。最大坡度线的平距也是平面的平距，它反映了平面上高差为一个单位时，相邻等高线间的水平距离。

3. 平面的坡度比例尺

最大坡度线的投影附以整数高程，并画成一粗一细的双线，称为平面的坡度比例尺，如图 6-15 所示。P 平面的坡度比例尺用字母 P_i 表示。坡度比例尺三要素为最大坡度线的投影、整数高程点、比例尺形式。

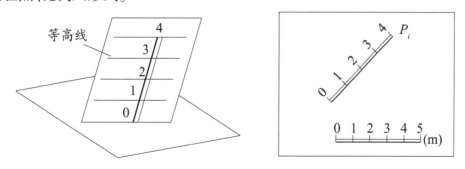

图 6-15　平面的坡度比例尺

二、平面的表示法

1. 等高线表示法

在实际应用中，我们一般采用高差相等、高程为整数的一组等高线来表示平面，这是表示平面的基本形式。基准面 H 上的等高线是高程为零的等高线。如图 6-16a) 所示，由比例尺量得该平面的等高线间的水平距离是1,即平面的平距是1,则我们可以计算出该平面的坡度为1:1。

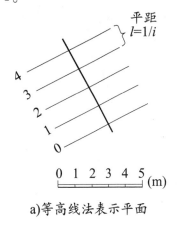

a)等高线法表示平面

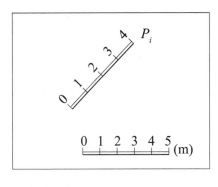

b)坡度比例尺法表示平面

图 6-16　等高线、坡度比例尺表示平面

?　想一想

图 6-16a)中可以直接量到的是坡度？还是平距？

2. 坡度比例尺表示法

坡度比例尺表示法本质上就是最大坡度线表示法,如图 6-16b)所示。

已知坡度比例尺,可以根据等高线与坡度比例尺相互垂直的关系,在各整数高程点作坡度比例尺的垂线,得平面上的等高线。平面对基准面的倾角可以利用直角三角形法求得。

如图 6-16b)所示,坡度比例尺的方向和位置已经给定,平面的方向和位置也就随之确定。过坡度比例尺上的各整数高程点作出它的垂线,就得到了平面上相应高程的投影线。但要注意的是,在用坡度比例尺表示平面时,标高投影的比例尺或比例一定要给出。

3. 用平面上的一条等高线和平面的坡度表示平面

图 6-17 表示一个平面。已知平面上的一条等高线,就可以定出最大坡度线的方向,由于平面的坡度已知,该平面的方向和位置就确定了。图 6-17c)表示的是作平面上的等高线的方法。首先,根据坡度求出等高线的平距为2,接着作已知等高线的垂线,在垂线上按所给比例截取平距,即可作出平面上一系列等高线的标高投影。

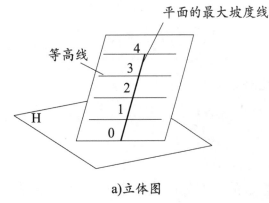

a)立体图　　　　b)表示方法

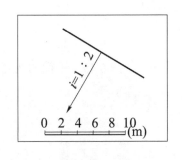

c)作等高线

图 6-17　一条等高线和平面的坡度表示平面

4. 用平面上一条非等高线和该平面的坡度与倾向表示平面

如图 6-18 所示为一高程为 8m 的水平场地及一坡度为 1:3 的斜坡引道,斜坡引道两侧的倾斜平面 ABC 和 DEF 的坡度均为 1:2,这种倾斜平面可以用平面内一条倾斜直线的标高投影加上该平面的坡度和倾向来表示。如图 6-18b) 所示,图中 a_5b_8 旁边的箭头只是表明该平面向直线的某一侧倾斜,并不代表该平面的坡度线方向,坡度线的准确方向需要作出平面上的等高线后根据互相垂直的关系才能确定,所以用细虚线表示。

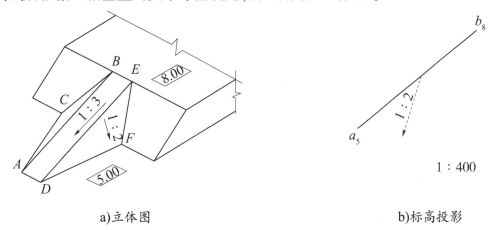

a)立体图　　　　　　　　　　　b)标高投影

图 6-18　一条非等高线和平面的坡度与倾向表示平面

图 6-19 表示了该平面上等高线的作法,过 a_3 有一条高程为 3 的等高线,过 b_6 有一条高程为 6 的等高线,这两条等高线之间的距离 $L_{AB} = (1/i) \cdot H_{AB} = 0.6 \times 3 = 1.8(\text{m})$。因此,以 b_6 为圆心,以 $R = 1.8\text{m}$ 为半径,向平面的倾斜方向画圆弧。然后过 a_3 作圆弧的切线,即得高程为 3m 的等高线。再把 a_3b_6 分成三等份,等分点为直线上高程为 4m、5m 的点,过各等分点作直线与等高线 3 平行,就得到平面上高程为 4m、5m 的两条等高线。

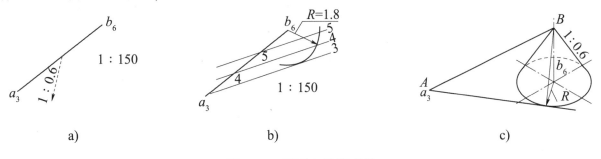

a)　　　　　　　　　b)　　　　　　　　　c)

图 6-19　平面上的等高线

三、两平面的相对位置

1. 平行

如果两平面平行,那么它们的坡度比例尺相互平行,等高线也相互平行,平距相等,且高程数字的增减方向也一致,如图 6-20a) 所示。

2. 相交

在标高投影中,两平面上相同高程的等高线交点的连线就是两平面的交线。

两平面相交产生一条交线,可利用辅助平面法在相交平面上求得两个共有点,它们的连线即为两平面的交线。通常采用水平面作为辅助面,如图 6-20b) 所示,水平辅助面与 P、Q

两平面的交线是高程为 3 和 4 的两条等高线,两等高线的交点就是两平面的共有点,连接 a_3、b_4 两点,就得到了两平面的交线。

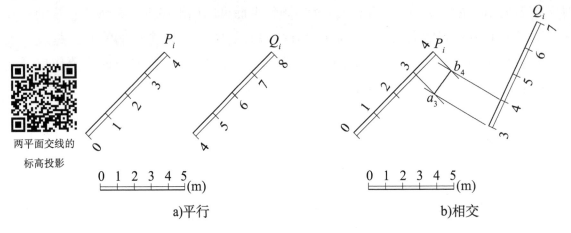

图 6-20　两平面的相对位置

【例 6-1】　如图 6-21 所示,已知两平面,求它们的交线。

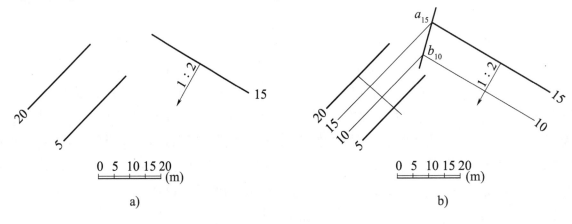

图 6-21　求两平面的相交线

解　在两平面内作出高程相同的等高线 15m 和 10m(或其他相同高程),分别得到 a_{15}、b_{10} 两个交点,连接两点,则 $a_{15}b_{10}$ 即为两平面交线的标高投影。

四、求坡面交线、坡脚交线或开挖线

在工程中,把构筑物相邻两坡面的交线称为坡面交线,填方形成的坡面与地面的交线称为坡脚线,挖方形成的坡面与地面的交线称为开挖线。

在工程中,倾斜坡面可以用长短相间的细实线图例来表示,这种细实线图例即为示坡线,它与等高线垂直,短线画在高的一侧。

【例 6-2】　已知主堤和支堤相交,顶面高程分别为 5m 和 4m,地面高程为 2.00m,各坡面坡度如图 6-22a)所示,试作相交两堤的标高投影图。

解　作图步骤如下[图 6-22c)]:

(1)求坡脚线。以主堤为例,先求堤顶边缘到坡脚线的水平距离 $L = H/i = (5-2)/1 = 3(m)$,再沿两侧坡面坡度线方向按比例量取,过零点作顶面边缘的平行线,即得主堤两侧坡面的坡脚线。用同样方法作出支堤的坡脚线。

(2) 求支堤顶面与主堤坡面的交线。支堤顶面高程为4m,与主堤坡面交线就是主堤坡面上高程为4m的等高线中的 b_4c_4 一段。

(3) 求主堤坡面与支堤坡面的交线。它们的坡脚线交于 a_2、d_2,连接 a_2、b_4 和 c_4、d_2,即得坡面交线 a_2b_4 和 c_4d_2。

(4) 将结果检查加深,画出各坡面的示坡线。

求坡面交线

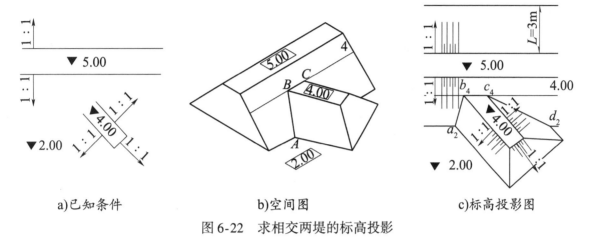

a) 已知条件　　　　b) 空间图　　　　c) 标高投影图

图 6-22　求相交两堤的标高投影

思考与练习

一、填空题

1. 在工程中,把建筑相邻两坡面的交线称为坡面交线,坡面与地面的交线称为坡脚线,即填方线和_____。

2. 平面与基准面的交线是高程_____的等高线。

3. 最大坡度线的投影附以整数高程,并画成一粗一细的双线,称为平面的_____。

二、判断题

1. 等高线是一组互相平行的直线。　　　　　　　　　　　　　　　　　　　( )
2. 示坡线与等高线垂直,用来表示坡面,短线画在矮的一侧。　　　　　　　( )
3. 坡度比例尺和比例尺一样,是比例的一种表示方法。　　　　　　　　　　( )

三、作图题

求作如图 6-23 所示平面上高程为 0 的等高线。

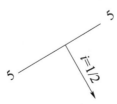

图 6-23　等高线示意图

第四节　曲面的标高投影

在标高投影中表示曲面,常用的方法是假想用一系列高差相等的水平面与曲面相截,画出这些截交线(即等高线)的水平投影,并标明各等高线的高程。工程上常见的曲面有锥面、同坡曲面和地形面等。

一、圆锥面的标高投影

如图 6-24 所示,圆锥的底圆置于水平面上,用一组等间隔的水平面截割圆锥面,得到圆锥面上的一组等高线圆,这些圆的水平投影上标注高程数字,可以表示圆锥面。对于正圆锥,这些圆都是同心;对于斜圆锥,这些圆是偏心的。圆锥正放时,等高线的高程越大,则圆的直径越小;圆锥倒放时,等高线的高程越大,圆的直径也越大。

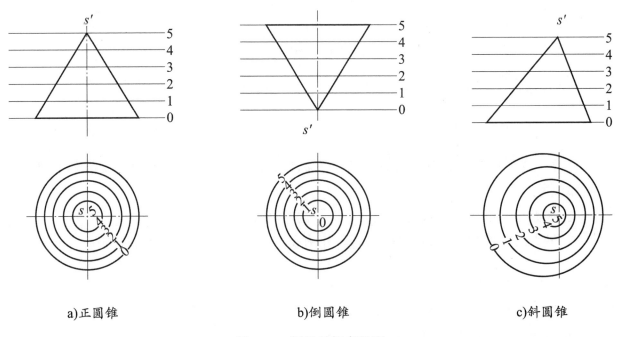

a)正圆锥　　　　　　　　b)倒圆锥　　　　　　　　c)斜圆锥

图 6-24　圆锥的标高投影

正圆锥面的等高线都是同心圆,当高差相等时,等高线间的水平间距相等。当锥面正立时,越靠近圆心,等高线的高程数字越大,如图 6-24a)所示;当锥面倒立时,越靠近圆心,等高线的高程数字越小,如图 6-24b)所示;非正圆锥面的标高投影如图 6-24c)所示。

绘制圆锥标高投影时,应注意以下几点:

(1)圆锥一定要注明锥顶高程,否则无法区分圆锥与圆台。

(2)在有高程数字的地方等高线必须断开。

(3)高程字头应朝向高处以区分正圆锥与倒圆锥。

(4)等高线的疏密反映了坡度的大小,锥面坡度越大,等高线越密。

如图 6-25 所示为正圆锥面的坡度线,它具有以下特点:

(1)正圆锥面的素线就是锥面上的坡度线,所有素线的坡度都是相等的。

(2)圆锥面的示坡线均应通过锥顶。

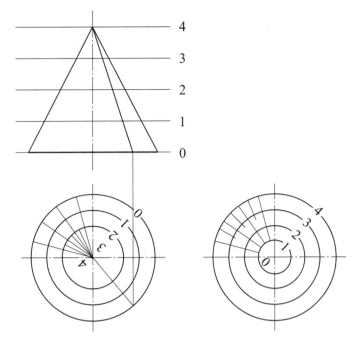

图 6-25　正圆锥面的坡度线

【例 6-3】 在一河岸与堤坝的连接处，用锥体护坡，河底高程为 160.00m，如图 6-26a)所示为已知条件，求它们的标高投影图。

解　作图步骤如下：

(1) 作坡脚线。土坝、河岸、锥面护坡各坡面的水平距离分别为 $L_1 = (170-160) \times 2 = 20(\mathrm{m})$，$L_2 = (170-160) \times 1 = 10(\mathrm{m})$，$L_3 = (170-160) \times 1.5 = 15(\mathrm{m})$。根据各坡面的水平距离，即可作出坡脚线。应注意，圆弧面的坡脚线是圆锥台顶圆的同心圆，其半径为锥台顶圆半径 R_1 与其水平距离 L_3 之和，即 $R = R_1 + L_3$，如图 6-26b)所示。

(2) 作坡面交线。各坡面高程值相同的等高线的交点即坡面交线上的点，依次光滑连接各点，即得交线，如图 6-26c)所示。

根据以上步骤即可得标高投影图，如图 6-26d)所示。

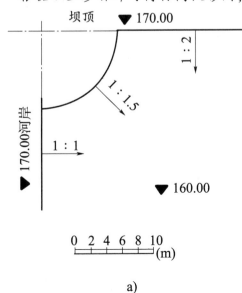

a)

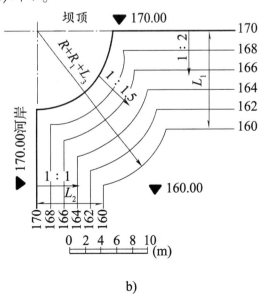

b)

图　6-26

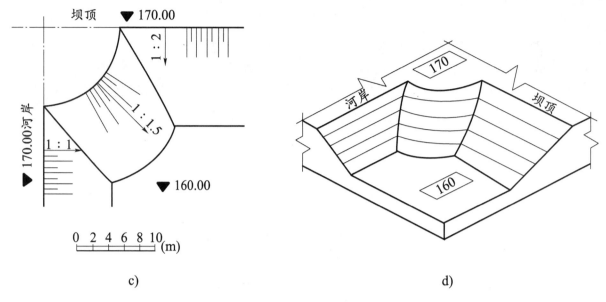

c)　　　　　　　　　　　　　　d)

图 6-26　河岸、堤坝的护坡标高投影

二、同坡曲面的标高投影

曲面上任何地方的坡度都相同,这种曲面称为同坡曲面。正圆锥面是同坡曲面的特殊情况。如图 6-27a)所示,一段倾斜的弯道,它的两侧边坡是同坡曲面。

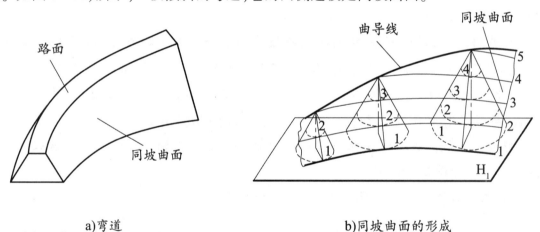

a)弯道　　　　　　　　　　b)同坡曲面的形成

图 6-27　同坡曲面

同坡曲面等高线作图

工程中常用到同坡曲面,例如道路在弯道处,不论道路有无纵坡,其边坡都是同坡曲面。同坡曲面的形成如图 6-27b)所示,以一条空间曲线作为导线,一个正圆锥的锥轴始终垂直于水平面,锥顶沿着空间曲导线运动形成直圆锥的包络曲面。

绘制同坡曲面的标高投影时,应注意以下几点:

(1)运动的正圆锥在任何位置都与同坡曲面相切。

(2)同坡曲面与圆锥面的切线为曲面在该处的最大坡度线,且坡度与正圆锥的坡度相同。

(3)两个相切的曲面与同一水平面的交线必然相切,即同坡曲面的等高线与正圆锥面上同高程的等高线相切。

【例6-4】 图6-28a)所示为一弯曲倾斜的支路与干道相连,干道顶面高程为24.00m,地面高程为20.00m,弯曲引道由地面逐渐升高与干道相连,画出坡脚线与坡面交线。

解 (1)计算出边坡平距,$l=1/1=1$(单位)。

(2)在坡顶线上(同坡曲线的导线)定出曲导线上整数高程点a_{21}、b_{22}、c_{23}、d_{24}。

(3)分别以整数高程点a_{21}、b_{22}、c_{23}、d_{24}为圆心,以$R=1、2、3、4$为半径画同心圆,得出各个正圆锥的等高线。

(4)作正圆锥上相同高程等高线的公切曲线(包络线),即得边坡的等高线。

(5)用前面介绍的平面标高投影中的方法作出支路与干道边坡的交线,如图6-28b)所示。

填挖分界线

(6)将图线加深,并画上示坡线,完成作图,如图6-28c)所示。

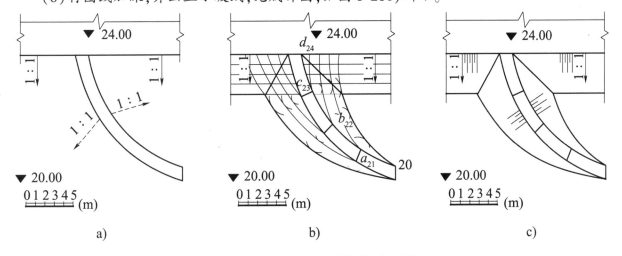

图6-28 求支路与干道的标高投影

三、地形面的标高投影

地形面是一个不规则曲面,在标高投影中仍然是用一系列等高线来表示。假想用一组高差相等的水平面切割地形面,截交线即是一组不同高程的等高线,如图6-29所示。画出等高线的水平投影,并标注其标高值,即为地形面的标高投影,通常也叫地形图。

地形面上的等高线有下列特性:

(1)等高线一般是封闭的不规则的曲线(在有限的图形范围内可不封闭)。

(2)等高线一般不相交(除悬崖、峭壁外)。

(3)同一地形内,等高线的疏密反映地势的陡缓:等高线越密,地势越陡;等高线越稀疏,地势越平缓。

(4)等高线的高程数字,字头都是朝向地势高的方向。

(5)地形图的等高线能反映地形面的地势地貌情况。

如图6-30所示,为了方便看图,一般每隔四条等高线要加粗一条等高线,这样的中粗等高线称为计曲线,其余不加粗的等高线称为首曲线,相邻等高线之间的高差称为等高距。图6-30中等高距为10m。

以下为在地形图上典型地貌的特征(图6-31):

(1)山丘:等高线闭合圈由小到大高程依次递减,等高线亦随之渐稀。
(2)盆地:等高线闭合圈由小到大高程依次递增,等高线亦随之渐稀。

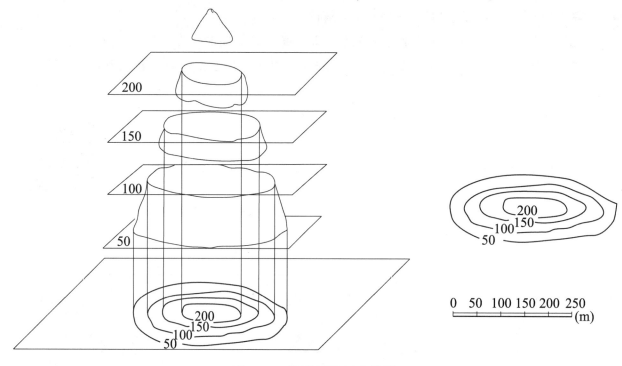

图6-29 地形面的标高投影

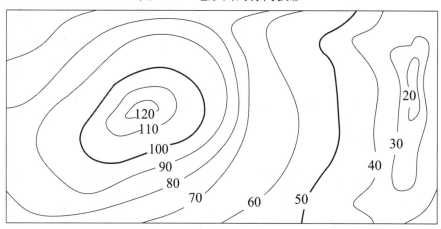

图6-30 地形示意图

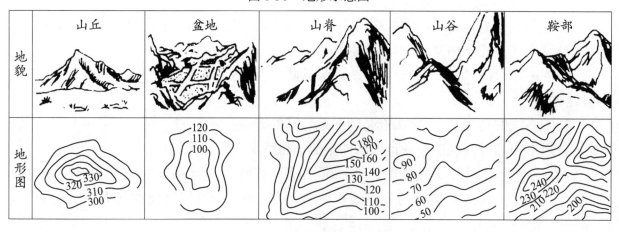

图6-31 典型地貌在地图上的特征

(3)山脊:等高线凸出方向指向低处。

(4)山谷:等高线凸出方向指向高处。

(5)鞍部:相邻两峰之间,形状像马鞍的区域称为鞍部,在鞍部两侧的等高线形状接近对称。

◆ **知识拓展**

无人机测绘地形图

地形图的测绘主要采用的是数字测图,例如全站仪数字测图、GPS RTK 数字测图技术、数字摄影测量和遥感测图等。近年来,随着航空测量技术的进一步完善,无人机航空测量技术在地形测绘行业中的应用愈加广泛。

无人机航空测量技术主要以无人机作为重要飞行平台,利用高分辨率的数码相机等先进设备作为传感器,充分借助 3s 技术,即遥感技术、地理信息系统和全球定位系统,在实际测绘过程中收集相关数据信息,并开展地形测绘工作,是新型的地形图测绘方式。和传统的地形图测绘技术相比,无人机航空测量技术在其实际应用过程中不仅具有成本较低、灵活敏捷度较高和结构较为简单等优势,且具有精确度较高、作业效率较高等鲜明特征,为最大限度满足现代地形测绘相关要求打下了坚实的基础。

无人机二维地图
正射影像测绘详细教程

? **想一想**

如图 6-32 所示地形图中,哪里是山峰?哪里是鞍部?哪里地面坡度大?哪里地势平坦?

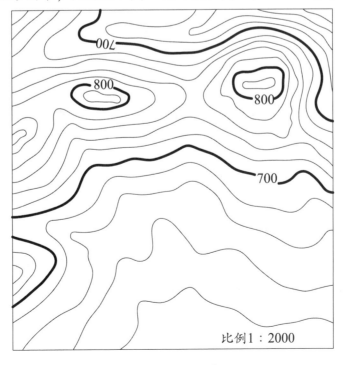

图 6-32 地形示意图

四、地形断面图

用铅垂面剖切地形面,在剖切平面与地形面的截交线上画上相应的材料图例,称为地形断面图。其作图方法如图 6-33 所示。

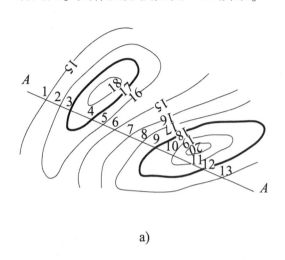
a)

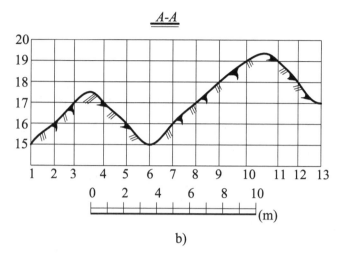
b)

图 6-33 　地形断面图的画法

(1)过 A-A 作铅垂面,它与地形面上各等高线的交点为 1、2、3…,如图 6-33a)所示。

(2)以 A-A 剖切线的水平距离为横坐标,以高程为纵坐标,按等高距及比例尺画一组平行线,如图 6-33b)所示。

地形断面图

(3)将图 6-33a)中的 1、2、3…各点转移到图 6-33b)中最下面一条直线上,并由各点作纵坐标的平行线,使其与相应的高程线相交得到一系列交点。

(4)光滑连接各交点,即得地形断面图,并根据地质情况画上相应的材料图例。

思考与练习

一、填空题

1. 两侧边坡是曲面,且曲面上任何地方的坡度都相同,这种曲面称为_____。
2. 地形图上等高线高程数字的字脚规定朝向高程_____的方向。

二、判断题

1. 地形图中等高线越密,表示地势越陡;等高线越稀,表示地势越平坦。　　　　(　　)
2. 等高线的高程数字,字头都是朝向地势高的方向。　　　　　　　　　　　　(　　)
3. 每隔四条等高线就有一条等高线加粗,并注有高程数字,称为首曲线。　　　　(　　)
4. 相邻两山峰之间,形状像马鞍的区域称为鞍部。　　　　　　　　　　　　　(　　)

第三篇

公路工程图

第七章 公路路线工程图

知识目标

(1) 了解公路等级的划分与组成。
(2) 掌握公路路线平面图、纵断面图、横断面图的定义。
(3) 了解公路路线平面图、纵断面图和横断面图的作用。
(4) 掌握路线平面图、纵断面图和横断面图的图示方法和表达内容。
(5) 了解沥青混凝土路面、水泥混凝土路面结构层次划分及各层次的作用。
(6) 掌握沥青混凝土路面、水泥混凝土路面结构图的图示特点。

能力目标

(1) 能识别公路各线形与结构组成。
(2) 能正确识读公路路线平面图。
(3) 能正确识读公路路线纵断面图。
(4) 能正确识读公路路线横断面图。
(5) 能正确识读沥青混凝土路面结构图、水泥混凝土路面结构图。

素质目标

(1) 培养爱国主义精神和职业荣誉感。
(2) 培养不怕困难、艰苦奋斗、勇于奉献的敬业精神和责任意识。

第一节 概 述

一、公路的分级

公路是指连接城市、乡村和工矿基地等,按照国家技术标准修建的,具有一定技术等级和设施,并由公路主管部门验收认可的道路。

公路通车能力的大小和技术水平的高低,可以用公路等级来表示。一般来讲,公路等级越高,允许汽车安全行驶的速度就越快,可以适应的交通量和车辆荷载也就越大。目前,我国公路等级的划分采用两种方式,一种是行政等级划分,一种是技术等级划分。按行政等级划分为国道(国家干线公路)、省道(省级干线公路)、县道(县级公路)、乡道(乡级公路)、专用公路;按技术等级划分为高速公路、一级公路、二级公路、三级公路、四级公路。公路实景图如图7-1 所示。

a)高速公路

b)四级公路

图7-1 公路实景图

二、公路的组成

各等级公路都是由线形和结构两部分组成的。

1.线形

公路路线是指公路沿长度方向的行车道中心线。由于受地形、地物和地质条件的限制,公路路线的线形在平面上是由直线段和曲线段组成的;在纵面上是由平坡和上坡、下坡及竖曲线组成的。因此从整体上看,公路路线是一条空间曲线,如图7-2 所示。将这条空间曲线投影到平、纵、横三个平面,就可绘制成反映其形状、位置和尺寸的图形,即公路路线的平面图、纵断面图和横断面图。

(1)公路路线平面图

公路路线平面图是公路从上向下投影所得到的水平投影图,即在地形图上以相同比例绘出路线的水平投影来表示道路走向、线形及沿线范围内各种构造物(如桥梁、涵洞、隧道等)的平面位置。

图7-2 公路线形示意图

(2)公路路线纵断面图

通过公路中心线用假想的连续平面或曲面作铅垂剖切面纵向剖切,然后把剖切面展开拉直成一平面,即为路线纵断面图。

(3)公路路线横断面图

用假想的剖切平面垂直于公路中心线某桩号横向剖切而得到的图形,即为公路在该桩号处的横断面图。

公路路线平面图、纵断面图和横断面图统称为公路路线工程图。公路路线设计的最后结果是以平面图、纵断面图和横断面图来表达的。公路路线工程图的形成过程如图7-3所示。

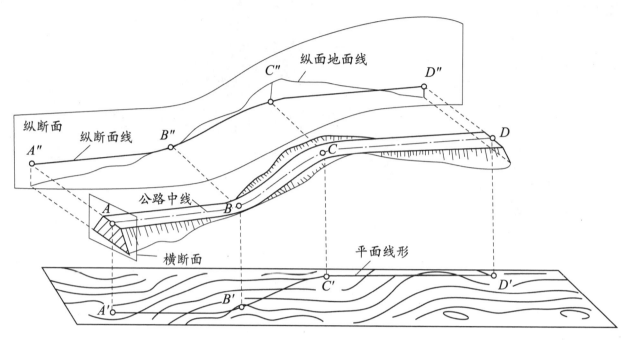

图 7-3　公路路线工程图的形成过程

2. 结构

公路是交通工程的一种主要构筑物。公路结构是能够承受自然因素和各种车辆荷载的结构物,包括路基、路面、桥梁、隧道、涵洞、排水防护工程、交通安全及沿线设施等,如图7-4所示。

图　7-4

g)防护工程　　　　　　h)交通安全设施

图 7-4　公路组成结构物

思考与练习

1. 公路的等级如何划分?
2. 简述公路的结构组成。
3. 简述公路路线平面图、路线纵断面图、路线横断面图的定义。

第二节　公路路线平面图

公路路线平面图主要用来表达公路路线的平面位置、走向及线形状况,沿线一定范围内的地形、地物和路线上附属构造物的位置及其与路线的相互关系。公路路线平面设计图是公路设计文件中不可缺少的组成部分。

一、图示方法

公路路线平面图是从上向下投影所得到的水平投影图,是用标高投影法所绘制的公路沿线周围区域的地形图。即将公路中心线用加粗的粗实线绘制在地形图上,只表示路线水平走向及里程,而不表示路基宽度;地形用等高线表示,地物用图例来表示。

二、图示特点和主要内容

如图 7-5 所示为某公路 K50+800～K51+500 段的路线平面图,其主要内容包括地形和路线两部分,下面将从这两部分分别来介绍路线平面图的画法特点和表达的主要内容。

1. 地形部分

(1)比例

公路路线平面图所采用的比例,应根据路线所经过地区的具体情况和路线等级等因素综合确定。为了使图样表达得清晰合理,城镇区一般采用 1:1000～1:500,山岭重丘区一般采用 1:2000～1:1000,微丘和平原区一般采用 1:5000～1:2000。如图 7-5 中图的比例为 1:2000。

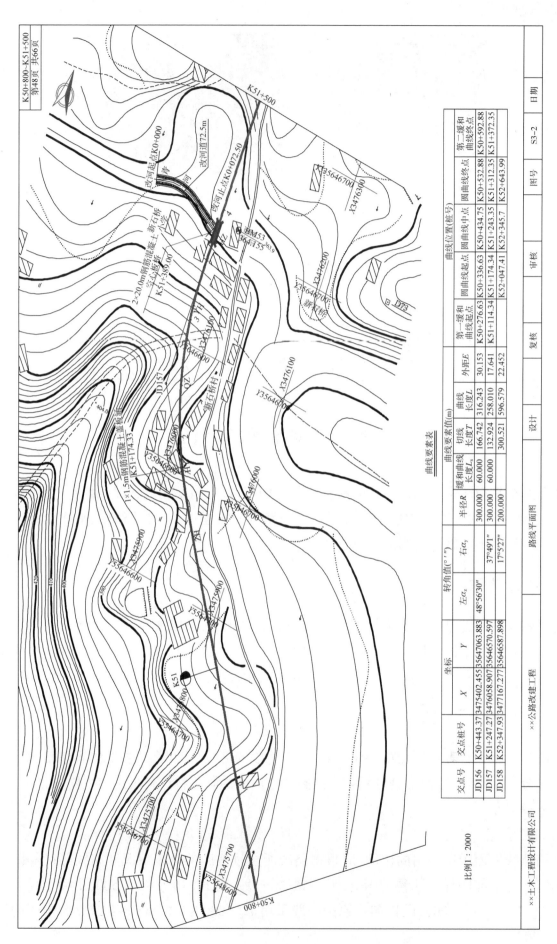

图7-5 路线平面图示意

(2)方向

在公路路线平面图上应画出指北针或测量坐标网,以便指明路线所在地区的方位和路线的走向,同时,坐标网或指北针还可作为拼接图形时校对之用。指北针的箭头所指为正北方向,指北针宜用细实线绘制。坐标网中,X轴向为南北方向,向北为坐标值增大的方向;Y轴向为东西方向,向东为坐标值增大的方向。坐标值标注应靠近被标注点,书写方向应平行网格或在网格延长线上,数值前应标注坐标轴线代号。如图7-5中"$X3476100,Y35646700$"表示两垂直线的交点坐标为距坐标网原点北3476100m,东35646700m。

(3)地形

地形是地貌和地物的总称。地貌是指地面上高低起伏的形态,如山地、平原、洼地等。地形图上地面的高低起伏情况主要用等高线表示。地形面是一个不规则曲面,假想用一组高差相等的水平面切割地形面,截交线就是一组高程不同的等高线,然后画出等高线的水平投影,标注其高程值,就可得到地形图。其形成过程如图7-6所示。

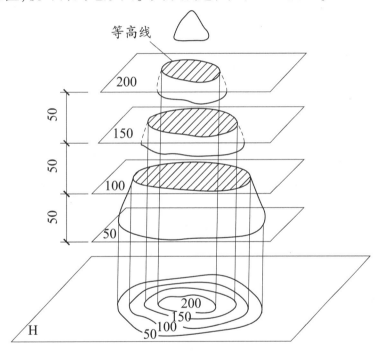

图7-6 地形图的形成

图7-5中,每两条等高线之间的高差为2m,每隔四条等高线画出一条粗的计曲线,并标有相应的高程数字。从图7-5中可以看出:路线左侧为山坡,在新石桥村交点157处顺山嘴而下跨青河。

地貌的起伏形态是各种各样的,但基本地貌不外乎山顶(山头)、山岭(山脊)、洼地、谷地等。各种地貌的特点及在地形图上的表示形式见表7-1。

地物是指地面上人工建造的或自然形成的固定物,如树木、森林、河流、房屋、通信塔等。路线平面图中地形图上的地物都采用规定图例表示。常见的地形图图例如表7-2、表7-3所示。从图7-5中可以看出,该地区有一条青河从西向东流过,河流两边是水田,山坡上为旱地,河西有居民点,名为新石桥村,原有一条旧路从南向北,并通过新石桥村,在青河上有一座旧桥跨越青河。

各种地貌的特点及在地形图上的表示形式 表 7-1

地形	山地山峰	盆地洼地	山脊	山谷	鞍部	峭壁陡崖
表示方法	闭合曲线外低内高	闭合曲线外高内低	等高线凸向山脊连线低处	等高线凸向山谷连线高处	一对山谷等高线组成	多条等高线汇合重叠在一处
示意图	山顶 山坡 山麓		山脊	山谷	鞍部	
等高线图			800 400	600 400 200		
地形特征	四周低中部高	四周高中部低	从山顶到山麓凸起部分	从山顶到山麓低凹部分	相邻两个山顶之间，呈马鞍形	近于垂直的山坡，称峭壁。峭壁上部突出处，称悬崖或陡崖
说明	示坡线画在等高线外侧，坡度向外侧降	示坡线画在等高线内侧，坡度向内侧降	山脊线也叫分水线	山谷线也叫集水线	鞍部是山谷线最高处、山脊线最低处	

道路工程常用地物图例 表 7-2

名称	图例	名称	图例	名称	图例
机场	▲	港口	⚓	井	╫
学校	Ⓧ	交电室	⌐	房屋	▨
土堤	┴┴┴┴	水渠	→→	烟囱	⌇
河流	～	冲沟	～	人工开挖	◯
铁路	▬▬▬	公路	══	大车道	-----
小路	— — —	低压电力线 高压高力线	→→→	电信线	—○—○—

续上表

名称	图例	名称	图例	名称	图例
果园		旱地		草地	
林地		水田		菜地	
导线点		三角点		图根点	
水准点		切线交点		指北针	

道路工程常用结构物图例　　　　表7-3

位置	序号	名称	图例	位置	序号	名称	图例
平面	1	涵洞		纵面	1	箱涵	
	2	桥梁(大、中桥按实际长度绘制)			2	盖板涵	
	3	隧道			3	拱涵	
	4	养护机构			4	分离式立交[a)主线上跨；b)主线下穿]	
	5	隔离墩					
	6	通道			5	桥梁	
	7	分离式立交[a)主线上跨；b)主线下穿]			6	箱形通道	
					7	管涵	
	8	互通式立交(按采用形式绘)					
	9	管理机构			8	互通式立交[a)主线上跨；b)主线下穿]	
	10	防护栏					

(4)水准点

沿线附近每隔一段距离应设置水准点,用于路线的高程测量。这些水准点应绘制在路线平面图上,并加注水准点的编号和高程。

2. 路线部分

(1)设计路线

设计路线采用加粗实线表示。由于路线平面图所采用的比例太小,并且公路的宽度尺寸相对于其长度尺寸来说非常小,导致公路的宽度无法按实际尺寸画出,所以在路线平面图中,设计路线是用粗实线表示的,如图 7-5 所示。

(2)里程桩

里程桩号可以表示公路路线的总长度和各个路段的长度。里程桩号的标注应在公路中心线上,从路线的起点至终点、由小到大依次顺序编号,并规定在平面图中路线的前进方向是从左向右的。

里程桩分公里桩和百米桩两种。公里桩宜标注在路线前进方向的左侧,用符号""表示桩位,用"K×××"表示其公里数,且注写在符号的上方,如图 7-5 中"K51"表示距离起点 51000m。百米桩宜标注在路线前进方向的右侧,用垂直于路线的细短线表示桩位,用字头朝向前进方向的阿拉伯数字表示百米数,注写在短线的端部,如图 7-5 中在 K51 公里桩的前方注写的"1",表示桩号为 K51+100,说明该点距离路线起点为 51100m。

(3)平曲线

公路路线在平面上是由直线段和曲线段组成的,在路线的转折处应设平曲线。最简单的平曲线形式为圆曲线,其基本几何要素如图 7-7 所示:JD 为交点,是路线的两直线段的理论交点;α 为转折角,是路线前进时向左(α_z)或向右(α_y)偏转的角度;R 为圆曲线的半径,是连接圆弧的半径长度;T 为切线长,是切点与交点之间的长度;E 为外距,是曲线中点到交点的距离;L 为曲线长,是圆曲线两切点之间的弧长;如果设置缓和曲线,缓和曲线与前后段直线的切点分别记为 ZH(直缓点)和 HZ(缓直点),L_s 为缓和曲线长。

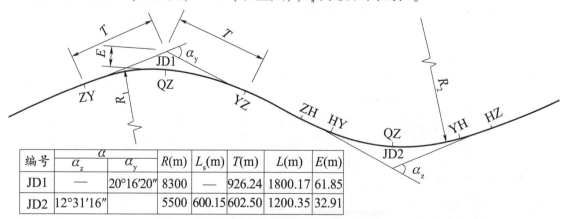

编号	α		R(m)	L_s(m)	T(m)	L(m)	E(m)
	α_z	α_y					
JD1	—	20°16′20″	8300	—	926.24	1800.17	61.85
JD2	12°31′16″		5500	600.15	602.50	1200.35	32.91

图 7-7 平曲线几何要素

【例 7-1】 识读图 7-5 路线平面图。

解 在图 7-5 中,BM53 表示编号为第 53 号的水准点,其高程为 364.155m。由图 7-5 可知,该段公路是从 K50+800 处开始,由东南向北引来,在交角点 JD157 处向右转折,转角

$\alpha_y = 37°49'01''$,圆曲线半径 $R = 300\text{m}$,缓和曲线长 $L_s = 60\text{m}$,切线长 $T = 132.924\text{m}$,外距 $E = 17.641\text{m}$,曲线长 $L = 258.01\text{m}$。在 K51+389 处利用 2 孔 20m 钢筋混凝土空心板桥跨越青河,沿河滩向正北方向延伸。

三、路线平面图的绘制

(1) 先绘制地形图,等高线按先粗后细徒手画出,要求线条顺滑,计曲线宽度宜用 $0.5b$,细等高线线宽为 $0.25b$。其中,b 为图中粗实线的宽度。

(2) 路线中心线用绘图仪器按先曲线、后直线的顺序画出,要求连接光滑,粗细均匀。

(3) 路线平面图应从左向右绘制,里程桩号按从小到大、从左到右的顺序排列。

(4) 平面图中植被的图例,应朝北或朝上绘制。

(5) 平面图的拼接。因为公路路线狭长曲折,不可能将整条路线的平面图都画在同一张图纸内,通常要分段绘制在若干张图纸上,使用时再将它们拼接到一起,如图 7-8 所示。平面图中路线的分段宜在整数里程桩处断开。相邻图纸拼接时,路线中心线要对齐。

图 7-8 路线平面图拼接过程

思考与练习

一、选择题

1. 在路线平面图中,公里桩标在路线前进方向的(　　)。
   A. 右侧   B. 左侧   C. 前方   D. 后方

2. 在路线平面图中,百米桩标在路线前进方向的(　　)。
   A. 右侧   B. 左侧   C. 前方   D. 后方

3. HY 表示路线平面图中(　　)。
   A. 圆曲线的缓圆点   B. 圆曲线的圆缓点
   C. 缓和曲线的缓圆点   D. 缓和曲线的圆缓点

4. 在平曲线中,T 表示(　　)。
   A. 切线长   B. 曲线长   C. 外距   D. 缓和曲线长

5. 在平曲线中,E 表示(　　)。
   A. 切线长   B. 曲线长   C. 外距   D. 缓和曲线长

二、填空题

1. 公路路线平面图是从上向下投影所得到的_____图,是用_____法所绘制的公路沿线周围区域的地形图。

2. 公路路线平面图将公路中心线用加粗的_____线绘制在地形图上,只表示路线水平走向及_____,而不表示路基宽度。

3. 公路路线平面图中的地形用_____表示,地物用_____来表示。

4. 公路路线平面图的主要内容包括_____和_____两部分。

5. 按顺序写出圆曲线的各段切点和中点名称_____、QZ 和_____。

6. 公里桩和百米桩分别用_____和_____符号表示。

7. 水准点用_____符号表示。

8. 在路线平面图中,平曲线的转折点称为_____。

9. 路线平面图应从左向右绘制,里程桩号按_____的顺序排列。

10. 平面图中植被的图例,应_____或_____绘制。

三、识图题

根据本节所学知识,识读图 7-9。

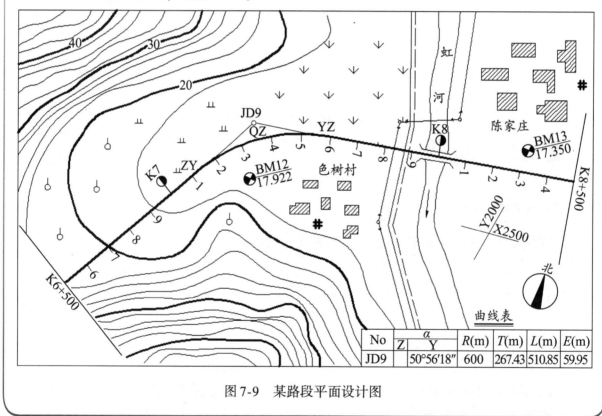

图 7-9 某路段平面设计图

第三节 路线纵断面图

一、纵断面图的形成

公路路线纵断面图是用假想的铅垂剖切面沿着公路的中心线进行纵向剖切,展开后得到的断面图。其形成过程如图 7-10 所示。

路线纵断面图主要表达公路的纵向设计线形以及沿线地面的高低起伏状况、地质和沿线设置的构造物概况。公路路线纵断面设计图是公路设计文件不可缺少的组成部分。

图 7-10　路线纵断面图的形成过程

二、画法特点和表达内容

公路路线纵断面图包括图样和数据资料表两部分，一般图样画在图纸上部，数据资料表布置在图纸下部。图 7-11 所示为"图 7-5 路线平面图"所示公路对应的 K50+800～K51+500 段的纵断面图。

1. 图样部分

（1）比例

在路线纵断面图中，水平方向表示路线的长度（里程），竖直方向表示地面线及设计线的高程。由于路线的高差比路线的长度要小得多，如果竖直方向与水平方向采用同一比例绘制纵断面图，竖向高差不易被清晰表达，因此，在实际绘制路线纵断面图时，竖直方向的比例比水平方向的比例放大 10 倍，如水平方向比例为 1∶3000，则竖直方向比例为 1∶300。比例的选择通常要考虑实际工程要求，如在山岭地区，水平方向比例一般选择 1∶1000、1∶2000、1∶5000，则与之对应的竖直方向比例为 1∶100、1∶200、1∶500；在丘陵和平原地区，水平方向比例一般选择 1∶5000，则与之对应的竖直方向比例为 1∶500。为便于画图和读图，一般还要在纵断面图的左侧按竖直方向比例画出高程标尺。

（2）设计线和地面线

为保证汽车安全顺畅地通行，地面纵坡要有一定的平顺度，因此应按公路等级和地形起伏情况，根据相应的公路工程技术标准合理设计坡度线，简称设计线。在纵断面图中，粗实线为公路纵向设计线，它是由直线和竖曲线组成的，设计线上各点的高程通常是指路基边缘的设计高程。不规则的细折线为设计中心线处的地面线，它是根据原地面上沿线各点的实测中心桩高程绘制而成的。比较设计线与地面线的相对位置，可确定填挖地段以及相应的填挖高度。

（3）竖曲线

为了利于车辆行驶，在设计线的纵向坡度变更处（即变坡点处），应按公路工程技术标准的规定设置竖曲线。竖曲线分为凸形和凹形两种，在图中分别用符号"⊓"和"⊔"表示。符号中部的竖线应对准变坡点，竖线左侧标注变坡点的里程桩号，竖线右侧标注竖曲线中点的高程。符号的水平线两端应对准竖曲线的起点和终点，竖曲线要素值（半径 R、切线长 T、外距 E）应标注在水平线上方。

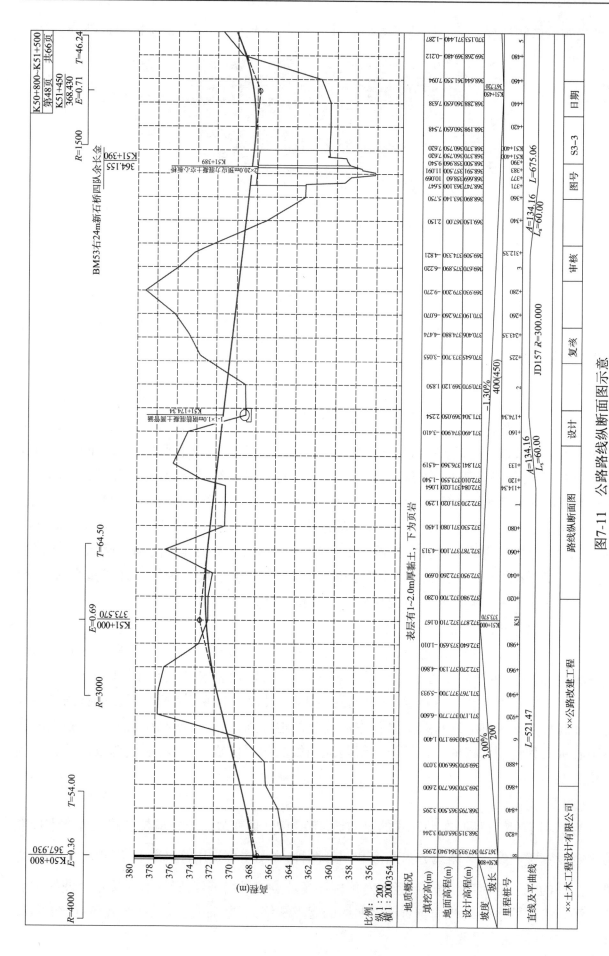

图 7-11 公路路线纵断面图示意

(4) 工程构筑物

公路沿线如设有桥梁、涵洞、立交桥和通道等构筑物时，应在设计线的上方或下方用竖直引出线标注，竖直引出线应对准构筑物的中心位置，并注出构筑物的名称、规格和里程桩号。

(5) 水准点

沿线设置的测量水准点也应标注，数值引出线对准水准点。

2. 数据资料表部分

为了便于读图，路线纵断面图的数据资料表应与图样上下对应布置，这种表示方法能较好地反映出纵向设计线在各桩号处的高程、填挖高度、地质条件和坡度以及平曲线与竖曲线的配合关系。资料表主要包括以下内容：

(1) 地质概况

根据实测资料，在图中标注出沿线的地质情况，为设计、施工提供资料。

(2) 填挖高度

设计线在地面线下方时需要挖土，设计线在地面线上方时需要填土，挖或填的高度值应是各点(桩号)对应的设计高程与地面高程之差的绝对值。

(3) 高程

数据资料表中有设计高程和地面高程两栏，设计高程是设计线上沿公路中心线上各点桩号的高程，地面高程是原始地面上沿公路中心线各点桩号实测出的高程。设计高程和地面高程应和图样部分相互对应，分别表示设计线和地面线上各点(桩号)的高程。

(4) 坡度/坡长

该栏用于标注设计线各段的纵向坡度和坡长。该栏中的对角线表示坡度方向，左下至右上表示上坡，左上至右下表示下坡，坡度及坡长分别标注在对角线的上下两侧。上坡坡度为正，下坡坡度为负。

(5) 里程桩号

沿线各点的里程桩号是按测量的里程数值填入的，单位为 m，桩号从左向右排列。在平曲线的起点、中点、终点和桥涵中心点等处也可设置加桩。

(6) 平曲线

《公路路线设计规范》(JTG D20—2017)对路线的平纵配合提出了严格的要求，因此，为了表示路段的平面线形，通常在数据资料表中画出平曲线的示意图。在该栏中，直线段用"—"表示；曲线段用"⌒""⌣"或"⌴""⌐"四种图样表示，前两种表示设置缓和曲线的情况，后两种表示不设缓和曲线的情况，图样的凸凹表示曲线的转向，上凸表示右转曲线，下凹表示左转曲线。有时还需要标注出平曲线各要素的数值。

(7) 超高

为了克服汽车在弯道上行驶时的横向作用力，公路在平曲线处需设计成外侧高、内侧低的形式，公路边缘与设计线的高程差称为超高，如图 7-12 所示。

【例 7-2】 识读图 7-11 公路纵断面图。

解 图 7-11 中，水平方向比例为 1∶2000，而竖直方向比例为 1∶200。在桩号为 K51+000

处,变坡点的高程为373.570m,设有凸形竖曲线;在桩号为K51+450处,变坡点的高程为368.430m,设有凹形竖曲线。在K51+389处设有一座2跨、每跨20.0m的预应力混凝土空心板桥。如水准点BM53设置在里程K51+390右侧距离24m新石桥四队余长金家,高程为364.155m。该路段地质概况为表层有1~2.0m厚黏土,下为页岩。坡度/坡长栏第一格中"3.00%/200",表示此段路线是上坡,坡度为3.00%,路线长度为200m。

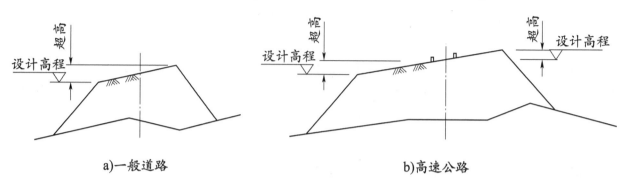

图7-12 公路超高示意图

三、路线纵断面图的绘制

(1)公路路线纵断面图采用直角坐标,以横坐标(水平方向)表示里程桩号,纵坐标(竖直方向)表示高程。

(2)为了突出地形起伏情况,纵、横坐标通常采用不同的比例,纵坐标比例要比横坐标比例扩大10倍。横坐标比例一般与路线平面图比例一致。

(3)公路路线设计线应采用粗实线表示,原地面线应采用细实线表示,里程桩号从左向右,按桩号大小排列。

(4)当路线坡度发生变化时,变坡点应用直径为2mm中粗线圆圈表示;切线应采用细虚线表示;竖曲线应采用粗实线表示,如图7-13所示。标注竖曲线的竖直细实线应对准变坡点处的桩号,线左侧标注桩号,线右侧标注变坡点高程。水平细实线两端应对准竖曲线的始、终点。

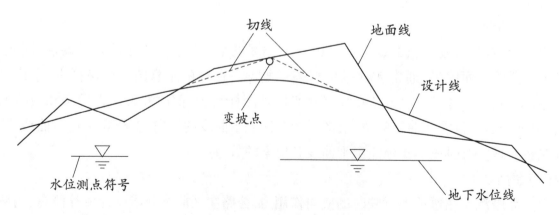

图7-13 公路路线设计线

(5)纵断面图的标题栏绘在最后一张图或每张图的右下角,注明路线名称及纵、横比例等。每张图纸右上角应有角标,注明图纸序号及总张数。

思考与练习

一、选择题

1. 5%/80 表示（　　）。
   A. 顺路线前进方向是下坡,坡度为 5%,坡长 80m
   B. 顺路线前进方向是上坡,坡度为 5%,坡长 80m
   C. 顺路线前进方向是上坡,坡与水平面间夹角为 5°,坡长 80m
   D. 顺路线前进方向是下坡,坡与水平面间夹角为 5°,坡长 80m

2. 在公路路线纵断面图中,规定竖直方向比例比水平方向比例（　　）。
   A. 缩小 100 倍　　B. 缩小 10 倍　　C. 放大 100 倍　　D. 放大 10 倍

3. 竖曲线分为（　　）和（　　）两种。
   A. 凹曲线　凸曲线　　　　　　　　B. 圆曲线　缓和曲线
   C. 上曲线　下曲线　　　　　　　　D. 左曲线　右曲线

二、填空题

1. 在路线纵断面图中,水平方向表示路线的_____,竖直方向表示地面线及设计线的_____。
2. 道路纵断面图中,如果横坐标的比例为 1∶1000,则纵坐标比例为_____。
3. 路线纵断面图中,设计线用_____表示。
4. 路线纵断面图包括_____和_____两部分。
5. 路线纵断面图中,竖曲线的坡度变更处称为_____。

第四节　路线横断面图

一、图示方法

路线横断面图是用假想的剖切平面,垂直于路中心线剖切而得到的图形。路线中线上任意桩号的横向切面就是公路在该桩号处的横断面。

路线横断面图主要表达路线沿线各中心桩处的横向地面起伏状况和路基横断面形状、路基宽度、填挖高度、填挖面积等。根据测量资料和公路设计要求,沿着线路前进方向依次画出每一个路基横断面图,作为计算路基土石方工程量和路基施工的依据。

图 7-14 所示为图 7-5 中公路路段对应的 K51+360 处的横断面图。横断面图包括图样部分和数据资料部分。

1. 图样部分

(1) 比例。横断面图中水平方向和竖直方向宜采用相同比例,公路横断面图常用比例为

1∶200、1∶100 或 1∶50。

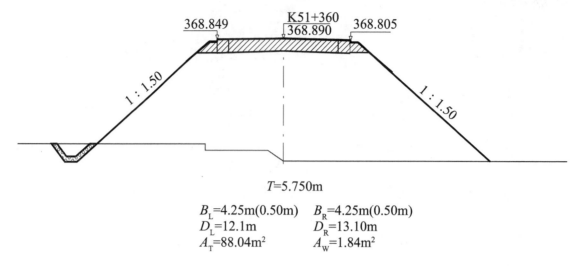

图 7-14 路基横断面图

(2)横断面图中,路面线、路肩线、边坡线和挡防构造物轮廓线用粗实线表示,路面厚度用中粗实线表示,原有地面线用细实线表示,路中心线用点划线表示。

2. 数据资料部分

(1)在横断面图中,应标出对应的桩号和设计高程。

(2)在横断面图中,应标出该横断面图中填方或挖方高度 T 或 W、左侧路基宽度 B_L、右侧路基宽度 B_R、左侧坡脚宽度 D_L、右侧坡脚宽度 D_R、填方面积 A_T、挖方面积 A_W。

【例 7-3】 识读图 7-14 路基横断面图。

解 在图 7-14 中,该横断面图对应的桩号为 K51+360,设计高程为 368.890m;填方高度 T 为 5.750m,左侧路基宽度 B_L 为 4.25m,培土路肩宽 0.5m,右侧路基宽度 B_R 为 4.25m,培土路肩宽 0.5m,左侧坡脚宽度 D_L 为 12.1m,右侧坡脚宽度 D_R 为 13.10m,填方面积 A_T 为 88.04m²,挖方面积 A_W 为 1.84m²。

二、路基横断面形式

目前常见的路基横断面的形式有以下三种:

1. 填方路基

设计高程高于地面高程,整个路基全为填方区的路基,即为填方路基。填土高度等于设计高程减去地面高程。填方边坡坡度一般为 1∶5。如图 7-15 所示为填方路基横断面图,该图上标注有该断面中心线处的填方高度 $T(m)$、两侧路基宽度、两侧坡脚宽度以及该断面的填方面积 $A_T(m^2)$。

2. 挖方路基

设计高程低于原地面高程,整个路基全为挖方区的路基,即为挖方路基。挖土深度等于地面高程减去设计高程。挖方边坡坡度一般为 1∶1。如图 7-16 所示为挖方路基横断面图,该图上标注有该断面中心线处的挖方深度 $W(m)$、两侧路基宽度、两侧坡顶宽度以及该断面的挖方面积 $A_W(m^2)$。

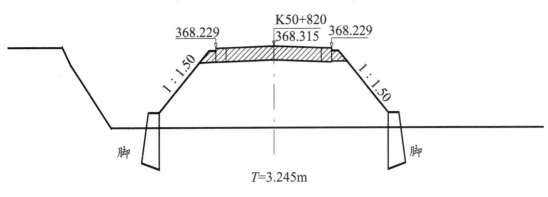

图 7-15 填方路基横断面图

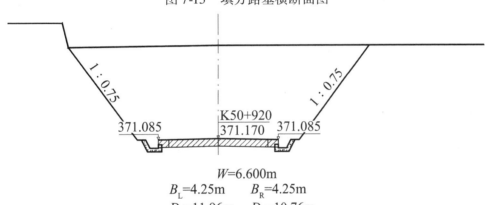

图 7-16 挖方路基横断面图

3. 半填半挖路基

在一个路基横断面内,部分为填方区、部分为挖方区的路基即为半填半挖路基。图 7-17 所示为半填半挖路基横断面图,该图中标注有该断面中心线处的填方或挖方高度 $T(\mathrm{m})$ 或 $W(\mathrm{m})$、两侧路基宽度、两侧坡脚(顶)宽度以及该断面的填方面积 $A_T(\mathrm{m}^2)$ 和挖方面积 $A_W(\mathrm{m}^2)$。

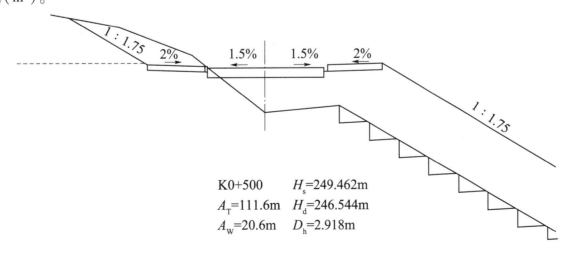

图 7-17 半填半挖路基横断面图

三、路基横断面图的绘制

(1)横断面图上的地面线采用细实线表示,设计线采用粗实线表示,公路的超高、加宽也应在横断面图中表示出来。

(2)在同一张图纸内绘制的路基横断面图,应按里程桩号顺序排列,从图纸的左下方开始,先由下而上,再自左向右排列。

(3)在每张路基横断面图的右上角应写明图纸序号及总张数,在最后一张图的右下角绘制图标。

思考与练习

一、选择题

1. 路基横断面图的水平和铅垂方向采用(　　)比例,通常用(　　)。
   A. 不同;1∶50~1∶150　　　　B. 同一;1∶30
   C. 同一;1∶150　　　　　　　D. 同一;1∶200

2. 在路基横断面图中,不用粗实线表示的是(　　)。
   A. 路面线　　　B. 路肩线　　　C. 原地面线　　　D. 边坡线

二、填空题

1. 路线横断面是用假想的剖切平面,_____于路中心线剖切而得到的图形。
2. 路基横断面图的基本形式有填方路基、挖方路基和_____。
3. 路基横断面图的地面线一律画成_____,设计线一律画成粗实线。

第五节　公路路面结构图

路面就是用各种材料铺筑在路基上供车辆行驶的层状构造物。它不仅可以保护路基,还可以改善行车条件,使汽车能以一定的速度,安全、舒适地在道路上行驶。路面根据其使用的材料和性能不同,可分为柔性路面和刚性路面两类。常用的柔性路面有沥青混凝土路面、沥青碎石路面、沥青表面处治路面等;常用的刚性路面是水泥混凝土路面。

一、沥青混凝土路面结构图

沥青路面是用沥青作结合料黏结矿料修筑面层并与各类基层和功能层所组成的路面结构。它适用于各种交通量的公路,因其呈黑色,故而又称为黑色路面。

1. 沥青路面结构层

沥青路面结构层由面层、基层和底基层、功能层等组成。

(1)面层

面层是直接与行车荷载和自然因素相接触的表面层,与其他层相比,面层要求具有较高的结构强度、平整性、抗滑性,并要有良好的温度稳定性。

(2)基层和底基层

基层和底基层是设置在面层之下,主要承受由面层传递下来的车辆荷载,并将荷载分布到功能层或土基上。因此,基层和底基层应具有足够的承载能力、抗疲劳开裂性能、足够的耐久性和水稳定性。沥青结合料类和粒料类基层尚应具有足够的抗永久变形能力。

(3)功能层

功能层主要起隔水、排水、隔温等作用,并传递和扩散由基层传来的荷载应力,保证路基在容许应力范围内工作。功能不同,各功能层的厚度和材料要求有一定差异。如置于路面结构底部分别起防冻、排水作用的功能层,分别称为防冻层和防水层。

2. 路面横断面图

路面横断面图可以表示行车道、路肩、中央分隔带的尺寸和路拱的坡度等,如图7-18所示。

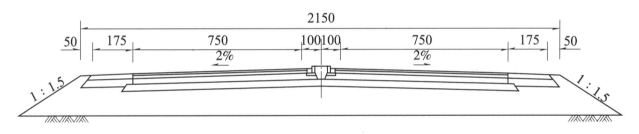

图7-18　沥青混凝土路面横断面图(尺寸单位:cm)

3. 路面结构图

在沥青混凝土路面结构图中,用示意图的方式画出路面结构中的各层所用的材料,并标注出各层的厚度。图7-19为某路段沥青路面结构图。

4. 路拱大样图

为了满足路面横向排水的要求,路面表面要设置路拱。路拱的形式有直线形、抛物线形。路拱大样图的任务就是要清楚表达出路面横向的形状,一般竖直方向比例大于水平方向比例,如图7-20所示。

【例7-4】　识读图7-21沥青混凝土路面结构图。

解　在图7-21中,沥青混凝土路面结构层从上到下依次是AC-13型细粒式沥青混凝土(厚4cm)、AC-25型粗粒式沥青混凝土(厚6cm)、沥青下封(厚1cm),5%水泥稳定级配碎石基层(厚20cm),级配碎石底基层(厚20cm),机械压实基础,行车道坡度1.5%,路面宽度13m。

? 想一想

沥青混凝土路面结构层的材料选择及厚度确定直接影响沥青路面性能,请同学们思考一下,哪些因素会影响沥青路面结构层设计?

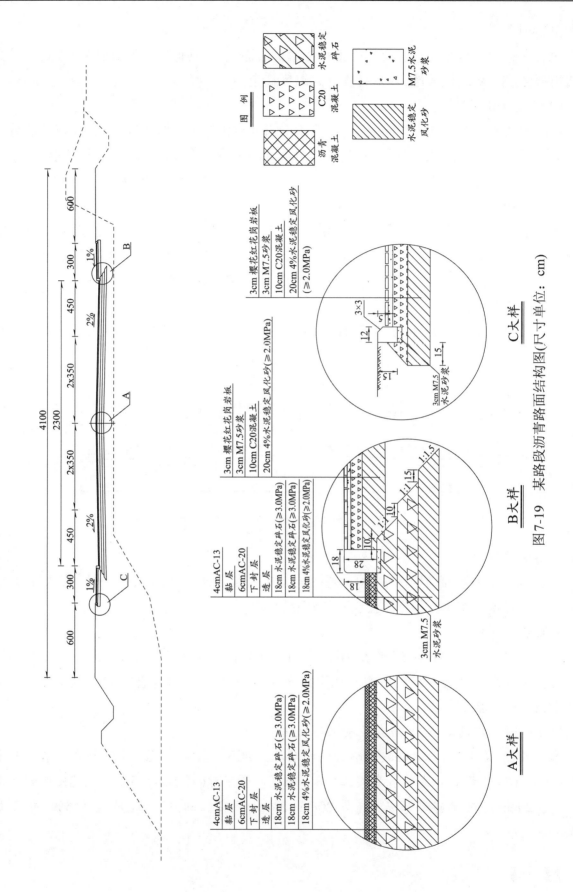

图7-19 某路段沥青路面结构图(尺寸单位：cm)

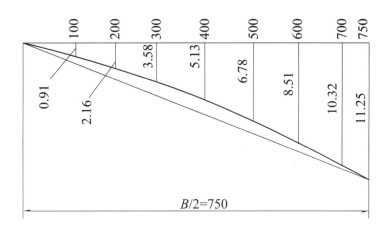

图 7-20　路拱大样图(尺寸单位:cm)

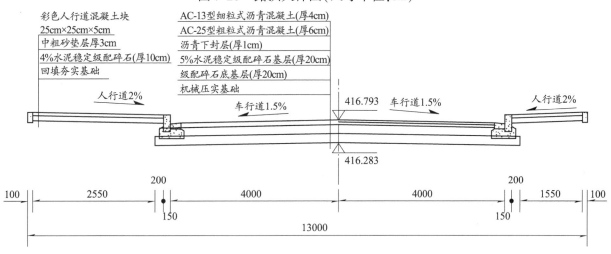

图 7-21　沥青混凝土路面结构图(尺寸单位:cm)

二、水泥混凝土路面结构图

水泥混凝土路面是以水泥混凝土为主要材料做面层的路面,简称混凝土路面,亦称刚性路面,俗称白色路面。它是一种高级路面。水泥混凝土路面有素混凝土、钢筋混凝土、连续配筋混凝土、预应力混凝土、钢纤维混凝土和装配式混凝土等各种路面。

1. 水泥混凝土路面结构层

普通水泥混凝土路面由面层、基层、底基层和垫层组成。

(1)面层是直接与行车荷载和自然因素相接触的表面层,与其他层相比,要求面层具有足够的强度和耐久性,表面应耐磨、抗滑、平整。

(2)基层和底基层

基层和底基层是设置在面层之下,主要承受由面层传递下来的车辆荷载,并将荷载分布到垫层或土基上。因此,基层和底基层应具有足够的抗冲刷能力和适当的刚度。

(3)垫层

垫层是基层(或底基层)和土基之间的结构层,设置垫层的目的是加强土基、改善基层的工作条件,主要起稳定、隔水、排水、防冻、防污等作用。

2. 水泥混凝土路面结构图

在水泥混凝土路面结构图中,用示意图的方式画出路面中的各种材料,并标注出各层的厚度,如图 7-22 所示。

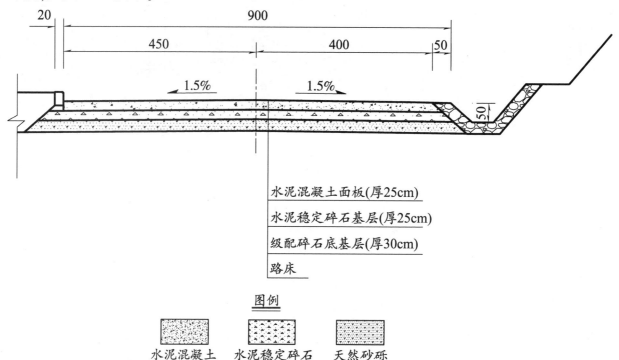

图 7-22　水泥混凝土路面结构图(尺寸单位:cm)

？想一想

水泥混凝土路面结构层的材料及厚度直接影响水泥路面性能,请同学们思考一下,哪些因素会影响水泥混凝土路面结构层设计?

【例 7-5】　识读图 7-22 水泥混凝土路面结构图。

在图 7-22 中,级配碎石底基层厚 30cm,水泥稳定碎石基层厚 25cm,水泥混凝土面板厚 25cm,路面横坡为 1.5%。

思考与练习

一、填空题

1．沥青路面结构划分为_____、_____、底基层和_____等。

2．功能层是在_____之间设置的一个层次。

3．路面横断面图可以表示_____、路肩、中央分隔带的尺寸和_____等。

二、判断题

1．基层和底基层是设置在面层之下,主要承受由面层传递下来的车辆荷载,并将荷载分布到功能层或土基上。　　　　　　　　　　　　　　　　　　　　　　　　(　　)

2．普通水泥混凝土路面由面层、基层、底基层和垫层组成。　　　　　　　(　　)

第八章 桥梁工程图

知识目标

(1) 掌握桥梁的分类、组成及其作用。
(2) 熟悉钢筋混凝土结构及钢筋的基本知识。
(3) 掌握钢筋混凝土结构图的内容及图示方法。
(4) 掌握桥梁总体布置图的图示内容及特点。
(5) 熟悉空心板结构图的图示内容及特点。
(6) 掌握桥梁墩(台)的结构组成及结构特征。
(7) 掌握桥梁各构件钢筋图的识读方法。

能力目标

(1) 能识别桥梁各部分构件。
(2) 能识读钢筋结构图、桥梁总体图。
(3) 能识读空心板构造图和钢筋图。
(4) 能识读桥梁墩(台)构造图。
(5) 能识读桥梁构件钢筋图。
(6) 能识读桥面铺装钢筋图。

素质目标

(1) 增强职业荣誉感和爱国情怀。
(2) 培养严谨细致、精益求精的工匠精神。
(3) 培养安全意识和责任意识。

第一节 桥梁的基本组成及作用

桥梁是一种跨越河流、山谷、道路等的承重结构物。随着经济和现代交通的发展,桥梁不仅在路线跨越山谷、河流、道路的立体交叉中必不可少,而且在占地、使用土方、保护自然环境、美观等方面较土石方填土路基具有较大的优势。

一、桥梁的分类

(1)桥梁按照受力体系一般分为梁桥、拱桥、刚构桥、悬索桥和组合体系桥(如连续刚构,梁、拱组合体系桥,斜拉桥),如表8-1所示。

桥梁按受力体系分类　　　　　　　　表8-1

桥梁分类	特点
梁桥	梁桥在竖向荷载作用下不产生水平反力。主梁以受弯为主,通常需要用抗弯能力强的材料和结构(钢、钢筋混凝土、预应力混凝土、钢-混凝土组合结构等)来建造。按横断面形式不同分为板梁、肋梁、箱梁
拱桥	拱桥的承重结构拱圈(拱肋),主要承受压力。拱桥按主拱圈所使用的材料分为圬工拱桥、钢筋混凝土拱桥、钢管混凝土拱桥以及钢拱桥
刚构桥	刚构桥是一种介于梁与拱之间的一种结构体系,它是由受弯的上部梁(或板)结构与承压的下部柱(或墩)整体结合在一起的结构。墩梁固结省去了大型支座,结构整体性强、抗震性能好
悬索桥	悬索桥是以承受拉力的缆索或链索作为主要承重构件的桥梁,由悬索、索塔、锚碇、吊杆、主梁桥面系等部分组成。适用范围以大跨度及特大跨度公路桥为主,是大跨径桥梁的主要形式
斜拉桥	斜拉桥是由承压的塔、受拉的索和承弯的梁体组合起来的一种结构体系,主要由索塔、主梁、斜拉索三部分组成。斜拉索布置有单索面、平行双索面、斜索面等。其比梁式桥的跨越能力更大,是大跨度桥梁的最主要桥型

(2)按照承重结构所用的材料划分为圬工桥(包括砖、石和混凝土桥)、钢筋混凝土桥梁、预应力混凝土桥梁、钢桥、木桥、钢管混凝土桥等。其中,钢筋混凝土桥、预应力混凝土桥是最常见的桥型。

(3)按照桥梁全长和跨径的不同划分为特大桥、大桥、中桥和小桥,见表8-2。

按桥梁全长和单孔跨径分类　　　　　　　　　表8-2

桥梁分类	多孔桥全长 $L(m)$	单孔跨径 $L_k(m)$
特大桥	$L>1000$	$L_k>150$
大桥	$100 \leq L \leq 1000$	$40 \leq L_k \leq 150$
中桥	$30 < L < 100$	$20 \leq L_k < 40$
小桥	$8 \leq L \leq 30$	$5 \leq L_k < 20$

(4)按跨越障碍的性质分为高架桥、跨线桥(立体交叉)、跨河桥和栈桥。

(5)按上部结构的行车位置分为上承式桥、下承式桥和中承式桥,详见表8-3。

按上部结构的行车位置分类　　　　　　　　　表8-3

桥梁分类	特点	图片
上承式桥	桥面系设置在桥跨主要承重结构(桁架、拱肋、主梁等)上面的桥梁	
下承式桥	桥面系设置在桥跨主要承重结构(桁架、拱肋、主梁等)下面的桥梁	
中承式桥	桥面系设置在桥跨主要承重结构(桁架、拱肋、主梁等)之间的桥梁	

◆ 小贴士

中 国 桥

桥梁,是一个国家科技水平和综合国力的重要体现。曾经,如何才能架起一座连接深山峡谷、跨越江河湖海的大桥,是许多中国人的梦想。

伴随着我国经济发展和基础设施建设水平的提高,如今,不论是桥梁数量,还是桥梁技术,中国桥梁的"金字招牌"早已享誉世界。港珠澳大桥、苏通大桥、丹昆特大桥、矮寨特大悬索桥……一大批世界级桥梁翻山、越江、跨海,让无数天堑变为通途,也向世界展示着"中国建造"的非凡实力。

从近百年世界桥梁建设情况来看,20 世纪六七十年代看欧美,七八十年代看日本,世纪之交看中韩,而在 21 世纪的这 20 多年里,中国建桥的规模和速度可以称得上史无

中国桥

前例。目前,我国平均每年建造新桥达 2 万座,凌空飞架的中国桥梁凭借复杂的技术难度震惊了世界。截至 2020 年年底,我国已建成公路桥梁达 91.28 万座,其中特大桥 6444 座,不论在长江、黄河等大江大河,还是泉州湾等海湾地区,一座座施工难度大、技术含量高、在世界桥梁建设中具有代表性的桥梁已然成为闪亮的"中国名片"。

作为一名未来的桥梁工程建设者,在为我们国家的桥梁建设取得的伟大成就自豪的同时,更要在学校练好"基本功",认真学习专业知识,将来为祖国的交通运输行业建设贡献自己的力量。

二、桥梁的基本组成及作用

桥梁类型虽然多种多样,但常见桥型的图示方法基本相同。下面我们结合常见桥型的桥梁专业图的图示特点来阅读和分析桥梁工程图。

图 8-1 是一座典型的公路桥梁的基本组成。从图中可以看出,桥梁一般由上部结构(承重结构和桥面系)、下部结构(桥墩、桥台和基础)、附属构造物(锥形护坡、桥头搭板等结构)和支座等组成。

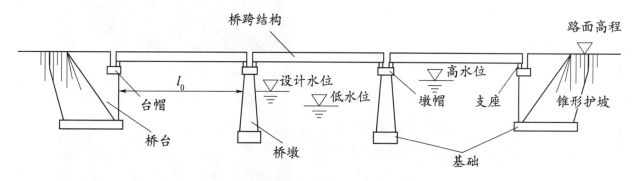

图 8-1 桥梁的基本组成示意图

典型公路桥梁的基本组成及其作用见表 8-4。

桥梁基本组成及其作用 表8-4

桥梁组成		作用	典型图片
上部结构	承重构件	桥梁的承重构件为梁式桥的梁（板）、拱桥的拱圈（拱肋）、悬索桥及斜拉桥的索、梁等，主要承受结构自重和汽车荷载等可变作用	
	桥面系	桥面系由桥面铺装、防排水设施、人行道或安全带、栏杆、伸缩缝等组成	
支座		支座设置在桥梁的上部结构和墩台之间，它把上部结构的各种荷载传递给下部结构，并能够适应汽车荷载等可变作用、温度变化、混凝土收缩等因素所产生的变位。公路桥梁上常用的支座有板式橡胶支座、盆式橡胶支座、球形钢支座等	
下部结构	桥墩	桥墩是支承桥跨结构并将永久作用和可变作用传至地基的结构物，桥台设在桥梁两端，桥墩则设在两桥台之间支承桥跨结构。常用的桥墩有重力式桥墩、轻型柱式墩、空心薄壁墩等类型	
	桥台	桥台设置在桥梁的两端，与路基相连，不但承受上部结构重力及汽车荷载所产生的附加土侧压力，还承担台背填土压力。常用的桥台有重力式U形桥台、肋板式桥台、埋置式桥台等类型	
	基础	桥梁基础是桥梁的重要组成部分，它的作用是承受上部结构传来的全部重力，并把它们和下部结构重力传递给地基。在桥梁工程中，通常采用的基础有扩大基础、桩基础、沉井基础、管柱基础和地下连续墙基础等类型	

续上表

桥梁组成		作用	典型图片
附属结构	锥形护坡	锥坡是为了保护路堤边坡不受冲刷,在桥梁与路基相接处修筑的锥形护坡	
	桥头搭板	桥头搭板搁置在桥台和路基填土之间,随着填土的沉降而能够转动,车辆行驶时可起到缓冲作用,即使台背填土沉降也不至于产生凹凸不平	

◆ 小贴士

有一种奇迹,叫中国建造!

港珠澳大桥(图 8-2)是迄今为止世界上总体跨度最长、钢结构桥体最长、海底隧道最长的跨海大桥,开创了世界桥梁建设领域的多个第一。这是中国交通史上技术最复杂、建设要求及标准最高的工程之一,从可行性研究到圆满竣工,历经 15 年时间,而其中仅可行性研究就长达 6 年。全长 55km 的港珠澳大桥被誉为桥梁界的"珠穆朗玛峰",英国《卫报》称它为"现代世界七大奇迹"之一。

图 8-2 港珠澳大桥

思考与练习

一、填空题

1. 桥梁按照受力体系分类可分为_____、_____、_____、_____和_____。
2. 桥梁的基本组成有_____、_____、_____和附属构造物。
3. _____设置在桥梁的上部结构和墩台之间,并把上部结构的各种荷载传递给下部结构。
4. 斜拉桥的主要由_____、_____、_____三部分组成。

二、判断题

1. 多孔跨径总长为800m的是特大桥。（ ）
2. 锥坡是指为保护路堤边坡不受冲刷,在桥梁与路基相接处修筑的锥形护坡。（ ）
3. 一座桥梁可以没有桥墩,但必须有两个桥台。（ ）

三、思考题

回顾中国桥梁的历史,我们曾遥遥领先于世界,却也曾远远落后于他人。虽然我国桥梁建设工程中充满了坎坷和波折,但科学家和工程师们却从未停下脚步,在重重困难下,他们不断突破各种限制条件,实现一次又一次的跨越。也正因如此,今天的中国大地上,仅公路桥梁就已超过90万座,高铁桥梁总长达1万余千米。它们跨越高山大川、连通城镇村庄,共同构成了一座960万平方公里上的"桥梁博物馆"。

说一说,你对哪座桥梁念念不忘？为什么？

第二节　钢筋混凝土结构图的基本知识

由水泥、砂、石子和水按一定比例拌和硬化而成的一种人造石料称为混凝土构件。混凝土的抗压强度较高,抗拉强度较低,容易因受拉而断裂,为了提高混凝土构件的抗拉能力,常在混凝土构件的受拉区加入一定数量的钢筋,使两种材料黏结成一个整体,共同承受外力,这种配有钢筋的混凝土称为**钢筋混凝土**,如图8-3所示。钢筋混凝土是常用的建筑材料,桥梁工程中的许多构件都是用它来制作的,如梁、板、柱、桩、桥墩等。

一、钢筋的基本知识

1. 钢筋的分类和作用

钢筋按其在整个构件中所起的作用不同,可分为下列几种,如图8-4、图8-5所示。

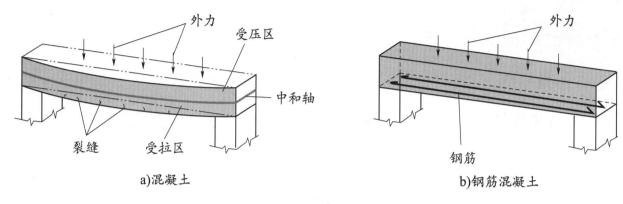

a) 混凝土　　　　　　　　　　　　b) 钢筋混凝土

图 8-3　简支梁受力示意图

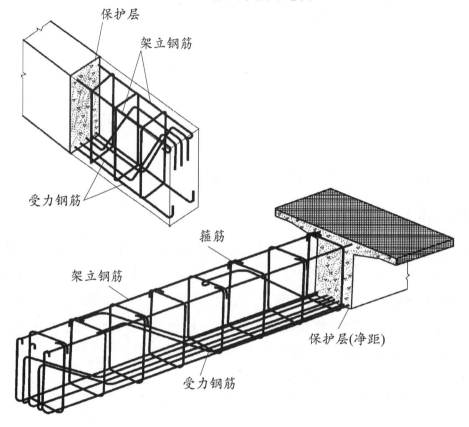

图 8-4　钢筋混凝土梁配筋示意图

(1)受力钢筋(主筋):用来承受拉力或压力的钢筋,用于梁、板、柱等各种钢筋混凝土构件。

(2)箍筋:用以固定受力钢筋位置,并承受一部分剪力或扭力。

(3)架立钢筋:一般用于钢筋混凝土梁中,用来固定箍筋的位置,并与梁内的受力钢筋、箍筋一起构成钢筋骨架。

(4)分布钢筋:一般用于钢筋混凝土板或高梁结构中,用以固定受力钢筋位置,使荷载较为均匀地分布给受力钢筋,并防止混凝土收缩和温度变化出现裂缝。

(5)构造筋:因构件的构造要求和施工安装需要配置的钢筋,如腰筋、预埋锚固筋、吊环等。

2.钢筋的级别和符号

钢筋混凝土及预应力混凝土构件中的普通钢筋宜选用 HPB300、HRB400、HRB500、

HRBF400 和 RRB400 钢筋,预应力混凝土构件中的箍筋应选用其中的带肋钢筋;按构造要求配置的钢筋网可采用冷轧带肋钢筋。预应力混凝土构件中的预应力钢筋应选用钢绞线、钢丝;中、小型构件或竖、横向用预应力钢筋,可选用预应力螺纹钢筋。常用钢筋牌号和符号参见表 8-5。

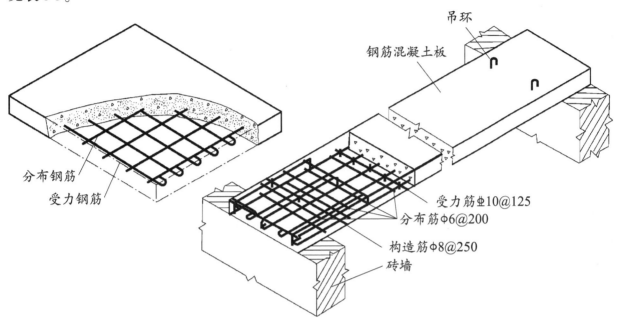

图 8-5　钢筋混凝土板配筋示意图(单位:mm)

常用普通热轧钢筋　　　　　　　　　　　表 8-5

新规范		旧规范(已禁止生产)	
钢筋牌号	符号	钢筋牌号	符号
HPB300	Φ	HPB235	Φ
HRB400	Φ	HRB335	Φ
RRB400	Φ^K	—	—
HRBF400	Φ^F	—	—
HRB500	Φ	—	—
HRBF500	Φ^F	—	—

注:2012 年工信部和住建部印发的《关于加快应用高强钢筋的指导意见》中明确指出,2013 年 1 月 1 日起,在全国范围内禁止生产 HPB235 和 HRB 335 热轧钢筋,目的在于推进高强钢筋的应用,达到减少钢筋用量,节约钢材的目的。

3. 混凝土的强度等级和钢筋的保护层

混凝土按其抗压强度分为不同的等级,普通混凝土分 C25、C30、C35、C40、C45、C50、C55、C60、C65、C70、C75、C80 十二个等级。钢筋混凝土构件混凝土强度等级不低于 C25;当采用抗拉强度标准值在 400MPa 及以上钢筋时,混凝土强度等级不低于 C30;预应力混凝土构件混凝土强度等级不低于 C40;混凝土强度等级数字越大,混凝土抗压强度越高。

为了保护钢筋,防止钢筋锈蚀及加强钢筋与混凝土的黏结力,钢筋必须全包在混凝土中,并因此钢筋边缘至混凝土表面应保持一定的距离,称为保护层,此距离称为净距,如图8-4所示。普通钢筋和预应力直线形钢筋最小混凝土保护层厚度见表8-6。

普通钢筋和预应力直线形钢筋最小混凝土保护层厚度(单位:mm)　　表8-6

构件类别	梁、板、拱圈、涵洞上部等		墩台身、涵洞下部		承台、基础	
设计使用年限	100年	50年、30年	100年	50年、30年	100年	50年、30年
Ⅰ类:一般环境	20	20	25	20	40	40
Ⅱ类:冻融环境	30	25	35	30	45	40
Ⅲ类:近海或海洋氯化物环境	35	30	45	40	65	60
Ⅳ类:除冰盐等其他氯化物环境	30	25	35	30	45	40
Ⅴ类:盐结晶环境	30	25	40	35	45	40
Ⅵ类:化学腐蚀环境	35	30	40	35	60	55
Ⅶ类:磨蚀环境	35	30	45	40	65	60

注:1. 对工厂预制的混凝土构件,其保护层最小厚度可将表中相应数值减去5mm,但不得小于20mm。

2. 表中承台和基础的保护层最小厚度,是针对基坑底无垫层或侧面无模板的情况规定的;对于有垫层或有模板的情况,保护层最小厚度可将表中相应数值减去20mm,但不得小于30mm。

知识拓展

砼(tóng)字的由来

"砼"单指混凝土,在设计和施工中,人们经常把"混凝土"三个字简写成"砼"。"砼"字是由著名结构学家蔡方荫教授在1953年创造的。"混凝土"是建筑工程中最常用的词,但笔画太多写起来费力又费时。而混凝土是由水泥、砂、石子和水按一定比例拌和硬化而成的一种人造石料,于是思维敏捷的蔡方荫就大胆用"人工石"三个字代替"混凝土"。因为"混凝土"三字共有三十笔,而"人工石"三字才十笔,可省下二十笔,大大加快了人们的书写速度。后来"人工石"合成了"砼"并在院校学生和工程技术人员中得到广泛应用。

1985年6月7日,中国文字改革委员会正式批准了"砼"与"混凝土"含义相同的法定地位,使之成为我国的"工程专用字"。

4. 钢筋的弯钩和弯起

对于受力钢筋,为增加它与混凝土的黏结力,在钢筋的端部做成弯钩,弯钩形式有半圆、直弯钩、斜弯钩三种,如表8-7所示。

图8-6所示为受力钢筋有一部分需要在梁内向上弯起,这时弧长比两切线之和短些,其计算长度应减去折减数值。

受力钢筋的末端弯钩和钢筋的中间弯折　　　　表 8-7

弯曲部位	弯曲角度	形状	钢筋	弯曲直径 d	平直段长度
末端弯钩	180°		HPB300	≥2.5d	≥3d
	135°		HRB400 HRB500 HRBF400 RRB400	≥5d	≥5d
	90°		HRB400 HRB500 HRBF400 RRB400	≥5d	≥10d

注：采用环氧树脂涂层钢筋时，除应满足表内规定外，当钢筋直径 d≤20mm 时，弯钩内直径 d 不应小于 5d；当 d>20mm 时，弯钩内直径 d 不应小于 6d；直线段长度不应小于 5d。

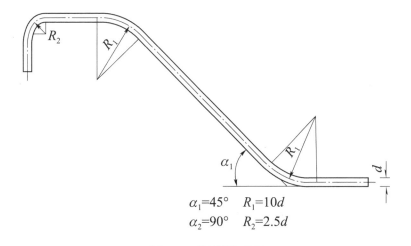

图 8-6　钢筋的弯起

箍筋的末端应做成弯钩，弯曲角度可取 135°。弯钩的弯曲直径应大于被箍的受力主钢筋的直径，且 HPB300 钢筋不应小于箍筋直径的 2.5 倍，HRB400 钢筋不应小于箍筋直径的 5 倍。弯钩平直段长度，一般结构不应小于箍筋直径的 5 倍，抗震结构不应小于箍筋直径的 10 倍。

设计对弯钩的形状未规定时，可按图 8-7a）、b）加工；有抗震要求的结构，应按图 8-7c）加工。

图 8-7 箍筋弯钩形式图

为了简化计算,钢筋弯钩的增长数值和弯起的折减数值如表 8-8 所示。

钢筋弯钩长度变化值 表 8-8

公称直径 (mm)	钢筋末端弯钩增长 (mm)			钢筋中间弯折长度折减 $D=20d$				中间弯折长度折减 (mm)		
	180°	135°	90°	30°	45°	60°	90°	90°		
	HPB300	HRB400 HRB500 HRBF400 RRB400	HRB400 HRB500 HRBF400 RRB400	各种钢筋	各种钢筋	各种钢筋	各种钢筋	HPB300 $D=2.5d$	HRB400 $D=5d$	HRB400 $D=6d$
6	37	51	67	2	5	10	33	11	14	15
8	50	69	90	3	7	14	44	14	18	20
10	62	86	112	4	9	17	55	18	23	25
12	75	103	135	5	10	20	66	21	27	30
14	87	120	157	6	12	24	77	25	32	35
16	100	137	179	6	14	27	88	28	37	40
18	112	154	202	7	16	31	99	32	41	45
20	125	171	224	8	17	34	110	35	46	50
22	137	189	247	9	19	38	121	39	50	55
25	156	214	280	10	22	43	138	44	57	63
28	175	240	314	11	24	48	154	49	64	70

注:1. 本表弯钩计算依据《公路钢筋混凝土及预应力混凝土桥涵设计规范》(JTG 3362—2018)9.1.5、9.1.6 条。

2. 上表计算弯曲直径 D 时均采用公称直径,计算钢筋中心的弯曲直径时采用 D + 公称直径。

3. 采用环氧树脂涂层钢筋时,除应满足上表规定外:当钢筋直径 $d \leq 20$mm 时,弯钩内直径 D 不应小于 $5d$;当钢筋直径 $d > 20$mm 时,弯钩内直径 D 不应小于 $6d$;直线段长度不应小于 $5d$。

如图 8-8 所示,4 号钢筋 φ22mm 长度为 $(728 + 65 \times 2)$cm,查表 8-8 得 180°弯钩长度增长数为 137mm、90°弯折长度折减数为 39mm,则其计算长度为:

$$728 + 65 \times 2 + (13.7 - 3.9) \times 2 = 877.6 \approx 878 (\text{cm})$$

图 8-8　钢筋长度计算示意图(尺寸单位:cm)

二、钢筋混凝土结构图的内容

钢筋混凝土结构图分为两类图样:一类为构件构造图(或模板图),对于钢筋混凝土结构,只画出构件的形状和大小,不表示内部钢筋的布置情况。另一类为钢筋结构图(或钢筋构造图或钢筋布置图),即主要表示构件内部钢筋的布置情况,如图 8-9 所示。

1. 钢筋结构图的图示特点

(1)绘制配筋图时,可假设混凝土是透明的,能够看清楚构件内部的钢筋,图中构件的外形轮廓用细实线表示,构件中的可见钢筋用粗实线表示,不可见轮廓线用细虚线表示。

(2)对钢筋的类别、数量、直径、长度及间距等要加以标注。

(3)通常在配筋图中不画出混凝土的材料符号。当钢筋间距和净距太小时,若严格按比例画则线条会重叠不清,这时可适当夸大绘制。同理,在立面图中遇到钢筋重叠时,亦要放宽尺寸使图线清晰。

2. 钢筋的编号和尺寸标注方式

在钢筋结构图中,为了区分不同直径、不同长度、不同形状、不同种类的钢筋,要求对不同类型的钢筋加以编号并在引出线上注明其规格和间距,编号用阿拉伯数字表示。钢筋编号和尺寸标注方式如下。

对钢筋的编号,宜先编主、次部位的主筋,后编主、次部位的构造筋。在桥梁构件中,钢筋编号及尺寸标注的一般形式如下:

(1)编号标注在引出线右侧的细实线圆圈内。

(2)在钢筋断面图中,编号可标注在对应的方格内,如图 8-9 所示。

(3)尺寸单位:在路桥工程图中,钢筋直径的尺寸单位采用毫米(mm),其余尺寸单位均采用厘米(cm),图中无须标出单位。标注格式如下:

$$\underset{l@s}{\overset{n\phi d}{\bigcirc\!\!\!\!N}}$$

说明:N——钢筋编号,圆圈直径为 4~8mm;

　　　n——钢筋根数;

　　　ϕ——钢筋直径符号,也表示钢筋的等级,其他钢筋符号见表 8-5;

　　　d——钢筋直径的数值,mm;

　　　l——钢筋总长度的数值,cm;

　　　$@$——钢筋中心间距符号;

　　　s——相邻钢筋间距的数值,cm。

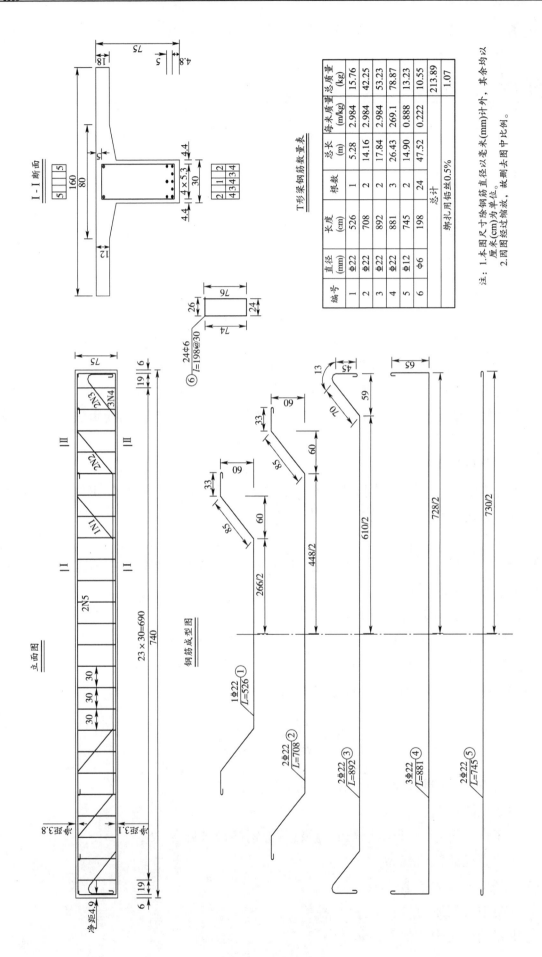

图8-9 T形梁钢筋结构示意图

如：$\dfrac{11\phi 6}{l=64@12}$，其中"③"表示编号为 3 的钢筋，"11φ6"表示直径为 6mm 的 HPB300 钢筋共 11 根，"l=64"表示每根钢筋的断料长度为 64cm，@12 表示相邻钢筋轴线之间的距离为 12cm。

图 8-9 中 2N3 表示编号 3 的钢筋有 2 根。

3. 钢筋成型图

在钢筋结构图中，为了充分表明钢筋的形状以便于配料和施工，还必须画出每种钢筋加工成型图（即钢筋详图），在钢筋详图中尺寸可直接写在各段钢筋旁，如图 8-9 所示。图上应注明钢筋的符号、直径、根数、弯曲尺寸和断料长度等。为节省图幅，可把钢筋成型图画成示意略图放在钢筋数量表内。

4. 钢筋数量表

在钢筋结构图中，一般还附有钢筋数量表，内容包括钢筋的编号、直径、每根长度、根数、总长及质量等，必要时可加画略图，如图 8-9 所示。

三、钢筋混凝土结构图举例

【例 8-1】 如图 8-9 所示，为一根钢筋混凝土梁的钢筋结构图，从Ⅰ-Ⅰ断面图可以看出梁的断面为"T"形，称为 T 形梁。梁内共有六种钢筋，它的形状和尺寸在钢筋成型图上均已表达清楚。请试着读一读图 8-9。

解 从立面图及Ⅰ-Ⅰ断面图中看出一些主要钢筋排列的位置和数量或标注的数量。Ⅰ-Ⅰ断面图的上方和下方画有小方格，格内注有数字，以表明钢筋在梁内的位置、数量及编号。如立面图中的 2N5 表示有 2 根 5 号钢筋，安置于梁内的上部，对应在Ⅰ-Ⅰ断面图中则可以看出这 2 根 5 号钢筋在梁内上部对称排列。立面图中还设有Ⅱ-Ⅱ断面位置线，但Ⅱ-Ⅱ断面位钢筋排列位置和Ⅰ-Ⅰ断面不同，请读者自行思考。

图的右下角是钢筋表，表中所列"每米质量（kg/m）"一栏数字，可以从有关工程手册中查得。表中所列铅丝是用来绑扎钢筋的，铅丝数量按规定为钢筋总质量的 0.5%。如不用铅丝绑扎而采用电焊时，则应注出电焊长度和厚度。

【例 8-2】 如图 8-10 所示，梁的钢筋布置情况是用立面图和断面图及钢筋成型图表示的，由图可看出该梁断面为矩形，宽 38cm，板高 45cm，梁长 420cm。请试着读一读图 8-10。

解 梁内共有五种钢筋，其中①、②、③号钢筋为受力筋，直径为 16mm。①号是直筋，有 2 根，布置在梁的底部两侧。②号是弯筋，也是 2 根，在跨中是位于梁的底部，两端弯起后位于梁的上部。③号也是弯筋，只有 1 根，弯起部位与②号钢筋稍有不同。④号是架立筋，直径 10mm，有 2 根，皆位于梁的上部两侧。⑤号是箍筋，直径 6mm，沿梁的长度每隔 30cm 布置 1 根，共有 15 根。在立面图中箍筋可不全画，只示意性的画出四五根即可。立面图中各钢筋的编号和数量可用简略形式标注，如 1N3 表示 1 根③号钢筋，2N1 表示 2 根①号钢筋，Ⅱ-Ⅱ断面是梁的端部断面图。

在断面图中钢筋的编号就标注在对应的小方格内，这样就清楚地表示出②号和③号钢筋在跨中是位于梁的底部，在两端是位于梁的顶部。该梁上、下及侧面保护层厚度（净距）均为 3cm。

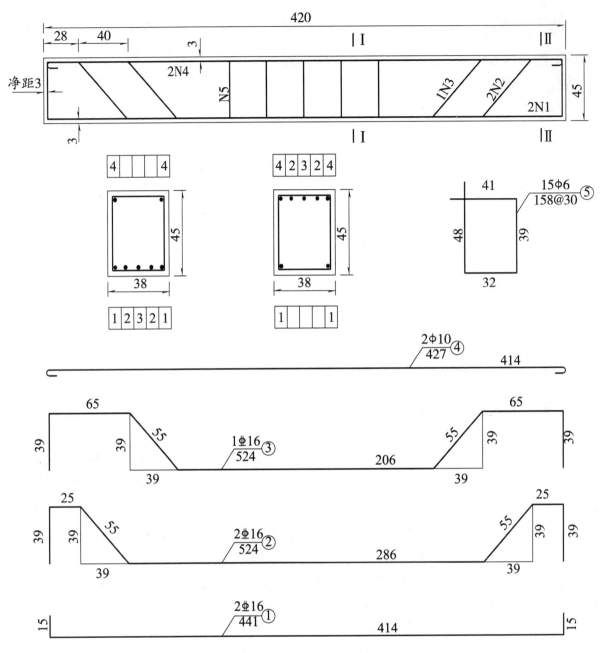

图 8-10　梁的配筋图(尺寸单位:cm)

思考与练习

1. 简述钢筋混凝土结构及钢筋的基本知识。
2. 简述钢筋结构图的内容及图示特点。
3. 根据图 8-10 填空。

(1) 梁的长度为_____,宽度为_____,高度为_____。

(2) 图中编号_____是受力钢筋,编号_____是架立钢筋,编号_____是箍筋。

(3) 3 号的根数是_____,长度是_____,钢筋直径为_____。

(4) 图中钢筋的保护层厚度是_____。

第三节　桥梁总体图的识读

◆ **知识拓展** ◆

　　桥梁设计图纸是应用道路工程制图的基本理论,结合桥梁结构的特点而编制。基本上是应用"三视图"理论,即长对正、高平齐、宽相等,同时又是"三视图"理论的一种变形应用,根据内容的不同,部分采用"概括化"、部分采用"详细化"。其基本目的是能够描述明白桥梁构造,使工程人员能够读懂,又能节省篇幅,不重复、不赘述。

　　正确识读桥梁图纸是建造桥梁的前提。桥梁施工图内容一般包括桥位平面图、桥位地质纵断面图、桥梁总体布置图和表达桥梁细部构造的墩台钢筋构造图、梁板钢筋构造图、桥面铺装钢筋构造图等。

　　一般的读图步骤概括如下:

　　1. 认真细读、通读设计说明

　　首先了解设计意图、设计依据,然后熟悉图纸所描述的桥梁地址的地形、地质以及当地的水文、气候条件;掌握桥梁的主体结构、主要材料的应用说明;图纸细部结构中难以描述的内容、本桥梁的施工注意事项等在本部分均有描述。

　　2. 阅读总体布置图和桥位平面图

　　熟悉桥梁的上、下部结构类型,结合所学知识,在头脑中构建该类型的结构特点,再结合其标注的各种高程、地形、地质、水位等条件,构建该桥的总体框架。

　　3. 阅读细部结构图

　　本部分是识读桥梁图的重点、难点。对每一张结构图要做到:先整体后局部,步步细化、前后印证,要在头脑中构建其模型结构,并根据图纸内容不断修复其模型,最终达到非对即错,即要么图纸有错误,提出质疑,要么是读图有误,重新阅读、再次修复"模型",对每一结构形式、断面,每种钢筋都要做到受力需要、作用满足、三视图指向一致,不能出现模棱两可的问题。

一、桥位平面图

　　桥位平面图表示桥梁在整个线路中的地理位置,它表达了桥梁与周围地形地物的位置关系。图上一般标明桥位处的道路、河流、水准点、地质钻孔以及附近地形和地物(如原有桥梁、房屋等),以便作为桥梁设计、桥梁施工定位的依据。

　　一般从桥位平面图上可以读出桥梁的中心桩号、桥跨数量、结构形式等重要信息。桥位平面图中的植被、水准符号等图例与道路路线平面图中的图例一致,一些特殊的图例在图中适当位置标出,读图时注意通过阅读图例分析桥位平面图中的内容。

　　1. 读图方式

　　桥位平面图是将桥梁的具体信息表达在地形图上。图纸选取的比例尺以能清楚、详尽地表达出桥梁本身的信息以及桥位处的地形、地物为宜,常选用 1∶500、1∶1000、1∶2000;

桥梁走向以指北针或者方位坐标来判断,桥梁周围地形的高低起伏用等高线表示。在此图上可以画出道路和桥梁的宽度。

2.读图主要内容

(1)桥位处的地形、地物、水准点、钻孔位置。

(2)不良工程地质现象的分布位置,如滑坡、断层等。

(3)桥位与河流的平面关系。

(4)桥位与公路路线的平面关系及桥梁的中心里程等。

(5)桥梁的走向、所处的整体环境(如与周围地形、地物、河道的关系)。

如图8-11所示,桥位平面图中的地形、地物、水准点的表示方法与路线平面图相同。

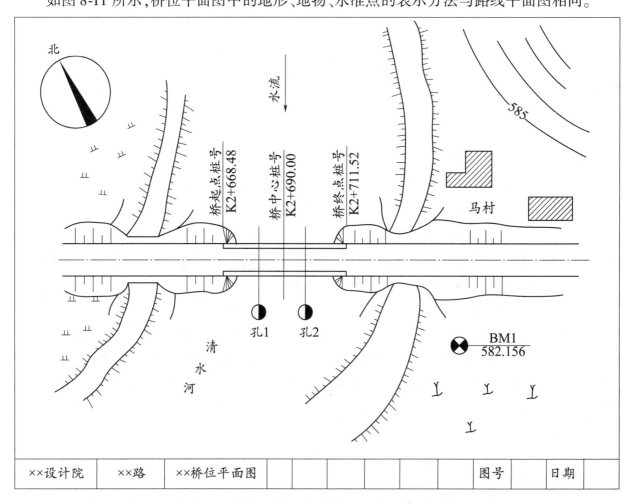

图8-11 ××桥位平面示意图

由于桥位平面图采用的比例比路线平面图大,因此可表示出路线的宽度,图中道路中心线采用细点划线表示,路基边缘线采用粗实线表示。图中还标示出了钻孔位置(孔1、孔2)和水准点(BM1)的位置。

读图8-11可知:

(1)桥梁的起、终点桩号分别为K2+668.48和K2+711.52,大致为西北东南走向。

(2)桥梁位于道路的直线段上,并与河道正交,河道较宽而桥长较短。

(3)桥台两侧均设锥坡与道路的路堤连接。

(4)桥位附近道路两侧有一村庄和大片农田等。

二、桥位地质断面图

桥位地质断面图是根据水文调查和地质钻探资料所绘制的桥梁所在河床位置的地质断面图,如图 8-12 所示。

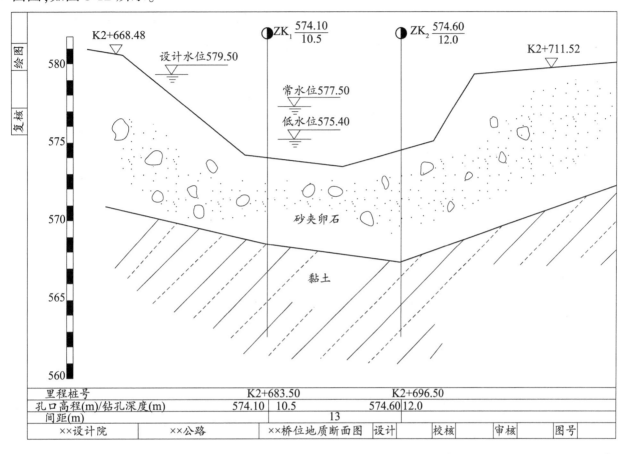

图 8-12　桥梁地质断面示意图

桥位地质断面图标出了河床断面线、各层地质情况、最高水位线、常水位线和最低水位线,以便作为设计桥梁、桥台、桥墩和计算土石方数量的依据;桥位地质断面图中还标出了钻孔的位置、孔口高程、钻孔深度及孔与孔之间的间距。

桥梁的地质断面图有时以地质柱状图的形式直接绘在桥梁总体布置图的立面图正下方。

读图 8-12 可知:

(1)图中两条竖直线表示钻孔的位置与深度。符号 $ZK_1 \frac{574.10}{10.5}$ 中,ZK 表示钻孔,其右下角的数字"1"表示第 1 号钻孔;分数线上面的数字 574.10 为孔口高程,下面的数字 10.5 为钻孔深度。同样,也可读得 2 号钻孔的孔口高程为 574.60m,钻孔深度为 12.0m。

(2)河床断面线(地面线)用粗折线表示;钻孔深度范围内的土层分层用细折线表示。图的左侧附有标尺,各土层(如砂夹卵石层和黏土层)的深度变化可由标尺确定。

(3)图中标出了设计水位、常水位、低水位的高程数值分别为 579.50m、577.50m 和 575.40m。

(4)断面图的下方附有钻孔表,从表中可了解到两钻孔的里程桩号分别为 K2+683.50

和 K2+696.50,两钻孔的水平距离为13.0m。

三、桥梁总体布置图

桥梁总体布置图反映河床地质断面及水文情况,主要表明桥梁的形式、跨径、净空高度、孔数、总体尺寸、各主要构件的数量和相互位置关系,还要对桥梁各部分的高程、使用材料及总体设计进行说明等,公路桥梁基本尺寸术语示意图(图8-13)可以帮助识读桥梁总体布置图。

◆ 小贴士

烽火中的钱塘江大桥

钱塘江大桥是由中国桥梁专家茅以升设计的,它是中国自行设计和建造的第一座双层铁路、公路两用桥。桥梁于1937年9月26日建成通车。

(一)为民族振兴而建,为家国大义而毁

钱塘江大桥修建是为了让整个浙江省全都串联起来,既能方便民生,又能提高军事效率。自鸦片战争以来,帝国列强们对我国非常轻视,钱塘江大桥的建成向世人证明了外国人可以做到的事情,中国人一样可以做到,甚至还会做得更好。

1937年12月23日,为了阻止日军向钱塘江南岸进攻,茅以升接到密令,要炸毁刚刚建成89天的钱塘江大桥。为了家国大义,茅以升不得不亲手炸毁自己修建的大桥,并发出了"不复原桥不丈夫"的爱国誓言。

(二)精益求精的工匠精神

抗日战争胜利后,茅以升又主持完成了钱塘江大桥的修复工作,并于1948年5月成功修复了该桥。钱塘江大桥在战争时期都是供军车和坦克行驶的,如此大的负荷却还能稳如磐石,首先要归功于茅以升在建造大桥时精益求精的工匠精神,他充分地考虑到了当时大桥既要满足通行、又要能经得起毁坏的实际情况。其次要归功于当时的施工人员,他们严格按图施工,对施工工艺精益求精。上述任何一个环节出了纰漏,钱塘江大桥都不会有如此之长的寿命。

如今,全长1453m的钱塘江大桥,在历经两炸两修和近90年的风雨沧桑,依然雄跨钱塘江,通衢南北。我们在感动于茅以升先生的家国情怀的同时,更应当继承这份精益求精的工匠精神。

1.桥梁总体布置图组成

桥梁总体布置图主要由立面图、平面图、侧面图、路基设计表及附注组成,如表8-9所示。

总体布置图可作为施工放样、确定墩台水平位置及各部分高程、构件预制、架设安装的依据。

2.桥梁总体布置图的图示特点

(1)由于桥梁左右对称,立面图一般采用半剖面图的形式表示,剖切平面通过桥梁中心线沿纵向剖切。

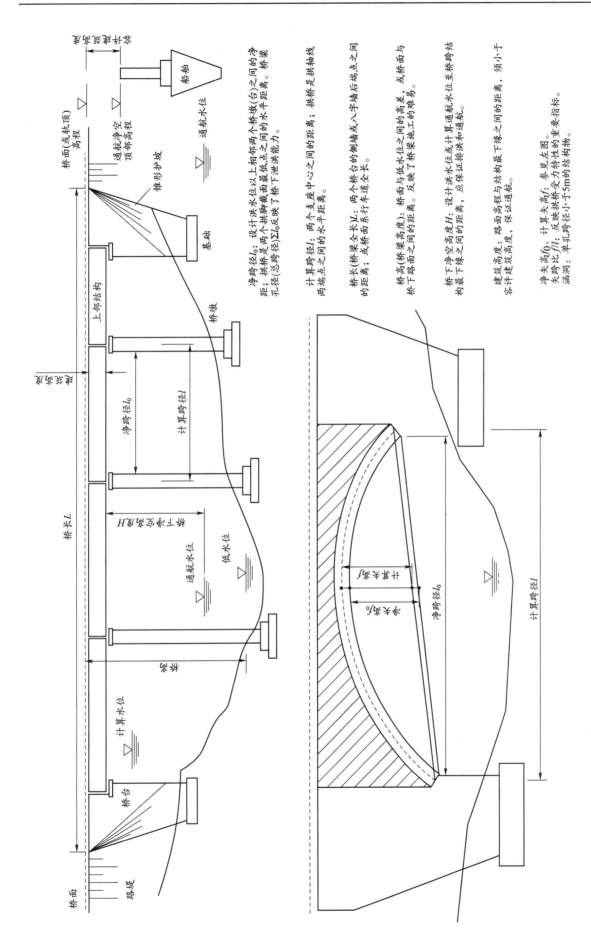

图8-13 公路桥梁基本尺寸术语示意图

桥梁总体布置图组成　　　　　　　　　　表8-9

组成	内容
立面图	应列出桥梁的总长、各跨跨径、纵向坡度、施工放样和安装所必需的桥梁各部分的高程、河床的形状及水位高度。立面图还应反映桥梁起终点、桥梁中心桩号以及桥梁各主要构件的相互位置关系
平面图	桥梁在水平方向的线形,桥墩、桥台的布置情况及车行道、人行道、栏杆等位置
侧面图（横断面图）	桥面宽度、桥跨结构横断面布置及横坡设置情况等
路基设计表	应列出桥台、桥墩的桩号及各桩号处的设计高程、各测点的地面高程及各跨的纵坡等
附注	一般说明图纸的尺寸单位、设计荷载等图中未表达的事项

(2)平面图可采用半剖图或分段揭层的画法来表示,半剖图是指左半部分为水平投影图,右半部分为剖面图(假想将上部结构揭去后的桥墩、桥台的投影图)。

(3)侧面图根据需要可画出一个或几个不同断面图。在路桥专业图中,画断面图时,为了图面清晰、突出重点,只画剖切平面后离剖切平面较近的可见部分。

(4)根据道路工程制图标准规定,可将土体看成透明体,埋入土中的基础部分不可见,所以画成虚线。

【例8-3】 识读图8-14所示桥梁总体布置图。

如图8-14所示,装配式空心板桥的总体布置图包括立面图、平面图、横剖面图三个视图,它们均采用了合成视图。立面、平面的比例为1:500,横剖面Ⅰ-Ⅰ、Ⅱ-Ⅱ的比例为1:250。

(1)立面图

①因为桥梁对称,故一半绘立面,一半绘纵剖面图,并习惯将纵剖面图绘在右边。

②从图中可知:桥梁的总长为75.04m,共5孔,每孔跨径均为13m。上部结构为预制钢筋混凝土空心板,考虑温度变化,在桥台处共设2道宽2cm伸缩缝。

③下部结构桥墩为桩柱式深基础,它由桩、柱和盖梁组成,桥台为重力式U形桥台配扩大基础;桥梁各部分的高程已在图中示出,可作为桥梁施工定位的依据。

④从图中还可了解到桥梁的起点桩号为K0+427.48,桥梁的终点桩号为K0+502.52,桥梁的中心桩号为K0+465.00,桥梁全长75.04m。

(2)平面图

①平面图采用从左至右分段揭层的画法表达。平面图的左半部分为桥梁护栏及桥面部分的半平面图;右半部分为桥墩和桥台平面图。由平面图可知,桥梁与路线前进方向的夹角为80°,图中的尺寸标注是斜长,例如,3号桥墩盖梁的正投影宽度为1250cm,斜长为1250/cos(80°)=1269.3(cm)。

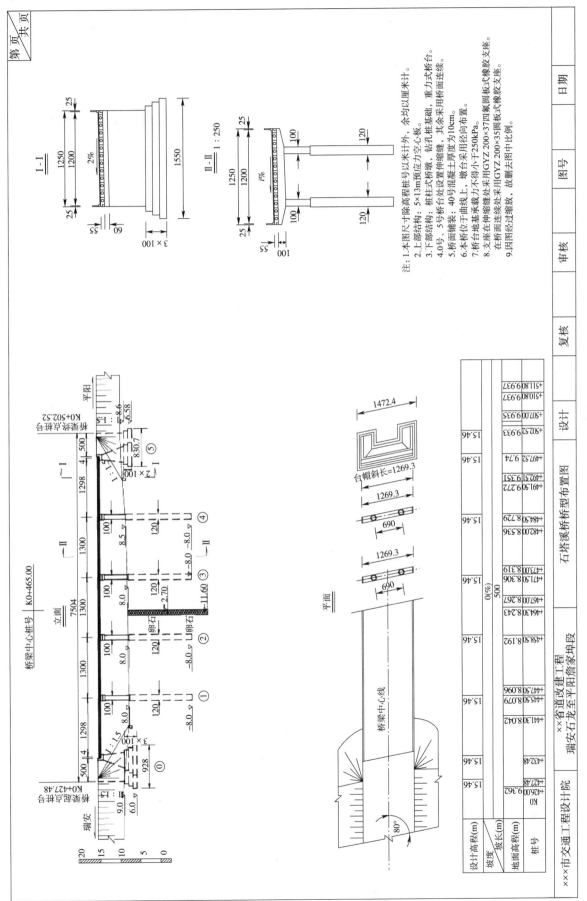

图 8-14 石塔溪桥桥型布置图

②对照横剖面图可知:桥面宽度为 12.50m;桥台为重力式 U 形桥台,三阶扩大基础;桥墩为桩柱式深基础,墩柱的直径为 100cm,桩基直径为 120cm,单排桩柱中心间距为 690cm;盖梁宽度为 1250cm,高度为 100cm。

(3)横剖面图

①横剖面图是由两个剖面图Ⅰ-Ⅰ和Ⅱ-Ⅱ(剖切位置见立面图)各绘一半合成的。Ⅰ-Ⅰ的剖切位置靠近桥台(观察方向从左向右),以便清楚地表示桥台的构造,桥台基础为三阶扩大基础组成,每阶基础高度为 100cm,桥台台帽高度为 60cm;Ⅱ-Ⅱ剖面图的剖切位置在两桥墩之间(观察方向从左向右),以便清楚地表示桥墩的构造。

②由图可知:桥面为单向排水;上部结构由 12 片空心板组成;空心板高度为 55cm,护栏宽度为 25cm,桥面净宽为 1200cm。

(4)路基设计表

从路基设计表中可以查出桥梁长度范围内特征点的桩号、高程、坡度/坡长的数据。查找 1 号桥墩位置处相关数据的具体做法是:从立面图中 1 号桥墩桩基中心处引垂直辅助线至路基设计表,可知:此处桩号为 K0+445.50,桥面高程为 15.46m,路线纵坡为 0(无纵坡),地面高程为 8.192m。5 号桥台处的相关数据查询方法为:从立面图中 5 号桥台伸缩缝边缘(偏向路基一侧)处引垂直辅助线至路基设计表,可知:此处桩号为 K0+497.52,桥面高程为 15.46m,路线纵坡为 0(无纵坡),地面高程为 9.740m。其他依此类推。

知识拓展

工程图纸的绘制

桥梁图纸种类多且复杂,总体图就有桥位平面图、桥梁地质纵断面图和桥梁总体布置图,此外还有各类钢筋图。你知道这些图纸都是怎么画出来的吗?

在电脑普及率不高且桥梁软件没有或者不成熟的年代,老一辈的设计工程师就是靠空白图纸、铅笔、直尺和圆规等最基本的绘图工具纯手工绘制而成,把一座甚至数座桥的图纸绘制出来,难度可想而知。

现在电脑成为办公标准配置,桥梁专业设计软件更是种类繁多。设计院常用的就有桥梁大师、桥梁通、桥梁博士、Midas 等软件,一个工程只要输入原始数据,图纸初稿只需轻点鼠标就出来了,再经过设计师修改就成图了。

譬如一座桥梁的桥型布置图,各种细部结构图和钢筋图,用桥梁通或者桥梁大师,输入桥梁设计和桥梁所在路线的基本数据,通过软件就可以计算,如果计算结果合格,就可以生成设计所需要的大部分图纸。当然,图纸还需要后期的加工,以求达到精确和美观。

思考与练习

1. 桥梁总体图主要有_____、_____、_____。
2. 桥梁施工图纸一般由哪几类图纸组成?
3. 简述桥梁地质纵断面图、桥位平面图和桥梁布置图里都表达了什么内容。

4.根据图 8-14 回答问题。

(1)桥梁长度为_____,桥面宽度为_____,桥梁跨径为_____。

(2)桥墩桩基础直径为_____,4 号桥墩桩基础长度为_____。

(3)3 号桥墩的桩号为_____,桥台台帽厚度为_____。

第四节　桥梁构件图的识读

在桥梁总体布置图中,由于采用比例较小,桥梁的各部分构件不能详细地表达出来。为了详细地表达构件的形状、大小、钢筋的布置以及构件之间的连接关系,需采用较大比例画出大样图,这种图称为结构构件图。桥梁构件图包括一般构造图和钢筋构造图两种。

图 8-15 所示为桥梁主要构件的立体示意图,桥梁由上部结构(桥跨结构)、下部结构(墩台)和附属结构组成。

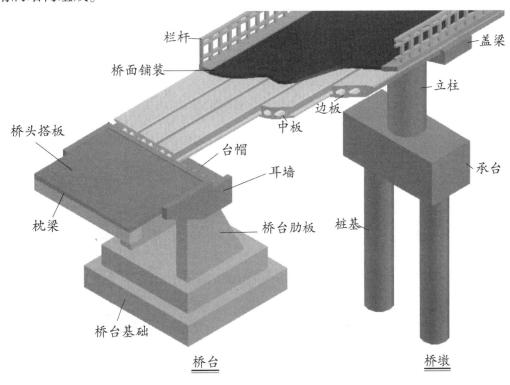

图 8-15　桥梁构件的立体示意图

如图 8-15 中的空心板、桥面铺装为上部结构;桥梁下部结构为桥台、桥墩和基础。桥跨结构通过支座支撑在桥梁墩台上;图中的桥头搭板和栏杆为附属结构。

一、钢筋混凝土简支板识读

公路桥梁最多的桥型是梁桥,梁桥按承重结构的静力体系分类又分为简支梁桥、连续梁桥和悬臂梁桥,如图 8-16 所示。

公路梁桥中常见的中小跨径梁桥上部结构一般采用简支空心板、T 形梁和小箱梁,尤其以空心板桥居多,本节重点讲述空心板图纸的识读。空心板主要图纸一般包括《空心板一般构造图》《空心板普通钢筋构造图》《铰缝钢筋构造图》《空心板预应力钢筋构造图》等。

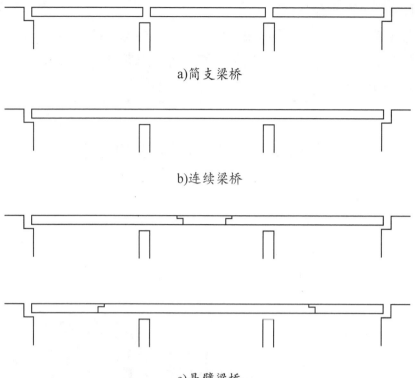

图 8-16　梁桥类型

1. 空心板

空心板有单孔空心板和双孔空心板,如图 8-17 所示。

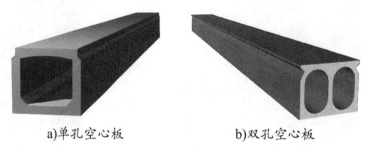

图 8-17　空心板立体示意图

多块空心板拼装在一起,如图 8-18 所示,组成桥梁的行车道板,支撑上部荷载。

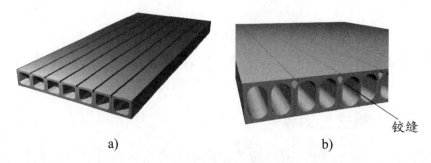

图 8-18　多块空心板组成的行车道板示意图

2. 横向连接

为了使板桥组成整体,共同承受车辆荷载,在块件之间必须具有横向连接的构造。空心板的横向连接就是两块板之间的铰缝,铰缝里多以添加钢筋并与桥面铺装钢筋相连接,再在铰缝里灌入混凝土为主,增加空心板之间的横向联系。

图 8-19 所示为铰缝钢筋构造图。以 13m 空心板铰缝为例,N1 钢筋是直径为 8mm、单根长度 127cm 的光圆钢筋,每两根钢筋之间的间隔为 15cm,所以一条铰缝所需钢筋数目为 $\frac{1300(空心板跨径)}{15(钢筋间距)} \approx 87(根)$,共长为 $\frac{127 \times 1300}{15} = 110.07(m)$,总重为 110.07×0.395(每米钢筋质量) $= 43.48(kg)$;N2 为直径 12mm 的带肋钢筋,沿铰缝纵向布置 2 根,每根长度为 1296cm(空心板长度为 1300cm,两端伸缩缝宽度为 4cm),铰缝填充 C50 小石子混凝土,体积等于铰缝的体积。

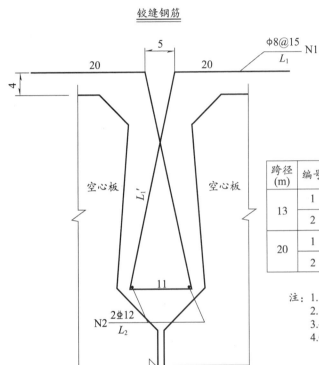

一条铰缝钢筋尺寸表

跨径(m)	13	20
L_1'(cm)	38	68
L_1(cm)	127	187
L_2(cm)	1296	1996
N1根数	87	133
N2根数	2	2

一条铰缝材料数量表

跨径(m)	编号	直径(mm)	单根长度(cm)	根数	共长(m)	总重(kg)	C50小石子混凝土(m³)
13	1	φ8	127	87	110.07	43.48	0.516
13	2	⌀12	1296	2	25.82	23.02	0.516
20	1	φ8	187	133	249.33	98.74	1.208
20	2	⌀12	1996	2	39.92	35.45	1.208

注:1. 本图尺寸单位除钢筋直径以毫米计外,余均以厘米计。
2. 浇筑铰缝混凝土之前铰缝企口应按规范要求凿毛。
3. 铰缝处钢筋密集,注意振捣密实。
4. C50小石子混凝土已计入空心板数量表中,此处不再另示。

图 8-19 空心板铰缝钢筋构造图

【例 8-4】 阅读图 8-20 所示 10m 空心板一般构造图。

钢筋混凝土空心板梁是主梁的常用形式之一,有边板和中板之分,如图 8-20 所示。空心板一般构造图主要表达了空心板的外部形状与尺寸,它由板的半立面图、半平面图、断面图以及铰缝大样图组成。

由于中板和边板立面形状区别不大,所以图中只画了中板立面图;又由于纵向对称,所以图中只画了半立面图、半平面图。从图纸中可以看出:该空心板跨度为 1000cm,板两端各留有 2cm 的接头缝,板的实际长度为 996cm,中板的理论宽度为 100cm,板的横向也留有 1cm 的缝,所以中板的实际宽度为 99cm。

【例 8-5】 阅读图 8-21 所示跨径 8m 钢筋混凝土空心板钢筋构造图。

图示结构为梁长 796cm,横截面宽 99cm,高 60cm 的矩形空心板,双挖孔,每一挖孔尺寸为两个半径 19cm 的半圆中间夹着一个宽 (2×19)cm、高 8cm 的矩形;底板和顶板厚各 7cm,两边腹板厚 8cm,两挖孔中间腹板厚 7cm;板的两边各做一个高 $(7+7)$cm、宽 $(2.5+2.5)$cm 的企口。

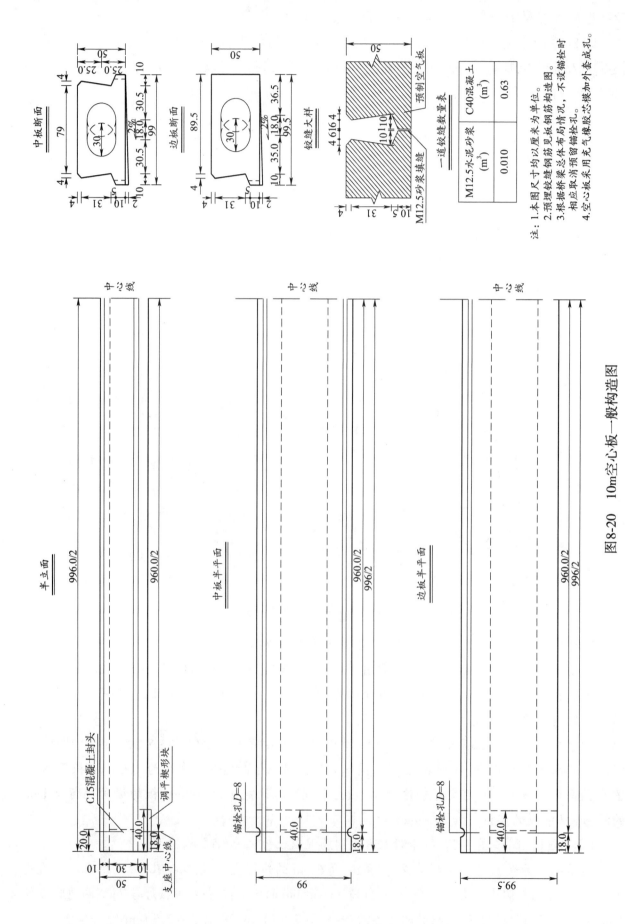

图 8-20　10m 空心板一般构造图

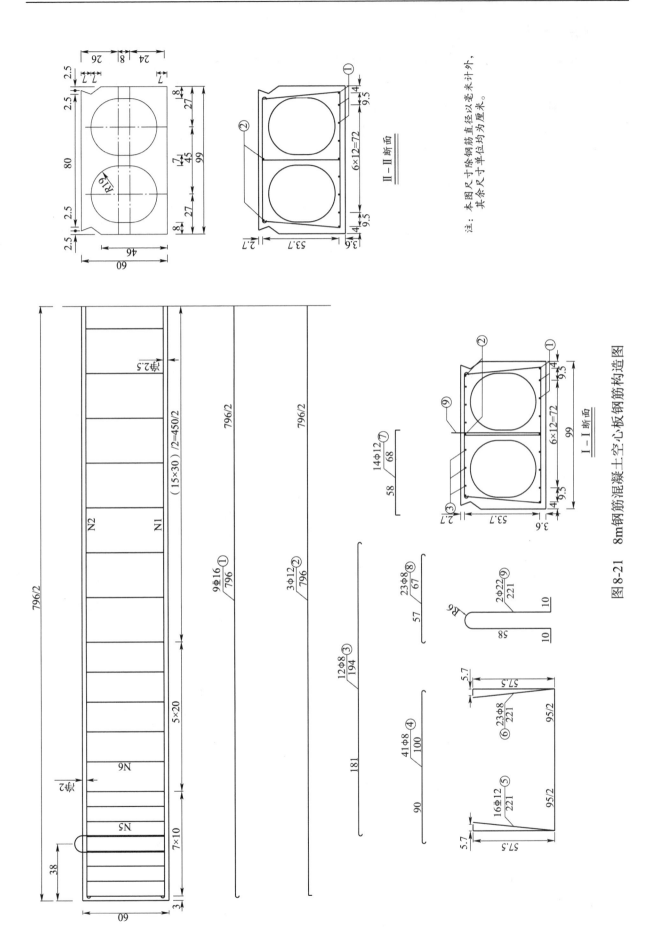

图8-21 8m钢筋混凝土空心板钢筋构造图

钢筋结构为:

(1) 主筋 9 根,编号为①,直径 16mm 的 HRB400 钢筋,直线筋,长度为 796cm,两端做成 180°弯钩;分一排布置在梁的下缘,承受拉力;主筋距梁的下缘 3.6cm,其中两边筋距梁的侧边 4cm,其间距为 $(9.5+6\times12+9.5)$ cm。

(2) 箍筋承受剪力,编号为⑤、⑥两种,中间段用编号为⑥的钢筋,共 23 根,直径为 8mm 的 HPB300 钢筋,长度为 221cm;底长 95cm,高 57.5cm,端部做弯钩,内倾 5.7cm,中间加编号为⑧的钢筋,组成三肢箍筋;间距为 30cm 和 20cm。

(3) 端部箍筋用编号为⑤的钢筋,直径 12mm 的 HRB400 钢筋,形状基本同⑥号筋,共 18 根,对称布置在梁的两端部,间距 10cm,中间加编号为⑦的钢筋,组成三肢箍筋,且箍筋封顶筋与⑥号筋共同用编号为④的直线 HPB300 钢筋。

(4) 架立筋编号为②号,长 796cm,对称布置在梁的上缘,直径 12mm 的 HPB300 钢筋。

(5) 在梁的上缘两端各布置 6 根长(194)181cm 的③号分布加强钢筋。

(6) 两端各设吊钩一个,编号为⑨,直径 22mm 的 HPB300 钢筋。

阅图总结:

(1) 在头脑中构建或按 1∶1 大样构建板及钢筋模型。

(2) 找出并确认三种主要钢筋:梁下缘的受力筋、从跨中到支点逐渐增加的抗剪箍筋、成型的架立钢筋。

二、桥墩、桥台一般构造图识读

桥台位于桥梁的两端,前端支承着桥跨,后端与路基衔接,起着支挡台后路基填土并把桥跨与路基连接起来的作用,还需承受台背填土及填土上车辆荷载产生的附加土侧压力。

桥墩支承着相邻的两孔桥跨,居于桥梁的中间部位,除承受上部结构的作用力外,还受到风力、流水压力以及可能发生的流冰压力、船只和漂流物的撞击力。桥梁墩台的作用都是承受上部结构传来的荷载,并将它及本身自重传给地基。图 8-22 为重力式墩台示意图。

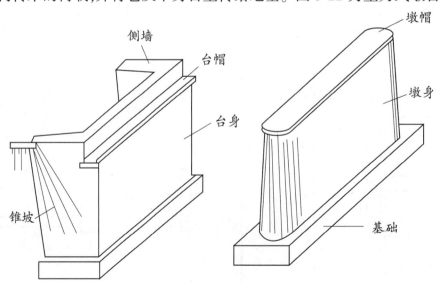

图 8-22 重力式墩台示意图

【例 8-6】 读图 8-23 所示石塔溪桥 0 号桥台一般构造图。

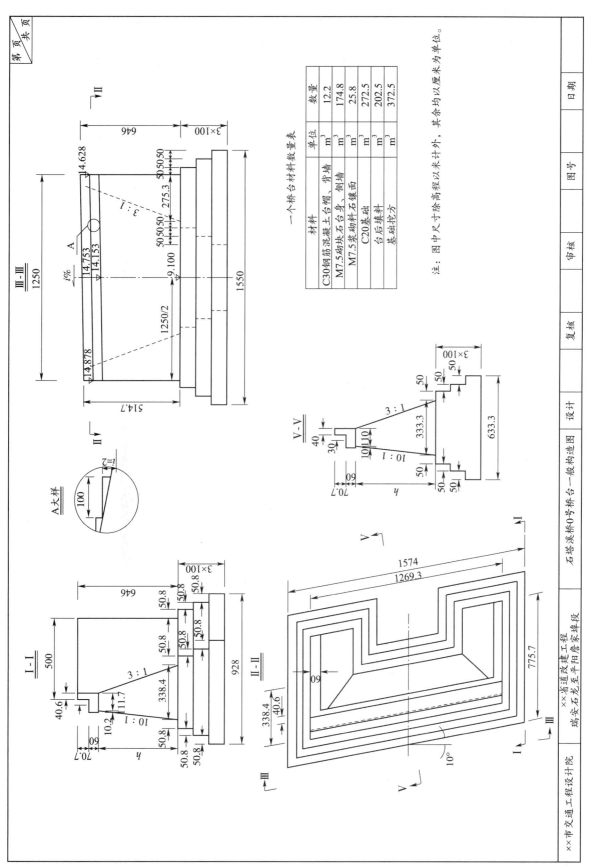

图 8-23 石塔溪桥 0 号桥台一般构造图

Ⅰ-Ⅰ图为0号桥台的剖面投影图,Ⅱ-Ⅱ图为重力式U形桥台的俯视图,Ⅲ-Ⅲ图为0号桥台的侧视图。三视图相互配合识读,可以得出0号桥台结构的尺寸。

(1)读Ⅰ-Ⅰ图

Ⅰ-Ⅰ图中表达的结构与Ⅴ-Ⅴ图中基本一致,只是Ⅳ-Ⅳ图中是正尺寸,而图Ⅰ-Ⅰ中的尺寸大部分是斜尺寸。

(2)读Ⅱ-Ⅱ图

该俯视图中基础底宽1574cm为斜长,原因是桥台与路线有10°的夹角存在。由图Ⅲ-Ⅲ知基础正宽度为1550cm,斜长具体计算公式为$\frac{1550}{\cos 10°}=1574(\mathrm{cm})$。

(3)读Ⅲ-Ⅲ图

①桥台台帽宽度为1250cm,与桥面同宽,单向横坡,所以台身两侧侧墙高度略有差异,一侧为646cm,一侧为514.7cm;读Ⅱ-Ⅱ图知侧墙厚度为60cm,读Ⅰ-Ⅰ图知侧墙宽度为500cm。

②桥台中心线处台身高度为$14.153-9.100=5.153(\mathrm{m})$。

③桥台基础为三阶扩大基础,每阶高度为100cm,基础底宽1550cm。

(4)读Ⅴ-Ⅴ图

①台帽背墙顶宽40cm,支座中心线距离背墙30cm;台帽宽度为120cm,高度为60cm。

②台身两侧坡度分别为10∶1和3∶1。

【例8-7】 读图8-24所示石塔溪桥桥墩一般构造图。

(1)盖梁:读立面图知盖梁的正长度为$1269.3×\cos 10°=1250(\mathrm{cm})$,读Ⅰ-Ⅰ图知盖梁高度为110cm,宽度为120cm。

(2)墩柱:直径为100cm,两根墩柱中心间距为690cm。

(3)桩基:直径为120cm,两根桩基中心线间距也是690cm。

该图为石塔溪桥4个桥墩的通用图。每个桥墩墩柱和桩基的长度差异在《高程控制表》中体现。例如3号桥墩,墩柱长度一侧为$C-E=13.587-8.000=5.587(\mathrm{m})$,另一侧为$D-E=13.623-8.000=5.623(\mathrm{m})$。桩基长度为$E-F=8-(-8)=16(\mathrm{m})$。其他墩桩柱长度均如此推算。

◆ **知识拓展** ▶

BIM 到底是什么?

现在,工程界最火的应用新技术非BIM(Building Information Modeling)莫属了。作为信息化发展的主要方向之一,BIM到底是什么呢?

BIM技术由Autodesk公司在2002年率先提出,已经在全球范围内得到业界的广泛认可,它可以帮助实现建筑信息的集成,从建筑的设计、施工、运行直至建筑全寿命周期的终结,各种信息始终整合于一个三维模型信息数据库中。设计团队、施工单位、设施运营部门和建设单位等各方人员可以基于BIM进行协同工作,有效提高工作效率、节省资源、降低成本,以实现可持续发展。

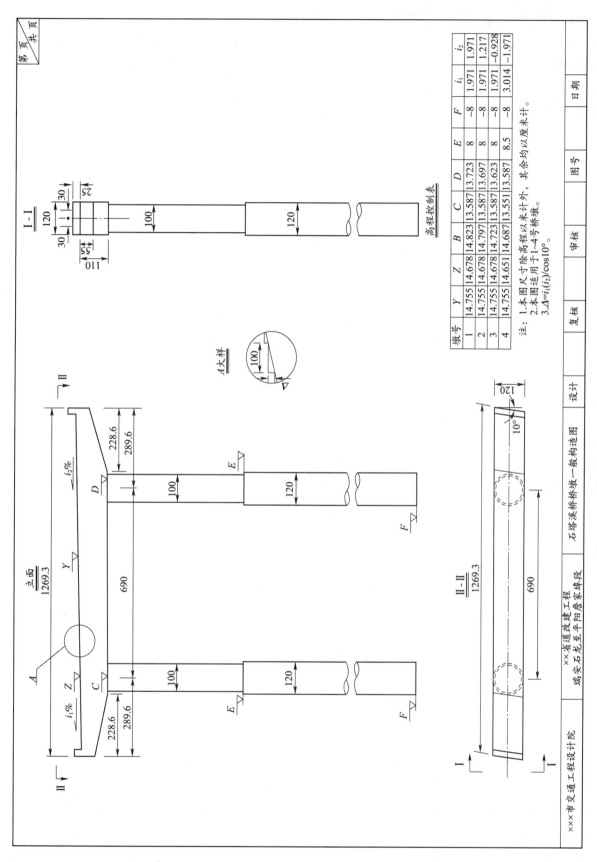

图 8-24 石塔溪桥桥墩一般构造图

BIM可视化强,它将以往的线条式的构件形成一种三维的立体实物图形展示在人们的面前;协调性高,以前出现问题了需要把设计单位、施工单位、建设单位、监理单位都找齐一起开现场会,现在大家坐在电脑旁,就可以解决大部分问题。BIM还可以进行施工模拟、碰撞检查、计算工程量、工程造价等,特别还能将建成后的模样展现在你面前!

BIM软件厂商众多,其开发的软件各有优势与适用领域。据不完全统计,目前全球BIM建模软件有70款之多,常用的就有二三十款,Revit就是其中应用比较广泛且成熟的建模软件之一。

BIM到底是什么

三、盖梁钢筋构造图识读

盖梁又称帽梁,分为桥墩盖梁和桥台盖梁(又称台帽),主要作用是支承桥梁上部结构,并将全部荷载传到下部结构。

【例8-8】 阅读图8-25所示桥墩盖梁钢筋结构立体示意图。

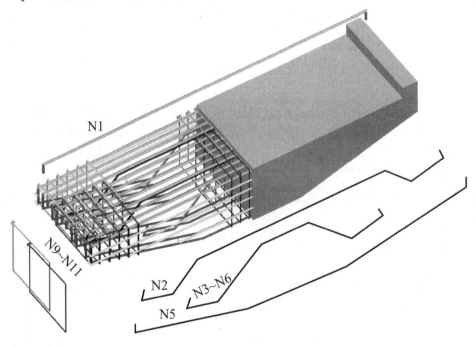

图8-25 石塔溪桥桥墩盖梁钢筋立体示意图

图8-26所示为石塔溪桥桥墩盖梁钢筋构造图。因为盖梁结构形状与钢筋布置在平面和立面均为对称结构,所以图中只画出了半立面和半平面。

结合图8-14读图。由桥型布置图中的横断面图Ⅱ-Ⅱ可知,桥墩盖梁与桥面同宽为1250cm,桥梁与道路前进方向呈80°夹角,所以盖梁长度为1250/cos10°=1269.3(cm)。

读Ⅰ-Ⅰ、Ⅱ-Ⅱ横断面图,结合立面图、平面图和钢筋大样图知:

(1)N1为通长布置在盖梁顶部的主筋,钢筋直径为22mm,长度为1343.6cm,钢筋两端设置直角弯钩。

(2)N2、N3、N4、N6钢筋为弯起钢筋,也是受力主筋,其中N2、N3、N4在Ⅰ-Ⅰ横断面图只出现在盖梁顶部,顶部出现两排钢筋,钢筋间的位置见横断面图中的小黑圆点,N6在Ⅱ-Ⅱ横断面只出现在盖梁底部。N5钢筋为布置在盖梁底部的通长主筋,数目为10根。

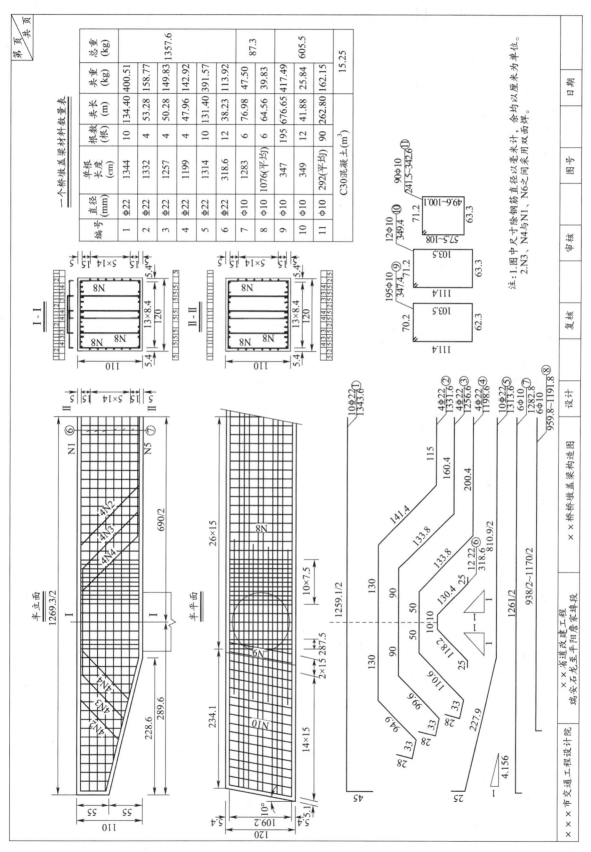

图8-26 ××桥桥墩盖梁钢筋构造图

(3)N7、N8 钢筋为架立钢筋,钢筋直径为 10mm,形状尺寸见钢筋大样图;N9、N10 和 N11 为箍筋,钢筋大样图和材料数量表清晰表达了钢筋的尺寸形状以及钢筋用量。

四、桩基图识读

桩基础是桥梁常用的深基础形式,它的特点是墩身轻,节约材料而且又美观。图 8-27 为桩柱式桥墩,该桥墩从上到下由盖梁、立柱、系梁、桩基等部分组成。柱式桥墩墩柱较高(一般认为大于 8m)应该设置系梁,增强墩柱的横向稳定性;较矮的桩基础可以不设置系梁,如图 8-14 中桥墩就没有设置系梁。

桥墩各部分均为钢筋混凝土结构,都应该配置钢筋结构图,如图 8-28 所示。

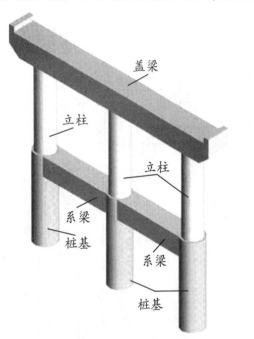

图 8-27 桥墩桩基础立体示意图　　图 8-28 桥墩桩基础钢筋结构情况示意图

读图 8-29 可知:

(1)桩基直径为 120cm,长度为 1700cm;墩柱的直径为 100cm,长度为 465.5cm。桥墩柱长度小于 8m,没有设置系梁。

(2)N1 钢筋为墩柱的竖向主筋,直径为 22mm,长度为 657cm,根数为 24 根;由图Ⅰ-Ⅰ可知,N1 钢筋 360°均匀环形分布于柱的内测。钢筋外围有 6cm 厚的混凝土保护层。由 N1 钢筋大样图可知,N1 钢筋上端 90cm 部分外扩 15cm,且伸入盖梁内部。N1 钢筋下端伸入桩基内部,与 N5 钢筋连接在一起,形成一个整体。

(3)N2、N3、N4 螺旋钢筋缠绕在 N1 钢筋外围,直径均为 8mm,螺距为 20cm,根数为 1 根。起着固定 N1 主筋的作用。

(4)N5 钢筋为桩基的竖向主筋,直径为 22mm,长度为 1700cm,根数为 24 根;由图Ⅱ-Ⅱ可知,N5 钢筋 360°均匀环形分布于桩的内测。钢筋外围有 7cm 厚的混凝土保护层。由 N5 钢筋大样图可知,N5 钢筋端 100cm 外扩 9cm,且与 N1 钢筋焊接在一起,这样做的目的是增强桩柱的连接。N1、N5 重合部分外围缠绕 N9 螺旋钢筋;N6、N7 螺旋钢筋缠绕在 N5 钢筋外围。所有螺旋钢筋的螺距、上下端螺圈直径、长度等信息详见大样图。

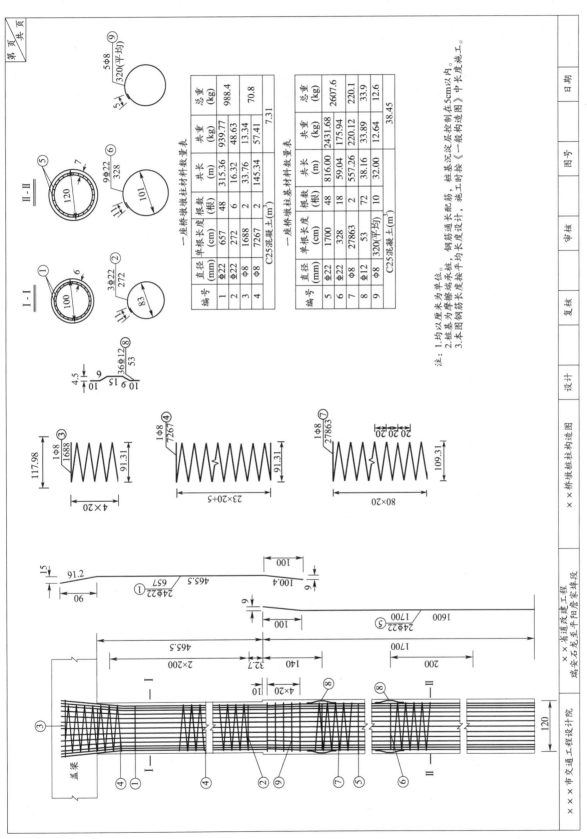

图8-29 ××桥墩桩柱构造图

（5）N8钢筋属于定位钢筋，将螺旋钢筋固定在主筋外围，与主筋焊接在一起。

（6）图中右下部分是材料数量表，由表可知，桥墩桩柱是由C25混凝土浇筑而成。

五、桥面铺装钢筋构造图识读

桥面铺装又称车道铺装，其作用是保护桥面板，防止车轮或履带直接磨耗面，保护主梁免受雨水侵蚀，并借以分散车轮的集中荷载。桥面铺装是在桥面板上铺设钢筋网，再浇筑水泥混凝土或者摊铺碾压沥青混合料而成。钢筋网如图8-30所示。

图8-30 桥面铺装钢筋网现场图

图8-31为桥面铺装立体示意图。图8-32为桥面铺装钢筋构造图，由桥面铺装钢筋横断面图、平面图、钢筋大样图和全桥桥面铺装材料数量表组成。

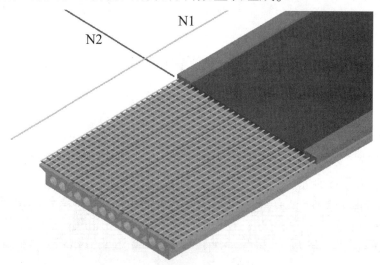

图8-31 桥面铺装立体示意图

由横断面图得知：桥面宽度为1000cm，桥面净宽为900cm，护栏基座宽度为50cm，桥面铺装由C40防水混凝土浇筑，混凝土中铺装一层钢筋网。由平面图得知：桥面钢筋网由纵横向间距均为10cm的1号钢筋和2号钢筋组成。钢筋大样图以及尺寸亦可得知。特别要注意图纸右下角"注"的说明，有桥面铺装施工注意事项。

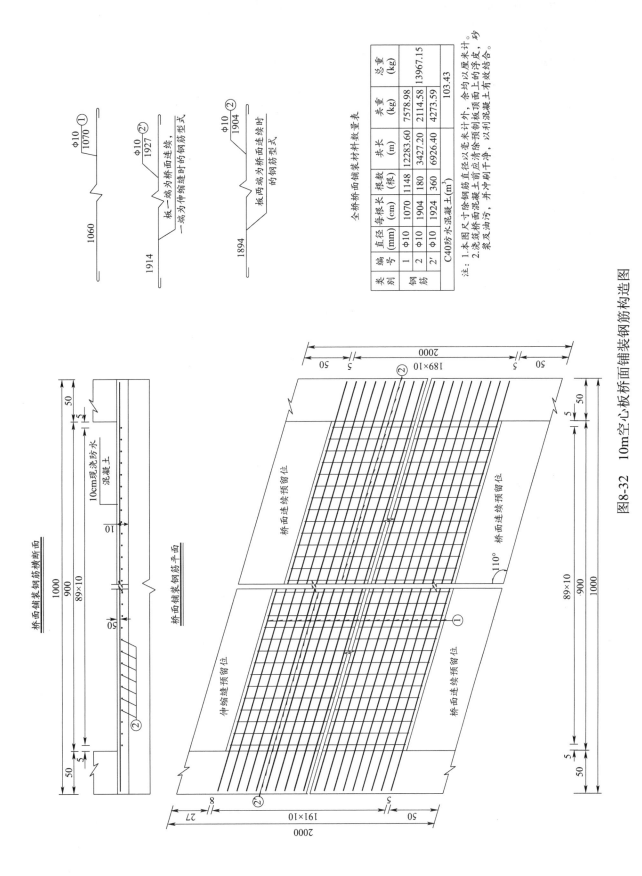

图8-32 10m空心板桥面铺装钢筋构造图

思考与练习

1. 梁桥按承重结构的静力体系分类又分为_____、_____和_____。
2. 列出你所知道的桥梁类型。
3. 桥梁由_____、_____和_____组成。
4. 重力式U形桥台由_____、_____、_____和基础组成。
5. 简述桥台和桥墩的作用。
6. 简述盖梁的作用。
7. 盖梁属于上部结构还是下部结构？
8. 简述盖梁内的弯起钢筋的作用。
9. 桩柱式桥墩一般由_____、_____、_____和_____组成。
10. 简述螺旋钢筋的作用。
11. 简述定位钢筋的作用。
12. 简述桥面铺装的作用。
13. 桥梁附属设施都包括哪些结构？

第九章 涵洞与通道工程图

知识目标

(1) 了解涵洞的分类。
(2) 熟悉涵洞的基本组成及其作用。
(3) 掌握涵洞构造图的内容和特点。
(4) 掌握涵洞构造图的识图方法。
(5) 了解通道的概念。
(6) 熟悉通道的基本组成及其作用。

能力目标

(1) 能正确辨识各种类型涵洞。
(2) 能识别涵洞各部分构件、了解各构件的作用。
(3) 能识读各种类型涵洞的布置图。
(4) 能识读各种类型涵洞的结构图。
(5) 能识读各种类型涵洞钢筋构造图。
(6) 能正确辨识通道的构造。

素质目标

培养潜心钻研、精益求精、品行高尚、追求卓越的职业素养。

第一节 涵洞的基本分类及组成

涵洞是小型排水结构物,一般单孔跨径小于5m或多孔跨径总长小于8m的称为涵洞,其中,圆管涵和箱涵不论孔径、跨径多少都称为涵洞。涵洞可以看成是跨径或规模更小的桥梁。

一、涵洞的分类

(1) 涵洞按结构形式划分的,分为盖板涵、拱涵、箱涵、圆管涵,如表9-1所示。
(2) 涵洞按建筑材料划分,可分为石涵、混凝土涵、钢筋混凝土涵等,如表9-2所示。

涵洞按结构形式分类　　　　表 9-1

类别	特点	图片
盖板涵	构造简单，维修方便，有利于在低填土路基上设置，且能做成明涵	
拱涵	承载能力较大，但自重引起的恒载也较大，对地基要求较高，施工工序较繁多	
箱涵	为整体闭合式钢筋混凝土框架结构，具有良好的整体性及抗震性，对地基适应性较强。但由于箱涵施工较困难，用钢量多，造价高，故一般仅在软土地基上采用	
圆管涵	受力及适应地基的性能较好，仅设置端墙，造价较低，但使用时须有足够的填土高度，在低路堤时，使用受到限制	

涵洞按建筑材料分类　　　　　表 9-2

类别	特点	图片
石涵	石涵是以石料为主要材料建造的涵洞，常做成拱涵	
混凝土涵	以混凝土为主要材料建造的涵洞，可节省钢筋，多做成拱涵	
钢筋混凝土涵	多做成盖板涵、箱涵、管涵等	

（3）涵洞按洞顶填土高度划分，可分为明涵和暗涵，如表 9-3 所示。

涵洞按洞顶填土高度分类　　　　　表 9-3

类别	特点	图片
暗涵	当涵洞洞顶填土高度大于或等于 0.5m 时为暗涵	
明涵	当涵洞洞顶填土高度小于 0.5m 时为明涵，适用于低路堤、挖方路段、浅沟渠	

(4)涵洞按水力性质划分为以下几种:

①无压力式涵洞。涵洞水流通过涵洞全长时,水面不接触涵洞顶面,涵前不容许壅水或壅水不高,涵洞处于无压力状态,如图9-1a)所示。

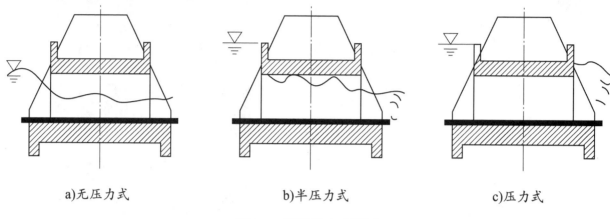

a)无压力式　　　　　　b)半压力式　　　　　　c)压力式

图9-1　涵洞的水力图示

②半压力式涵洞。涵洞进水口被水淹没,洞内水流不接触洞顶,出口不被水淹没,涵洞处于半压力状态,如图9-1b)所示。

③压力式涵洞。涵洞进、出水口都被水淹没,涵前水深在1.2倍涵洞的净高以上,水流在压力下通过涵洞,涵洞处于压力状态,如图9-1c)所示。

④倒虹吸涵洞。两侧水深都大于涵洞进出口高度,且进出水口必须设置竖井,如图9-2、图9-3所示。

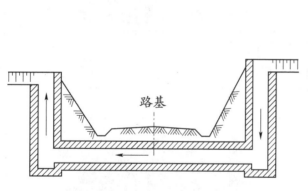

图9-2　竖井式倒虹吸涵洞图

图9-3　竖井式倒虹吸涵洞实例图

二、涵洞的基本组成

涵洞由洞身、洞口和基础组成,如图9-4所示。

洞身是形成过水孔道的主体,应具有保证设计流量通过的必要孔径,它同时承受活载压力和填土压力并将其传递给地基,所以又要求其本身具有足够的强度和稳定性。洞身通常由承重结构(如拱圈、盖板等)、涵台(涵墩)、基础以及防水层、伸缩缝等部分组成。涵洞涵底还应有适当的纵坡度,以利于排水。

洞口建筑连接洞身与路基边坡,上游洞口称为进水口,其作用是束水导流,把面积较大的水流汇集于一定的孔径之内,使之顺畅地通过涵孔;下游洞口称为出水口,其作用是散水防冲,使通过涵洞的水流扩散并顺畅地离开涵洞。

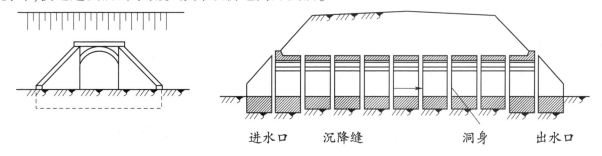

图 9-4　涵洞的基本组成示意图

涵洞基本组成及其作用如表 9-4 所示。

涵洞基本组成及其作用　　　　　　　　　　　　表 9-4

涵洞组成	作用	典型图片
洞身	主要作用是承受活载和土的压力,并将其传递给地基,同时并保证设计流量通过的必要过水面积	
洞口	洞口是保证涵洞基础和两侧路基免受冲刷,使水流顺畅的构造,由端墙、翼墙或护坡、截水墙和缘石等部分组成,一般进出水口均采用同一形式。 洞口形式有端墙式、翼墙式(又称八字墙式)、锥形护坡(采用 1/4 正椭圆锥)、平头式、走廊式、一字墙护坡、上游急流槽(或跌水井)下游急流坡、倒虹吸、阶梯式洞口及斜交洞口等结构形式	
基础	基础是将活载和土的压力传递给地基	

想一想

洞口形式有端墙式、翼墙式(又称八字墙式)、锥形护坡(采用1/4正椭圆锥)、平头式、走廊式、一字墙护坡、上游急流槽(或跌水井)下游急流坡、倒虹吸、阶梯式等,如图9-5所示。为什么有这么多洞口形式?它们的优缺点各是什么?

a)端墙式洞口

b)八字墙式洞口

c)走廊式洞口

d)锥形护坡式洞口

图9-5　涵洞洞口形式

思考与练习

一、填空题

1. 涵洞按结构形式分类可分为_____、_____、_____、_____等。
2. 涵洞的基本组成有_____。

二、判断题

1. 涵洞上下游的两个洞口没有区别。　　　　　　　　　　　　　　　　(　　)
2. 如果洞顶填土较高,选择拱涵比较合适。　　　　　　　　　　　　　(　　)

第二节　涵洞结构图的识读

涵洞工程图总体上与桥梁工程图相同,涵洞图的特点是构造简单,由于跨径小,钢筋布置也相对简单,图纸表达简单,图纸多集中,篇幅较少。尽管涵洞的类型很多,但图示方法和表达内容基本相同。涵洞工程图主要包括纵剖面图、平面图、侧面图以及必要的构造详图,如钢筋布置图、翼墙断面图等。

涵洞设计图同桥梁设计图一样,也是应用道路工程制图的基本理论,结合涵洞结构的特点而编制。基本上是应用"三视图"理论,即长对正、高平齐、宽相等,同时又是"三视图"理论的一种变形应用,根据内容的不同,部分采用"概括化",部分采用"详细化"。

涵洞的图示方法及表达内容如下:

（1）在图示表达时,涵洞工程图以水流方向为纵向（与路线前进方向垂直或呈一定角度布置）,一般以纵剖面图代替立面图。

（2）平面图一般不考虑涵洞上方的覆土,或假想土层是透明的。有时平面图与侧面图以半剖形式来表达,水平剖面图一般沿基础顶面剖切,横剖面图则垂直于纵向剖切。

（3）洞口正面图布置在侧视图位置作为侧面视图。

涵洞体积较小,一般图纸选用的比例较桥梁图稍大。下面通过工程实例图来介绍涵洞的一般构造图,说明涵洞工程的表示方法。

一、钢筋混凝土盖板涵

钢筋混凝土盖板涵的立体构造如图 9-6 所示。

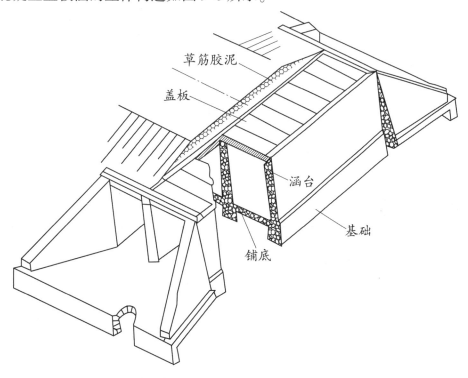

图 9-6　钢筋混凝土盖板涵立体示意图

图 9-7 为一盖板涵实例图,本涵洞有两张布置图,一张钢筋构造图。

(1)如图 9-7a)所示布置图(一)由纵断面图和平面图组成。在纵断面图上,我们能看到涵洞基本形式、与路基的关系(填土高度、与路线走向的交角)、涵洞基底垫层的厚度与长度、涵洞铺砌的厚度、涵洞的坡度及长度、洞身及洞口的一些主要尺寸,如涵洞长度为 5495cm,涵底坡度为 5%,涵洞上游长度为 2586cm,下游长度为 2909cm,涵长为上下游长度之和为 5495cm,即 2586 + 2909 = 5495(cm);每 5m 设置一道沉降缝,缝宽 2cm;涵洞与路线呈 90°夹角,即正交;进、出水口皆为锥形护坡,由于坡度的存在,两个洞口尺寸不同。

(2)如图 9-7b)所示布置图(二)中,从洞口断面图上,可以看到入口洞口的高度、坡度、与洞身的位置关系;从洞身断面图上,可以阅读到涵洞洞身的细部尺寸,如涵洞采用整体式基础,基础宽 540cm,基础厚 110cm;涵台高度为 40 + 350 + 46 = 436(cm)、涵台厚度为 70cm;涵洞为单孔,净跨径 340cm,盖板长 340 + 30 + 30 = 400(cm),盖板中间厚为 54cm。布置图中有涵洞各部位所用材料数量表,在读图过程中,根据所阅读的相关尺寸,计算工程量,与图中工程数量表相互对照,帮助正确阅读图中信息。

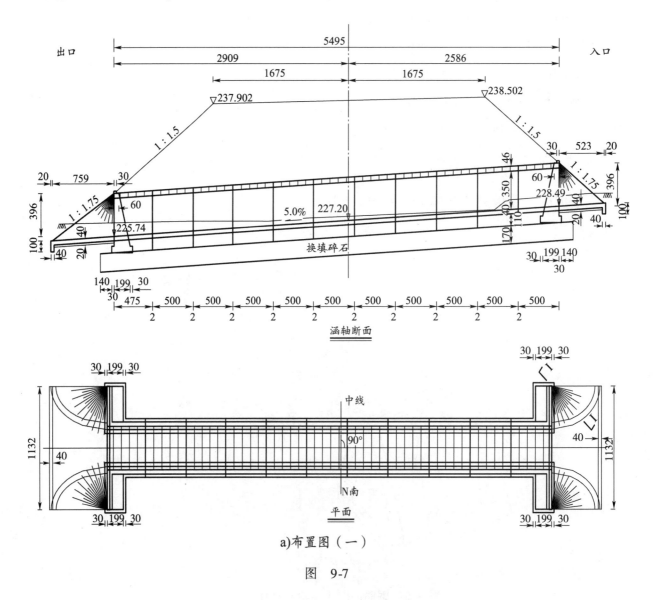

a)布置图(一)

图 9-7

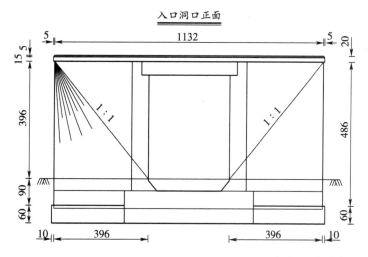

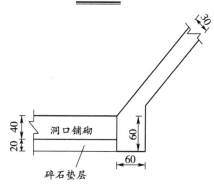

主要工程数量表

	工程项目		单位	数量
主体工程	盖板	C30混凝土	m³	111.7
		钢筋 HPB300钢筋	kg	2633.0
		钢筋 HRB400钢筋	kg	7537.3
	洞身	台帽 20号片石混凝土	m³	
		台身 20号片石混凝土	m³	327.0
		基础 20号片石混凝土	m³	326.4
		铺底 10号砂浆砌片石	m³	68.0
		铺底 碎石垫层	m³	
	帽石	C25混凝土	m³	1.6
	挡块	C25混凝土	m³	
	防水层	沥青两层	m²	
	沉降缝	沥青麻筋填塞	m²	154.1
	基础换填	碎石	m³	933.0
	挖基	挖土(无水/有水)h<3m	m³	1810/0
		挖土(无水/有水)h>3m	m³	640/0
		挖石(无水/有水)h<3m	m³	
		挖石(无水/有水)h>3m	m³	
附属工程	端翼墙	墙身 20号片石混凝土	m³	80.9
		基础 20号片石混凝土	m³	20.0
		勾缝 10号水泥砂浆	m²	
		抹面 10号水泥砂浆	m²	
	洞口铺砌	10号砂浆砌片石	m³	28.1
		碎石垫层	m³	14.0
	抑水墙	10号砂浆砌片石	m³	9.1
	锥体	锥坡及基础 7.5号砂浆砌片石	m³	39.3
		碎石垫层	m³	6.3
		内填土	m³	77.5
	挖沟	挖土(无水/有水)	m³	730/0
		挖石(无水/有水)	m³	

注：1.本图尺寸除里程、高程以米计及注明者外，其余均以厘米计。
2.本涵出入口均采用一字墙接锥体，出入口以外顺接原沟。
3.本涵基底设计应力$\sigma=250$kPa，基底换填碎石并分层夯填密实。

b) 布置图（二）

图 9-7

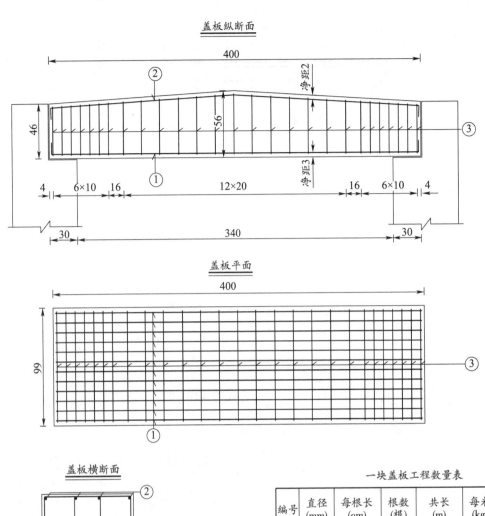

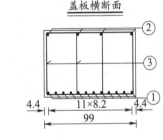

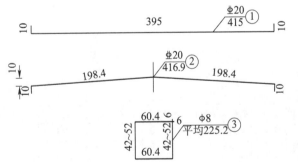

c) 盖板涵钢筋构造图

图 9-7 盖板涵实例图

(3) 从图 9-7c) 的盖板钢筋构造图中,我们可以阅读到盖板的具体尺寸和钢筋的布置情况。如一块盖板长 400cm,宽 99cm,呈板中间厚 56cm、两端厚 46cm 的梯形;由于跨径小,涵洞的钢筋布置较为简单,用编号为 1 的 12 根钢筋承受拉力,钢筋直径为 20mm、长度为 415cm,平直部分长度为 395cm,两端做成 10cm 的直角弯钩;编号为 2 的钢筋 4 根,做架立筋,对称布置在板顶;3号筋为箍筋,用来抗剪和构成钢筋骨架,其直径为8mm。在纵断面上的一根箍筋,实际上是2根3号筋相套,形成4肢箍筋抗剪。图中有工程数量表,可根据读图内容进行相关工程量的计算并相互对照、印证,出现差异再重新读图、计算、对照。

二、钢筋混凝土圆管涵

钢筋混凝土圆管涵的立体构造一般如图9-8所示。

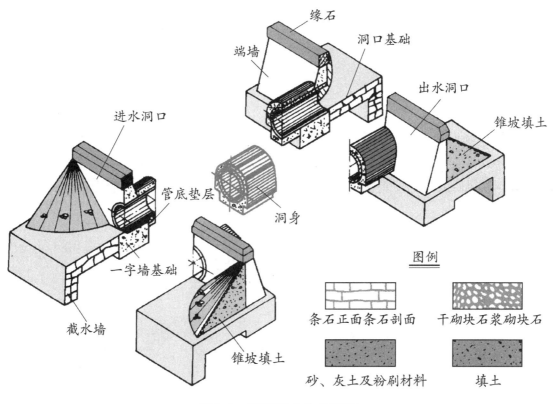

图9-8 圆管涵立体分解图

图9-9为钢筋混凝土圆管涵的设计施工图,仅用3张图纸即可把整个涵洞的构造和施工细节表达清楚;图9-9a)为立面图和平面图,其三视图的横断面图与钢筋构造图合并,在图9-9c)中表达,图9-9b)表达了涵底设置和管节连接事项。

(1)图9-9a)中的立面图表达了涵洞与路线在立面的关系,即涵底高程、涵底坡度、涵洞长度、高度、管节厚度、端口的形状、尺寸等,如涵底纵坡为0.5%、涵洞内径为100cm、圆管厚度为10cm、涵底基础厚30cm;平面图中表达了涵洞与路线的平面关系即正交,还表达了圆管端墙和进出水口的八字墙的位置、尺寸。

(2)图9-9b)说明了接缝的尺寸、防水层的设置以及涵洞端部和中部的基础厚度和设置形状等。

(3)图9-9c)表示管涵的钢筋构造,圆管的钢筋为双层沿管节的纵筋、双层箍筋;图9-9c)同时表示出圆管的横截面构造,阅图过程中,可把表达的内容如内外径等与前面内容相互对照;按照自己阅读的钢筋构造,将计算工程数量同右侧的工程数量表相对照。

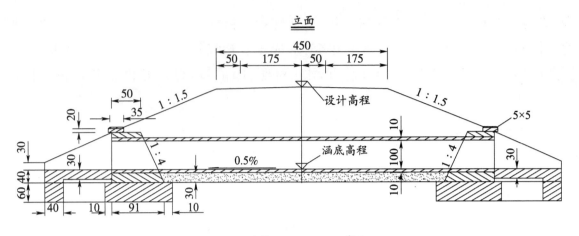

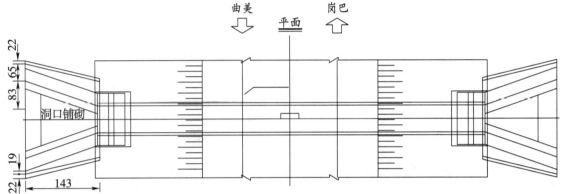

a) 1-1m管涵设计图

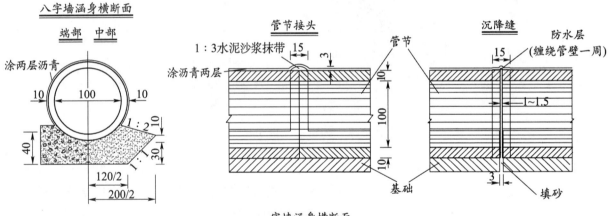

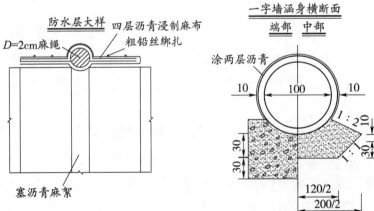

注：1. 本图尺寸均以厘米计。
2. 端部管基系指管涵2m范围，此段基础的砂砾垫层已考虑了当地的冻结深度。

b) 1m圆管涵接头构造图

图 9-9

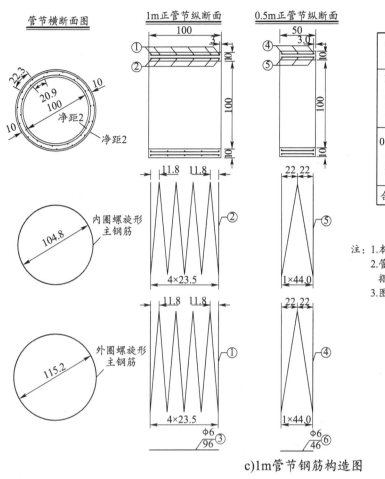

c) 1m管节钢筋构造图

图 9-9　钢筋混凝土圆管涵施工图

三、拱涵

拱涵具有良好的抗压性能,承载力大,因此在山区和埋土深度较大时经常使用,拱涵一般有石砌拱涵和混凝土拱涵两种,其构造如图 9-10 所示。

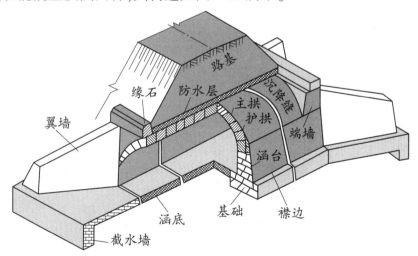

图 9-10　石拱涵洞示意图

图 9-11 为一石砌拱涵的施工设计图,该涵洞顶填土达 14m 左右,涵底纵坡较大,为 5%,每 6m 设置沉降缝一道,缝宽 2cm,涵洞与路基斜交,进出水口采用端墙接锥形护坡的形式,洞口为斜交斜做,洞口、涵台及拱圈的形状、尺寸在图 9-11b)所示布置图(二)中有表示。

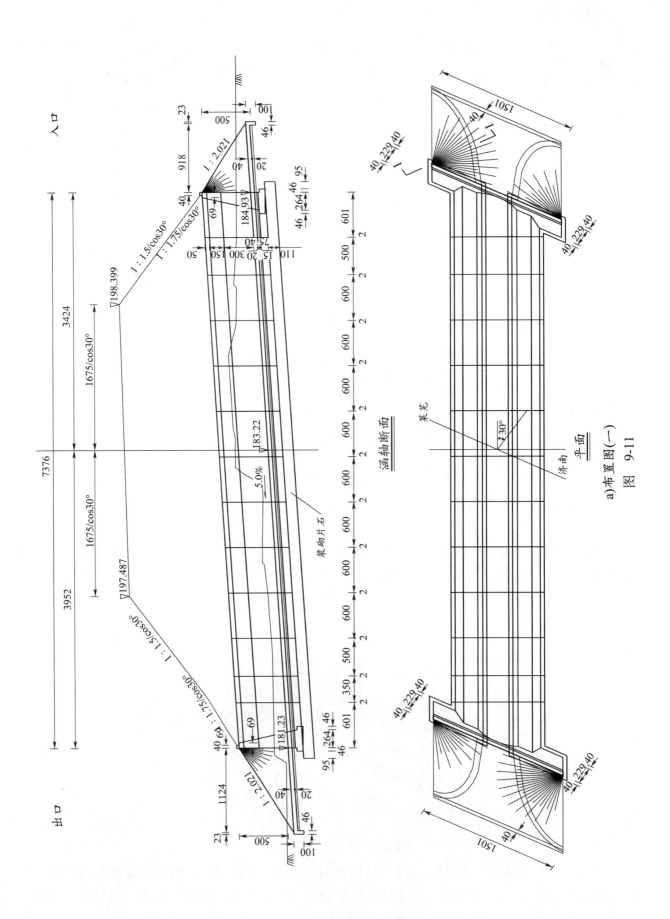

a) 布置图(一)

图 9-11

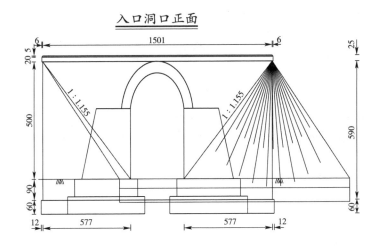
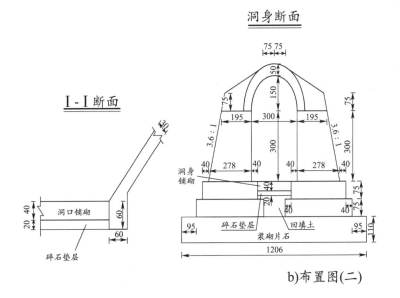

b) 布置图（二）

图 9-11　石砌拱涵施工图

四、钢筋混凝土箱涵

钢筋混凝土箱涵结构比钢筋混凝土盖板涵稳定，工程数量小，目前使用越来越广泛。钢筋混凝土箱涵的钢筋构造图中，其主要布筋为沿涵洞长度方向，在四周布置双层纵向钢筋，对应布置双层箍筋，在箱涵的四角增加斜向加强筋。图 9-12 为箱涵示意图。

图 9-13 所示涵洞为抬高式箱涵，翼墙式洞口，箱式洞身，左侧进水口采用了抬高式洞门，右侧出水口采用了不抬高式洞门，洞口均采用斜八字式翼墙，以提高通用性。

1. 立面图

立面图采用沿箱涵轴线剖切的 I - I 纵剖面图，但剖切平面与正立投影面倾斜，故立面图上不反映截断面的实形。

2. 平面图

平面图左半部分揭掉覆土，表示抬高式洞口部分与箱涵身的水平投影，右半部分则以路中心线为界画出水平投影图，路基边缘以示坡线表示，同时采用截断面法截去涵身两侧路段。图中采用了省略画法，如平面图中洞身基础未画出。

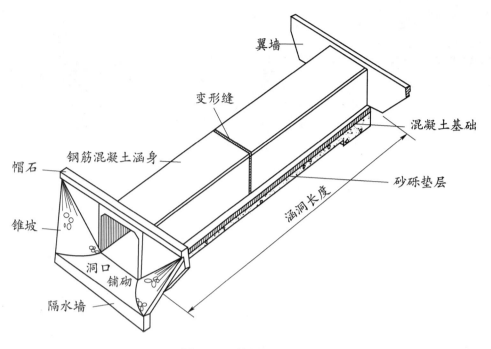

图 9-12 箱涵示意图

3. 侧面图

侧面图采用Ⅱ-Ⅱ剖面图表示洞口的立面投影,另外还画出了洞身的横断面图,并采用抬高段与不抬高段各画一半的合成图。

4. 涵身钢筋结构图

由于箱涵的配筋结构与盖板涵或预制板不同,图样表达也不同,如图9-13b)为 $B \times H = 1.5\text{m} \times 1.5\text{m}$ 的涵身钢筋结构图。该箱涵钢筋结构图的图示特点是:左半幅给出不抬高式或抬高式不抬高段的三面视图,平面钢筋布置图和Ⅰ-Ⅰ剖面及相应的侧面投影图Ⅱ-Ⅱ剖面的局部;右半幅给出抬高式抬高段的立面(Ⅰ-Ⅰ剖面)和侧面(Ⅲ-Ⅲ剖面)。为了表示钢筋安装组合情况,对两种不同组合排列方式,组合Ⅰ($Ⅰ_x$)和组合Ⅱ($Ⅱ_x$)以横断面钢筋组合图的形式给出,并结合平面图中的代号作表达。各钢筋的具体尺寸应按图9-13c)中箱涵身尺寸表中查得。

◆ 知识拓展

标准图的套用

为了使标准图一图多用,增加灵活性和通用性,在标准图中均以字母代替尺寸数字,具体数值以主要指标表的形式给出,以便设计和施工时直接套用。

认真阅读图9-13的内容,掌握通用图的一般规律。

识读涵洞图的方法和步骤与识读桥梁图相同。涵洞图由于比较简单,所用篇幅较少,表达也较为简单,很多内容缩减在一张图纸中,所以应进行相关计算,以与工程数量表相印证。若出现差错,应重新考虑自己识读的内容是否准确、计算是否正确,以及工程数量表是否有误。

涵洞图的识读原则也是三视图基本理论,但涵洞工程图与桥梁工程图的不同在于涵洞工程图更多地表达涵洞的位置、走向、高程等信息。

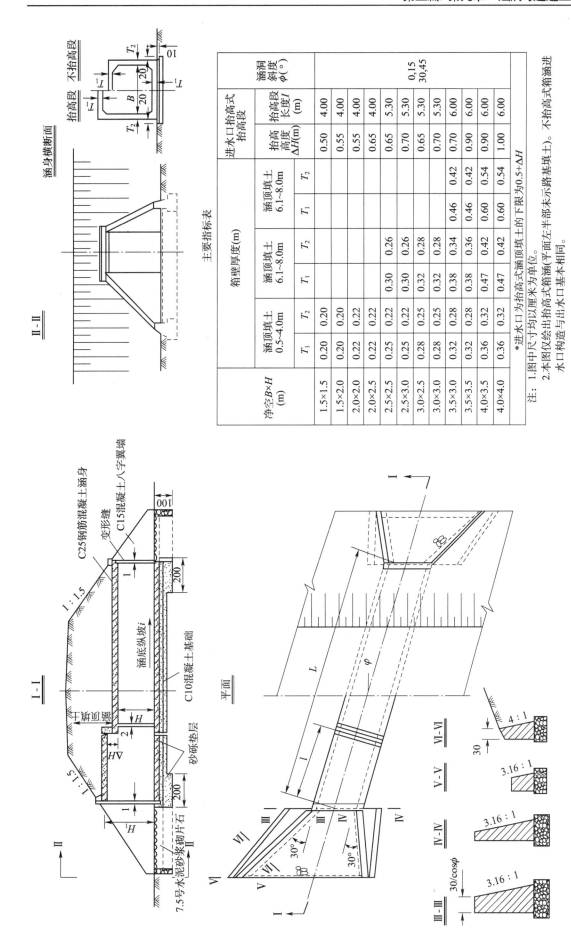

a) 钢筋混凝土箱涵构造图

图 9-13

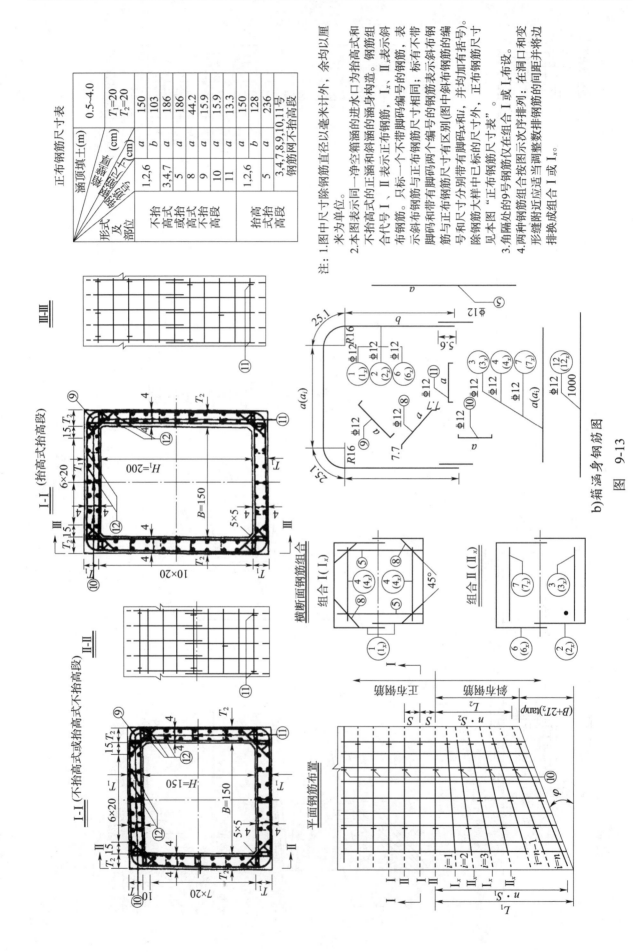

图 9-13 b) 箱涵涵身钢筋图

第三篇／第九章　涵洞与通道工程图

正涵身钢筋及混凝土数量表（每10m）

钢筋号	涵顶墙高 直径(mm)	0.5~2.5		
		每根长(m)	根数(根)	共长(m)
1	12	4.06	60	243.60
2	12	4.06	30	121.80
3	12	1.86	30	55.80
4	12	1.86	60	111.60
5	12	4.06	60	111.60
6	12	1.86	30	121.80
7	12	1.86	30	55.80
8	12	0.60	120	72.00
9	12	0.26	240	62.40
10	12	0.24	300	78.00
11	12	0.24	150	36.00
12	12	10.00	72	720.00
组合片间距 S (cm)		12	—	—
钢筋合计(kg)			1589.9	1589.9
混凝土(m³)		16.7		
		13.6		

斜涵一端斜布钢筋表

钢筋号	涵顶填土(m) 涵洞斜度 φ(°) 直径(mm)	0.5~2.5								
		15			30			45		
		每根长(m)	平均长(m)	根数(根)	共长(m)	平均长(m)	根数(根)	共长(m)	平均长(m)	根数(根)	共长(m)
1x	12	—	4.09	4	16.36	4.20	10	42.00	4.44	16	71.40
2x	12	—	4.09	2	8.18	4.20	4	16.80	4.44	8	35.52
3x	12	—	1.89	2	3.78	1.99	4	7.96	2.24	8	19.92
4x	12	—	1.89	4	7.56	1.99	10	19.90	2.24	16	35.84
5x	12	1.86	—	4	7.44	—	10	18.60	—	16	29.76
6x	12	—	4.09	2	8.18	4.20	4	16.80	4.44	8	35.52
7x	12	—	1.89	2	3.78	1.99	4	7.96	2.24	5	17.92
8	12	0.60	—	8	4.80	—	20	12.00	—	32	19.20
9	12	0.26	—	16	4.16	—	40	10.40	—	64	16.64
10	12	0.26	—	16	4.16	—	40	10.40	—	64	16.64
11	12	0.24	—	8	1.92	—	20	4.80	—	32	7.68
12x	12	0.73	—	72	52.56	1.58	72	113.76	2.73	72	196.56

斜布钢筋范围一端斜布钢筋质量汇总表（单位：kg）

涵洞斜度 φ(°)	0.5~2.5		
涵顶填土(m)	15	30	45
12	109.1	249.9	444.2
合计	109.1	249.9	444.2

斜布钢筋范围一端斜布钢筋组合片数及间距

项目	涵洞斜度 φ(°)	0.5~2.5		
	涵顶填土(m)	15	30	45
斜布钢筋范围	L_1 (cm)	99	212	368
	L_2 (cm)	48	103	178
组合片数 n		4	9	16
组合片间距	S_1 (cm)	22.3		
	S_2 (cm)	11.1		

斜布钢筋尺寸计算式

钢筋尺寸(cm)	涵顶填土(m)	0.5~2.5	
		a_i	l_i
$1x_i (\varphi = 1, 3, 5 \cdots)$		$B_i - 32$	$a_i + 256$
$1x_i (i = 1, 3, 5 \cdots)$		$B_i - 32$	$a_i + 256$
$2x_i (i = 2, 4, 6 \cdots)$		$B_i - 32$	$a_i + 256$
$3x_i (i = 2, 4, 6 \cdots)$		—	$B_i + 4$
$4x_i (i = 1, 3, 5 \cdots)$		—	—
$6x_i (i = 2, 4, 6 \cdots)$		—	$B_i + 4$
$7x_i (i = 2, 4, 6 \cdots)$		—	—
式中: B_i		$\sqrt{33/24 + (S_1 - S_2)^2 i^2}$	

注：1. 斜涵身混凝土数量计算与 b 与正布的尺寸 $1x, 2x, 6x$ 的尺寸 b 正布的相应钢筋的 b 值相同，即以涵身长度按正布涵身钢筋混凝土数量表（每10m）计算。

2. 斜涵正布钢筋数量从正布钢筋表中，进水口拾高式涵洞部分的涵身长度（设为 L_x）亦按上表计算，进水口不拾高式涵洞
$$L_x = L - L_1 - L_2$$
计算。

3. 斜涵一端斜布钢筋表中，钢筋编号不带脚码 x 者，按表中"每根长"下料，钢筋编号带脚的 x 者，按斜布钢筋尺寸计算式计算的结果下料，表中平均长度仅作统计数量之用。

c) 单孔钢筋混凝土箱涵身施工图

图 9-13　拾高式箱涵施工图

思考与练习

1. 涵洞基础有整体式和分离式，它们的区别是什么？
2. 涵洞施工图与桥梁图有哪些方面的差异？
3. 识读盖板涵钢筋图，钢筋混凝土盖板涵与钢筋混凝土简支板桥有区别吗？区别在哪里？
4. 盖板涵与箱涵有哪些区别？查相关资料，简述它们各自的特点。
5. 可不可以认为箱涵是方形的管涵，或者说是把圆管变成方管？
6. 拱涵有哪些优缺点？

第三节 通道工程图

通道是支线穿过公路、铁路等的小型结构物，供行人或车辆等通过，故称通道，通道的结构形式一般有盖板式通道和箱形通道，图9-14所示为某施工中的通道。

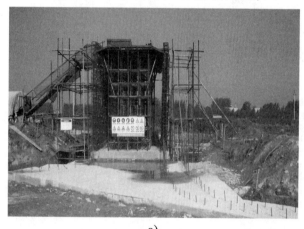

a)   b)

图9-14 施工中的通道

通道工程的跨径一般比较小，故视图处理及投影特点与涵洞工程图一样，也是以通过洞身轴线作为纵轴，立面图以纵断面表示；水平投影则以平面图的形式表达，投影过程中连同通道支线道路一起投影，从而比较完整地描述了通道的结构布置情况。如图9-15所示为某通道一般布置图。

思考与练习

1. 参照前面盖板涵、箱涵的阅读，阅读并试讲图9-15。
2. 通道与涵洞是否有差异？如果有，有哪些差异？

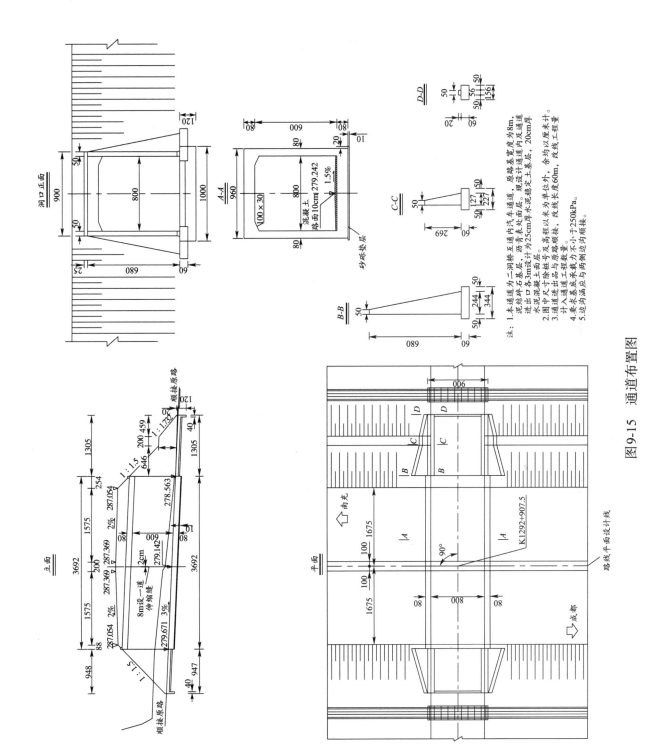

图 9-15 通道布置图

参考文献

[1] 刘雪松,姚青梅.道路工程制图[M].4版.北京:人民交通出版社股份有限公司,2021.
[2] 高恒聚.道路工程识图与绘图[M].北京:北京邮电大学出版社,2014.
[3] 郑国权.道路工程制图[M].北京:人民交通出版社,2001.
[4] 樊琳娟.道路工程识图与绘图[M].北京:人民交通出版社,2011.
[5] 许金良.道路勘测设计[M].5版.北京:人民交通出版社股份有限公司,2018.
[6] 曹宝新.画法几何及土建制图[M].北京:中国建材工业出版社,2001.
[7] 刘治新,杨庆振.公路概论[M].2版.北京:人民交通出版社股份有限公司,2022.
[8] 赵云华.道路工程识图与绘图[M].北京:机械工业出版社,2016.
[9] 交通运输部.钢筋焊接及验收规程:JGJ 18—2012[S].北京:中国建筑工业出版社,2012.
[10] 交通运输部.公路桥涵设计通用规范:JTG D60—2019[S].北京:人民交通出版社股份有限公司,2019.
[11] 交通运输部.公路钢筋混凝土及预应力混凝土桥涵设计规范:JTG 3362—2018[S].北京:人民交通出版社股份有限公司,2018.
[12] 交通运输部.公路桥涵地基与基础设计规范:JTG 3363—2019[S].北京:人民交通出版社股份有限公司,2019.
[13] 交通运输部.公路桥涵施工技术规范:JTG/T 3650—2020[S].北京:人民交通出版社股份有限公司,2020.
[14] 交通运输部.公路技术状况评定标准:JTG 5210—2018[S].北京:人民交通出版社股份有限公司,2018.
[15] 交通运输部.公路工程技术标准:JTG B01—2014[S].北京:人民交通出版社,2014.
[16] 杨少伟.道路勘测设计[M].北京:人民交通出版社,2009.
[17] 李雪梅.工程图学基础[M].北京:清华大学出版社;北京交通大学出版社,2009.
[18] 张淑英,沈磊,裴丽娜.道路工程制图[M].郑州:黄河水利出版社,2013.
[19] 贺振通,邵丽芳.道路工程制图[M].大连:大连理工大学出版社,2011.
[20] 谭伟建.道路工程制图[M].北京:机械工业出版社,2012.